KB041983

사랑을
재발명하라

Réinven—ter

l'amour

사랑을 재발명— 하라

가부장제는
어떻게 우리의
사랑을 망가뜨리나

모나 숄레 지음
백선희 옮김

책세상

감사의 말

나의 친구 첸다 쿤(만화가 오렐리아 오리타)에게 특별히 고마움을 전한다. 그는 나와 토론을 거듭하며 이성 간의 사랑에 관해 자신이 읽고 관찰하고 성찰한 바를 내게 공여했고, 나의 첫 독자가 되어주었다.

지지와 대화, 격려와 제안으로 힘을 준 아크람 벨카이드, 드니즈 콜레, 시몽 콜레, 이리나 코첼리, 루드밀라 달룽 쾨슐랭, 카디야 드라발, 콩스탕스 프레이, 장프랑수아 위겔, 뱅상 자크메, 다리아 미셸 스코티, 나이리 나하페티앙, 이자벨 올리비에, 세르주 레즈바니, 엘리자 로하스, 빅투아르 튀아이용에게 감사드린다.

귀중한 논평을 해준 메리엠 벨카이드, 카티아 베르제, 조아나 부르고, 도미니크 브랑셰, 세바스티앵 퐁트넬, 프레데리크 르 방, 토마 르마이외, 안 마리 뤼강 다르디냐, 조이스 A. 나샤와티, 실비 티소에게 감사드린다.

멋진 공연 〈호인〉의 대본 작업을 내게 기꺼이 맡겨준 로랑 시아마에게 감사드린다.

이 책에 몰두하도록 안식 휴가를 허락해준 세르주 알리미 대표와 브누아 브레빌 편집장께 감사드린다.

마지막으로 이 책을 내준 출판사 대표 그레구아르 샤마유와 나의 에이전트 아리안 제파르 그리고 출판사 라 데쿠베르트의 모두에게 감사드린다. 특히 스테파니 셰브리에, 토마 델통브, 파스칼 일티스, 마리케 졸리, 델핀 리부숑, 카롤린 로베르에게 감사의 말을 전한다.

차례

오아시스라는 착각

첫 스마트폰을 갖게 되었을 때 나는 화면보호기에 그림을 하나 설정했고, 그 후로 한 번도 바꾸지 않았다. 1830년에 제작된 인도 세밀화인 〈폭풍우 속에서 연인 집에 도착한 여인〉[1]이다. 색이 무척 화려하다. 그림 속 여자는 오렌지빛 도는 빨간 사리[2]를 두 손으로 잡고 머리위로 살짝 든 채 정원을 가로질러 뛰는데, 비를 쫄딱 맞았다. 분홍빛감도는 흰색 옷을 입은 남자가 지붕 덮인 2층 발코니에서 여자에게 손짓을 보낸다. 풀밭도, 바람에 고개 숙인 나무도, 멀리 뒤쪽에서 물결치는 언덕도 연초록이다. 두 남녀의 머리 위 하늘에서는 성난 먹구름의 검정 바탕에 번개가 줄무늬를 그린다···. 사랑에 빠진 여자는 자연의힘에 난폭하게 휘둘리지만 이미 목적지에 거의 도달한 달콤한 순간에 포착되었다. 곧 비를 피할 수 있을 것이다. 그녀는 젖은 옷을 벗고, 몸을 말린 뒤 침실의 향기를 들이마실 수 있을 테고, 갈망하는 남자를 품에 안고 함께 침대에서 뒹굴 수 있을 것이다. 나는 그녀의 달음박질을, 그녀의 얼굴과 팔 위로 떨어지는 시원한 빗방울을, 빗소리에 맞춰 빨라진 그녀의 심장 박동을 상상해본다.

이 장면을 매일 보다 보니 더는 그 의미를 깊이 생각하지 않지만, 이 그림은 화면보호기처럼 나를 줄곧 따라다닌다. 그것은 내게 사랑의 존재를, 혹은 사랑의 가능성을 환기한다. 사랑은 내게 삶의 솥을 끓이는 불을 크게 키워 삶을 확장하고 밀도를 높이는 느낌이다. 마치 글쓰기가 그렇듯이. 사랑은 글쓰기처럼 내가 세상과 한 몸이 되게 돕는다. 알랭 바디우는 이렇게 쓴다. "사랑에 빠진 행복은 시간이 영원을 받아들일 수 있음을 보여주는 증거다."[3] 그리고 아니 에르노는 《단순한 열정》의 말미에서 'A'라고 불리는 남자와 자신의 관계를 이런 말로 요약한다. "나는 그 사람 덕에 상대와 나를 갈라놓는 한계 가까이에 접근할 수 있었고, 때로는 그 한계를 뛰어넘는 상상까지 했다. 나는 남들과는 다르게, 온몸으로 시간을 헤아렸다."[4]

우리는 가까운 지인들과 함께 보내는 시간 외의 사회생활과 직업 활동에서 우리에게 호감뿐 아니라 무관심과 권태와 노여움, 나아가 혐오까지 불러일으킬 수 있는 사람들과 매일 부대낀다. 우리는 이런 구속과 피상적 관계들, 그것들이 초래하는 고독을 체념하고 받아들인다. 하지만 가끔 깜짝 놀랄 현상이 발생한다. 대개 우리가 가장 예기치 못하고 경계가 느슨해진 순간에 불과 몇 초 전이나 며칠 전(심지어 때로는 몇 년 전)에 알게 된 누군가를 마주하고, 운명이 무상의 아량을 베푼 덕에 스르륵 소리와 함께 장막이 벗겨지며 필시 옷이 땅으로 곧 추락할 것임을 알린다. 우리의 눈이 떠진다. 우리는 그 사람이 누구인지 알고, 그 사람도 우리가 누구인지 아는데, 그 사람이 우리 마음을 뒤흔드는 것이다. 그 사람이 비현실적으로 느껴질 만큼 너무 아름다워 보인다. 선물이 우리 손바닥에 떨어진다. 그것은 완전히 낯선 누군가와의 공모 의식, 즉각적이고 대단히 호의적인 친밀감이다. 이 빅뱅은 우리가 지구를 세 바퀴 돌 수 있을 만한 에너지를 창출한다. 거기에는 한 걸음에 7리외를 가는 마법의 장화[5]나 어린 시절에 했던 거위 게임[6]에서 다른 친구들이 한 칸씩 힘겹게 전진하는 동안 꼭대기로 가는 극적인 지름길을 열어주었던 주사위 같은 것이 있다.

사랑은 두 존재를 얽히고설키게 해서 축적된 지혜, 이야기, 원천, 유산, 삶을 활용하는 방식, 친구, 고향 들을 공동의 것으로 만든다. 사랑은 결합과 가능성을 확대한다. 사랑은 하나된 우리 안에 우리가 있는지 짐작조차 못 했던 문을 연다. 사랑은 새로운 삶의 가능성을 우리 발밑에 내려놓는다. 나는 30년 전 칸Cannes에서 보낸 봄날을 생각한다. 그날 내 친구 K는 며칠 전부터 멀리서 애원의 눈길을 보내오던 갈색 머리의 청년을 자신이 자리한 카페 테라스에 초대했다. 두 사람은 모두 영화평론가로 영화제에 초청받고 온 것이다(만남의 장소로 이보다 더 근사한 곳은 찾기 어려울 것이다). 두 사람은 영어로 대화를 시작했는데, 그녀가 그에게 어디 출신인지 묻고 그가 "그리스"라고 대답한 순간에 그녀는 자신에게 열릴 세상을 상상이나 해봤을지 모르겠다. 그녀는 그리스에 가본 적도, 특별히 관심을 가져본 적도 없었지만, 곧 그리스를 알고 흠모하게 된다. 그리스에 가서 7년을 살고, 그곳의 언어를 체득하며, 심지어 이혼한 뒤에도 매년 그곳을 찾다가 아예 집을 한 채 구매한다. 게다가 그들은 딸을 낳아 한 명의 여성 시민을 그리스에 보태기도 했다. 잠재성의 구름 위에서 잠들어 있던 딸은 이날, 장차 부모가 될 두 사람이 카페에서 처음으로 동석하자 몸을 떨었다.

사랑이 우리 삶에 남기는 흔적에 대해서라면 뉴욕현대미술관 MoMA에서 2010년에 열린 마리나 아브라모비치의 행위예술 〈예술가가 여기 있다The Artist Is Present〉의 첫날 저녁에 일어난 사건보다 더 나은 표상을 상상하기는 어렵다. 작품은 이러했다. 아브라모비치는 긴 빨간 드레스를 입고 휑하고 넓은 공간 한가운데 놓인 탁자 앞 의자에 앉아 있었다. 탁자 맞은편에 놓인 다른 의자는 비어 있었다. 방문객들은 빈 의자에 잠깐 앉았다가 말없이 그녀의 눈길을 견디고는 다음 사람에게 자리를 넘겼다. 그러던 중 그녀의 옛 연인이자 창작 파트너였던 예술가 울라이가 희끗희끗한 수염, 운동화, 검은 양복 차림으로 별안간 다가와 그녀의 맞은편에 앉았다. 고개를 들어 그를 발견한 그녀의 눈에는 눈물이 차올랐고, 곧 눈물이 뺨을 타고 흘렀다. 두 사람은 1988년에 중국의 만리장성을 각각 절반씩 걷고 중간 지점에서 만나 작별 인사를 한 후로 다시 보지 못한 터였다(애초에는 그곳에서 결혼할 계획이었으나 이런저런 허가를 받는 동안…). 이날 저녁 뉴욕에서는 눈길, 고개의 끄덕임, 눈꺼풀의 깜박임, 어렴풋한 미소를 통한 두 사람의 말 없는 교류 속에 모든 것이 오갔다. 향수, 애정, 미련…. 마리나 아브라모비치는 자기 행위예술의 원칙을 깨고 앞으로 몸을 숙여 그에게 손을 내밀고, 울라이는 두 사람을 갈라놓은 탁자 위로 그 손을 맞잡았다. 그러는 동안 두 사람을 에워싼 관객은 박수갈채와 환호로 화답했다. 몇 년 뒤, 울라이는 옛 연인을 상대로 두 사람이 과거에 공동으로 작업한 작품의 저작권료 문제로 소송을 제기했고, 승소했다. 그러나 두 사람은 울라이가 2020년 3월 2일에 사망하기 전에 화해했다.

크게 도약하다

내가 아는 가장 아름다운 이야기들을 무한히 곱씹으며 오직 그런 식으로 사랑 이야기를 해도 좋았을 것이다. 사랑의 충동과 서사의 충동 사이에 긴밀한 유사성이 존재하기도 하거니와 멋진 이야기라면 내가 사족을 못 쓰니 말이다. 사랑에 빠지는 것은 책이나 스크린을 가로지르는 느낌, 대개는 훌륭한 작가나 시나리오 작가의 천재적인 두뇌에서 나오는 대단히 유쾌한 방식들과 모든 메커니즘이 자기 삶 속에서 작동하는 것을 보는 느낌이 드는 일이다. 마찬가지로, 책장을 서둘러 넘기고 싶고 연작 드라마를 연이어 보고 싶은 욕구와, 즐거움을 길게 이어가기 위해 아껴 읽고 아껴 보고 싶은 욕구 사이에서 몸부림치며 며칠 혹은 몇 주 동안 숨 돌릴 틈 없이 나를 사로잡았던 소설을 끝내고 책을 덮을 때나 특별히 좋아하던 연작 드라마가 끝날 때, 나는 여러 측면에서 이별이 주는 감정과 유사한 감정을 느낀다. 향수랄까, 매료되었던 세계를 떠나는 느낌, 어떤 특권을 잃고 무미하고 침울한 일상으로 돌아가는 느낌, 은총의 상태가 끝나는 느낌이 드는 것이다(은총의 상태가 이어지는 동안에는 세상과 삶에서 힘들게 하고 상처를 입히는 모든 것과 나 사이에 보호막이 놓여 있었다).

사랑을 오아시스나 성소처럼 독자적인 영역으로 말할 수 있으면 좋겠다. 그러나 나는 점점 더 장애물에 걸려 넘어진다. 차마 눈 뜨고 보기 힘든 억압 상황이든, 비극적이지는 않더라도 지독히 실망스러운 몰이해든, 사회에서, 내 주변이나 내 삶에서 관찰되는 다양한 상황들이 이성애라는 주제에 덤벼들고픈 욕구를 내 안에 키웠다. 청소년기에는 영화나 소설이 제시하는 순정한 관점을 문제 삼는 것이 전혀 없었기에, 나는 우리의 감정생활에 불평등과 지배, 폭력이 부재한다는 착각을 상당히 오랫동안 품어온 것 같다. 우리의 가장 깊은 열망들이 집약되는 장소에서, 우리가 가장 취약한 장소에서 그런 일들을 겪을 수도 있다는 사실을 알게 되면 우리는 대단히 불안하고 혼란스러워진다. 2020년에 반려자나 헤어진 반려자에게 살해당한 98명의 여성[7] 중 일부는 그들을 학대하다가 살해하게 될 남자를 만났을 때 대단히 행복해했다는 사실을 생각하면 무척 당혹스럽다.

나는 여성들이 페미니즘을 발견한 순간을 영화 〈매트릭스〉에서 네오(키아누 리브스)가 행복한 무지를 보장해줄 파란 알약이 아니라 빨간 알약(매트릭스로 들어가게 해주는 통찰력의 알약)을 선택하는 순간과 비교하는 말을 종종 들었다. 사랑과 관계된 일이라면 나는 기꺼이 사탕 같은 파란 알약을 계속 집어삼킬 것이다. 언제나 나의 가장 본질적인 충동들 가운데 하나의 버팀목으로 쓰이고 있는, 믿음과 표상의 체계에 타격을 입힐 생각을 하면 조금 겁이 난다. 하지만 그것이 겪는 타격을 모른 척하기란 어렵다. 나는 미국인 기자 크리스티나 네링이 쓴 에세이 《사랑을 위한 변명》[8]을 읽으면서 그 사실을 깨닫는다. 이글이글 타오르는 듯한 그녀의 문체에 나는 첫 문장부터 홀렸지만, 저자의 의견에 전적으로 동조하지는 못하리라는 것을 금세 깨달았다. 이 저자는 자기 사랑을 있는 그대로 지키려는 고집을 보여주며 내게 거울을 내밀어, 벽 앞에 선 듯한 나의 느낌을, 무조건적인 '사랑에 대한 나의 사랑'을 포기해야만 한다는 느낌을 확인시킨다. 그녀는 독자들에게 용기를 갖고, 담대하게, 실패의 위험을 무릅쓰고(그녀는 성공보다 실패 속에 더 품격이 있을 수 있다고 주장하는데, 옳은 말이다) 전투적으로 사랑하라고 격려한다. 그리고 또 쓴다. "가장 강력한 형태, 가장 야성적이고 가장 진실한 형태의 사랑은 악마다. 그것은 종교고, 위험 수위 높은 모험이며, 영웅적 행위다. 사랑은 법열이고 상처며, 초월이자 위험이고, 이타심이자 과잉이다. 여러 측면에서 그것은 신의 광기다. 플라톤의 시대부터 그렇게 인정되었다." 우리가 잘 알지 못하는 인물들(페미니스트 기자 마거릿 풀러[9], 시인 에드나 세인트 빈센트 밀레이)이든 혹은 아주 잘 안다고 생각하는 인물들(엘로이즈와 아벨라르, 조르주 상드와 알프레드 드 뮈세, 프리다 칼로와 디에고 리베라)이든 그녀가 이름난 연인들의 운명을 다시 그릴 때면 이야기의 관점도, 거기서 끌어내는 교훈도 빛난다. 나는 일부 페미니스트 인물들을 향해 그녀가 내뱉은 날이 선 말마저 용서한다. 그렇지만 나의 의심이 이내 고개를 든다.

처음에 나는 그녀가 사랑을 상투적인 생각처럼 맹목이나 착각이 아니라 지고한 통찰력으로, 우리가 누군가를 명료하게 보게 하는 드문 상태로 옹호할 때 매료되었다. 그런데 두 번째로는 우리가 2장에서 다시 만나게 될 메리 베인Mary Bain이라는 이름을 가진 어느 여성의 이미지가 돋보였다. 때는 1987년, 이 뉴욕 여성은 자기 딸의 학교 친구의 아버지를 사랑하게 되었는데, 아내 살해 혐의로 기소된 남자였다. 그녀는 그를 위해 모든 것을 버렸다. 그런데 지금 그는 한밤중에 두 사람이 함께 사는 집 주변의 숲속에서 그녀를 뒤쫓고 있다. 예전에 그녀는 그가 무고하다고 생각했지만 이제는 그가 실제로 그의 아내를 죽였다는 것을 깨닫고 있다. 사랑은 정말 지고한 통찰력에 이르는 진입로일까? 때때로 우리를 사랑에 빠뜨리는 메커니즘을 조금 더 가까이서 살펴봐야 하지 않을까? 웬디 랭포드는 이렇게 썼다.[10] "마음의 언어가 자유의 언어이기에 사랑은 틀릴 수 없다는 명제에 우리는 매료될 수 있다. 그러나 어쩌면 이런 낭만주의가 힘의 관계를 무엇보다 잘 감추고 있는지 모른다."

마지막으로, 파트너들 사이의 힘의 불균형을 예찬하며 힘의 불균형이 힘의 균형보다 성적 긴장에 훨씬 유리하다는 크리스티나 네링의 주장에 나는 필사적으로 제동을 건다. 그녀는 '불평등의 최음 효과'에 대해 말하면서 우리가 남성의 지배를 에로티시즘과 연결 짓도록 배웠다는 사실로 그것이 설명될 수 있다는 점을 고려하지 않는다. 그녀는 (문학에서 끌어온) 사례들을 제시하는데, 카드패가 끊임없이 섞여서 때로는 남자가, 때로는 여자가 관계의 주도권을 쥐고, 사랑이 때로는 이쪽(남자)에 때로는 저쪽(여자)에 힘을 부여하는 내용들이다. 그녀는 말한다. 이럴 때 수직체계는 "짓궂게 장난치고, 도발하고, 유혹하고,

시시덕거릴" 기회가 된다고. 이렇게 글로 쓰면 근사해 보이지만, 나는 수직체계가 오직 여성을 억압하는 데 쓰인, 내가 아는 수많은 사례를 떠올린다. 그 여성들은 스스로 자유롭게 합의했다고 믿었다. 네링은 남성들 대부분이 자기보다 사회적으로 성공한 반려자를 원치 않는다는 (많은 조사를 통해 확인된) 사실을 환기하면서 이러한 생각을 거부한다. "그들은 **정확히 자신만큼** 성공한 반려자를 원하지 않는다." 그리고 이렇게 주장한다. "그들은 (여성들과 마찬가지로) 자기보다 아래나 위에 자리한 사람을 선호한다. 수평성은 지루하다."11 그녀는 일부 여성들이 '까다로운' 남성들에게 끌리는 것을 "여자들이 도전을 좋아한다"는 사실로 설명할 때도 똑같이 맹목적이다. 그녀는 그런 사랑의 선택이 "불안정과 심리적 상처보다는 힘과 재력을" 표현한다고 추정한다. 이 가설은 안타깝게도 가장 성급한 분석도 버텨내지 못한다.

부인否認은 우리를 구원하지 못할 것이다. 차라리 크게 도약하는 편이, 생겨나는 문제들을 대면하고, 더 멋지고 더 튼튼한 다른 건물을 다시 세울 희망을 품고 건물을 해체하는 편이 낫다. 이 책을 쓰기 위한 초기의 독서에서 이미 나는 격렬한 환멸을 느꼈는데, 이 환멸이 일부 해로운 논리들을 막아주기에 안도한 동시에 강렬함이 그리워서 조금 슬펐다. 내가 글쓰기에 한 가지 목표를 설정해야 한다면, 글쓰기로 사랑의 격정을 되찾으려는 것이다. 물론 그 바탕은 다르지만. 나의 목표는 무슨 수를 써서라도 고통을 피하는 것이 아니다. 사랑은 언제나 감당해야 할 위험이고, 거기엔 낙원과 지옥이 나란히 공존한다. 그러나 여성의 경우에는 고통과 더 큰 **고통**만이 있는 것 같다.

2020년 초, 내가 이 책을 쓰기 시작할 때 여러 물음이 나와 다른 여성들의 머릿속에서 동시에 나아가는 걸 보는 기분이 들었다. 2017년 가을부터, 미투MeToo운동은 처음으로 대규모 성폭력을 폭로하면서 도미노 효과를 낳았고, 집단지성의 놀라운 발현 속에서 점차 남녀 관계의 모든 측면을 재검토하는 논리로 확장되었다. 우리는 합의, 정신적 부담(대개 동거녀와 어머니의 어깨에 실리는 살림살이의 무게), 오르가슴의 격차(성관계 때 여성은 상대 남성보다 쾌락을 덜 누린다는 사실) 등을 말했고, 조금씩 관계의 핵심에 다가섰다.[12]

이 주제는 결코 다루기 쉽지 않다. 많은 사람이 이 분야에서 우리의 감정과 태도가 전적으로 자유로운 개인적 선택이고, '취향과 색깔'의 소관이어서 모든 사회적 조건을 벗어난 것이라고 믿는다. 마치 문화가 태초부터 우리를 빚어낸 게 아니라, 우리가 더없이 깊고 내밀하며 개인적이라고 생각하는 것까지 만드는 게 아니라, 문화와 무관하게 존재할 인간의 천성에 뒤늦게 칠해진 유약인 것처럼 말이다. 아망딘 데는 이렇게 쓴다. "우리는 모두 **만들어졌다**. 이 사실을 인정해야만 우리는 자신을 조금이라도 발명할 수 있다."[13]

우리가 '만들어진' 방식을 묘사하려고 시도하다 보면 지나치게 개괄해서 풍자하고 일반화할까 봐 두려워할 수 있다. 내가 보기에, 칼을 빼들고 독기에 유머를 섞어 이 주제를 공략해 그런 제약을 제거한 것은 만화가 리브 스트룀크비스트[14]다. 그녀는 상투적인 생각을 퍼뜨릴 위험에 맞설 필요가 있다고 나를 설득했다. 우리는 상투적 생각의 한계와 예외를 염두에 두고서 이성애의 주요 법칙들을 도출해 분석할 수 있었다. 그녀는 이전에 우리가 고독과 혼돈 속에서 겪었던 상황들을 글을 통해 보는 것의 이점을 알려주었다. 사랑이라는 '닫힌 방'은 모든 일이 잘 풀릴 때는 황홀하지만, 우리를 대단히 취약하게 만들 수도 있다. 이 고립을 깨는 공공 담론이 필요하다.

남성과 여성이 서로를 이해할 수 없도록 체계적으로 사회화하고 교육하며 동시에 이성애 명령을 우리에게 폭격하듯 쏟아붓는 것이 우리 사회의 병적인 도착증이다. 교묘하지 않은가? 각 젠더의 대본에 문자 그대로 부합하는 파트너들은 무척 불행해질 확률이 높다. 그 대본은 한쪽에는 전제적 요구에 따라 애정과 사랑의 영역에 지나치게 열중하는 감상적이며 의존적인 피조물을 낳고, 다른 한쪽에는 야성적 독립성이라는 허상 속에서 바리케이드를 친 채 말 없고 잘 다듬어지지 않은 꺽다리 남자를 낳는데, 이 남자는 어떤 비극적인 부주의로 자신이 그 덫에 걸려든 게 아닌지 늘 자문하는 듯 보인다. 우리가 이런 역할을 제대로 구현하지 못하더라도 그 요소들은 우리 안에서 찾아볼 수 있다. 적어도 우리는 그것들의 존재를 의식하고 있고, 그것들은 문제가 되는 간섭들을 낳는다. 특히 첫째 요소는 르푸스와르[15]처럼 작동한다.

가정폭력부터 서로 존중하는 두 사람 사이에 생겨날 수 있는 오해까지, 내가 환기하려는 모든 상황은 그 무게가 똑같지 않다. 어떤 상황은 여성의 신체적 및 정신적 건강은 물론이고, 나아가 생명까지 위협한다. 그들의 활력과 자존감을 앗아가고 날개를 꺾어놓는다. 이해와 상호적 신뢰를 가로막는 상황도 있다. 이 상황은 우리에게서 진정한 공모가 주는 기쁨을 박탈하고, 어느 정도 장기적인 관계를 위태롭게 만든다. 이 책은 나의 뒤죽박죽인 개인적 감정에서 탄생했다. 또한 이 책은 이러한 장애물들을 해체하고, 훨씬 성숙한 관계를 맺기 위한 구슬들을 모든 남녀에게 제공하려는 갈망에서 탄생했다.

사랑과 분노

명확히 밝혀야 한다. 이 주제를 다루는 내 방식에 필연적으로 영향을 미칠 일이기 때문이다. 나는 마흔 후반에 이르기까지 운 좋게도 남자들과 건전한 관계를 유지할 수 있었다. 내게는 다정하고 너그러운 아버지가 있었고, 멋진 남동생도 있다. 독기 서린 애정 관계를 경험해본 일이 없다. 아이를 원한 적이 없었기에 출산 후 종종 발생하는 집안일 분담의 갑작스러운 불균형을 경험해본 적도 없다. 내 주변에서 보이는 파괴적 이혼도 겪어보지 않았다. 나는 18년 동안 함께 살아온 남자와 아주 가까운 사이로 지내고 있고(아니, 다시 그런 사이가 되었다), 여전히 그를 깊이 사랑한다. 한 번은 고약한 남자 고용주와 일한 적이 있는데, 그 사람은 내 말을 자르며 내가 예쁘다고 칭찬했고, 딱 한 번 마주친 나의 반려자를 비방했다. 하지만 나는 그 고용주를 자주 보지 않았고, 견디기 힘들어지기 전에 일을 그만둘 수 있었다. 마지막으로, 나는 지금도 기억하는 두 번의 심각한 폭행 시도도 피할 수 있었다. 청소년 시절, 제네바의 어느 인적 없는 길로 귀가하던 중, 뒤에서 발소리가 들린 것 같아 나는 건물 안에 들어서자마자 빗장을 질렀다. 그때 문 위쪽 창문으로 나를 따라온 남자의 얼굴을 보았다. 유리문이었는데, 그 남자는 온 힘을 다해 문을 열려고 시도했다. 거의 비슷한 시기에 스위스 발레Valais주의 한 산장에서 나와 친구, 내 동생이 함께 지내고 있을 때, 저녁에 고릴라 가면을 쓴(막 카니발이 시작된 참이었다) 남자 셋이 온 몸의 땀구멍으로 술 냄새를 풍기며 산장에 침입했는데, 그중 한 명이 '뽀뽀'를 요구하며 내 쪽으로 다가왔다. 나는 힘겹게 그를 밀치고는 복도로 달려 나갔고, 뒤쫓아오는 남자를 따돌리고 욕실에 들어가 문을 잠갔다. 남자는 격분해서 문을 흔들어댔는데, 그 시간이 내게는 지독히도 길게 느껴졌다. 나는 변기에 웅크리고 앉아 있었고, 나머지 두 공범은 산장에 남아 있던 술을 거덜 냈다. 그들이 도망친 것은 산장의 주인인 내 친구가 목소리를 듣고 셋 중 한 명을 알아보며 그의 정체가 드러났기 때문이다. 30년이 지나고도 나는 자려고 할 때마다 문을 열쇠로 잠갔는지 걱정하며 잠드는 데 어려움을 겪고 있고, 여자로서 항상 나의 안전을 염두에 두어야 한다는 것이 싫다. 하지만 트라우마에서는 벗어났다. 나는 많은 강간 피해자들이 겪는 참으로 합당한 깊은 분노를 직접 느끼지는 않지만, 그 분노에 진심으로 연대한다.

나는 통찰력과 이상주의, 분노와 열광이 쉽게 내 안에서 공존할 수 있다는 사실에 놀랐다. 이것들이 매번 다른 형태로 표현되지만 사실은 같은 열망이라는 것을 안다. 소설가 주마나 하다드[16]도 "내게는 힘의 원천이 둘 있다. 분노와 사랑이다. 모순적이라고 생각할 수도 있는 이 둘은 상호보완적이다. 나는 한쪽에서 찾지 못하는 것들을 다른 한쪽에서 길어낸다"[17]라고 말한다. 그렇지만 내 책들에서는 대개 분노만이 제 권리를 누린다. 출간을 염두에 두고 글을 쓸 때 나는 본능적으로 가장 가치가 높고, 가장 확실한 입장으로 향한다. 허세 가득한 페미니스트 재담을 음미하고, 그것을 통해 백마 탄 왕자를, 구세주를 기다려야 하는 나의 조건을 몰아낼 수 있다. 나는 《뉴요커》에 실린 엘리 블랙Ellie Black의 그림을 아주 좋아한다. 용의 포로가 된 공주를 구하려고 기사가 도착하자 공주는 도전하는 표정으로 팔짱을 낀 채 그를 맞이하고, 그 옆에서 용은 이렇게 말한다. "이봐, 공주는 너를 보고 싶어하지 않아." 하지만 이제 나는 이 재담이 충분하지 않다고 느낀다.

다만, 사랑에 대해 말하려면 사랑의 취약성과 욕망, 약점과 의심 그리고 우리가 무시하고 검열하도록 배우는, 유감스럽게도 여성적인 특징인 감상벽까지도 받아들여야 한다. 아프리카계 미국인 작가 벨 훅스[18]는 2002년에 이렇게 확인했다. "우리는 강한 페미니스트라는 우리의 이미지를 해칠까 겁이 나서 사랑을 향한 우리의 강렬한 열망에 한껏 다가가지 못했다."[19] 그리고 이런 결론을 내렸다. "우리는 우리의 권력욕에 대해서는 말할 수 있지만, 사랑의 욕망에 대해서는 말하지 못한다. 후자는 비밀로 남아야만 한다. 그것을 말로 표현하면 약자, 나약한 이로 분류될 것이다."[20] 최근 거리에서 나를 알아보는 사람이 점점 많아진다고 말하자 내 친구 I는 이를 이렇게 해석했다. "공공장소에서 네가 한 남자의 목에 매달릴 때 이젠 익명으로 남게 될지 확신할 수 없다는 거야?" 그러고는 짓궂게 다시 덧붙였다. "아니면 남자 다리를 붙들고 떠나지 말라고 애원할 때?"《마녀》[21]에서 여성의 자립에 대해 장광설을 늘어놓은 내게 그런 장면이 어떤 결과를 초래할지 상상하니 피식 웃음이 나왔다. 그리고 얼마 지나지 않아서 나는 크리스티나 네링 덕에 영국 철학자 메리 울스턴크래프트Mary Wollstonecraft가 파란만장한 애정 생활 때문에 부정당했다는 사실을 알게 되었다. 《여성의 권리 옹호》의 저자가 한 남자 때문에 두 번이나 자살을 시도했다는 사실에 난감해진 몇몇 동료들까지 의절에 가담했다(두 번 다 같은 남자 때문에 그랬으니 이 여성은 생각에 일관성이 있었다). 네링은 이 철학자의 생각과 애정 생활에서 아무런 모순을 보지 못했을 뿐 아니라 오히려 그 반대였는데, 나도 같은 생각이다. 생각의 힘과 감정의 힘은 동일한 끈기를, 동일한 열정적 기질을 증언한다.[22]

나는 벨 훅스의 《올 어바웃 러브》를 읽으면서, 미처 알지 못한 채 이 책의 저자와 같은 방식으로 내 책을 시작했다는 것을 깨달았다. 신앙 선언이라도 하듯 일상의 한 요소를 묘사하며 시작한 것이다. 벨 훅스는 인도의 세밀화를 환기하는 대신, 자택의 부엌 벽을 장식하고 있는 사진 한 장을, 그녀가 예일대학교에서 강의하던 시절에 매일 지나다니며 본 그라피티를 찍은 사진을 불러낸다. "더없이 큰 장애물을 만나도 사랑의 탐색은 계속된다." 이 그라피티가 지워진 후 그녀는 작품을 그린 예술가를 만났고, 그가 이 사진을 그녀에게 주었다. 그녀는 말한다. "그 후 나는 사는 곳마다 부엌 개수대 위에 이 사진을 붙여두었다. 매일 물을 한 잔 마시거나 접시를 꺼낼 때, 나는 우리가 사랑을 갈망하고 찾는다는 사실을 (실제로 그것을 찾을 수 있으리라는 희망을 잃었을 때조차) 환기하는 이 사진을 응시한다." 그녀의 사랑에 대한 관심은 주변 사람들에게 거북함과 당혹감을 불러일으킨다. 그녀의 친구들은 그 관심을 정당한 지적 탐구로 보는 것이 아니라, 다소 난감한 나약함으로 본다. 친구들은 토론 도중에 수시로 말을 자르고 그녀에게 치료를 받아보라고 권한다. 그녀는 "사랑을 실천하는 사람은 대개 여자들인데도"[23] 이 주제는 남자들이 이론화할 때만 진지하고 정당한 것으로 평가된다고 지적한다. 여자들이 매일 식사를 준비하는 경우가 훨씬 많은데도 대개 남자들이 위대한 요리사의 자리를 차지하는 요리 분야에서 여자들의 전문성이 부인되는 것과 같은 현상이다.

나는 이 주제를 선택하면서 급진적 페미니즘의 단상 밑에서 가련한 꼴로 구르게 되리라는 것을 안다. 일부 레즈비언 페미니스트 활동가들은 특히 매번 그들의 이성애자 동료들이 남성과 사랑에 빠지고 성관계를 맺으려는 자신의 문제적 습관을 무의식적인 순간에 합리화할 때마다 팝콘을 꺼낸다. 사실 여자들이 스스로 무언가를 박탈하는 것은 잘못이다. 냉정하게 고려해보면 이성애는 착오다. 어쨌든 파트리시아 메르카데르, 아닉 우엘, 엘가 소보타가 지적하듯이, "남자와 여자의 애정 관계는 지배자와 피지배자가 서로 사랑한다고 가정되는 사회적 지배 관계일 뿐이라는 점에서 독특하다"[24](부모와 자식 간의 사랑도 어쩌면). 므니 그레구아르[25]의 유명한 방송을 암시하면서 알리스 코팽은 《레즈비언 천성》에서 이렇게 쓴다. "여성의 이성애가 내게는 고통스러운 문제로 남아 있다." 그리고 다시 덧붙인다. "숱한 대화를 통해 판단하건대, 내 생각엔 그녀들에게도 마찬가지인 것 같다."[26]

이 문제는 오래전부터 당혹스러운 논쟁의 주제였다. 1972년 뉴욕에서 동성애 해방당Gay Liberation Party의 여성들은 선언문을 발표했다. 이성애 페미니스트들이 "'새로운 남성들'을 창조함으로써 해방될 수 있으리라고 믿고", 그 일에 "엄청난 에너지를" 쏟고 나서 보잘것없는 결과를 낼까 염려하는 내용이었다.[27] 프랑스에서 에마뉘엘 드 레셉스[28]는 1980년에 《페미니스트 문제》라는 잡지에 기사 한 편을 썼다. "며칠 전, 나는 한 페미니스트 여성과 논의하면서 그녀가 자신을 이성애자로 규정하는지 물었다. 그녀는 '안타깝게도 그렇습니다!'라고 대답했다. 그녀는 '동성애자면 좋겠다'라고도 말했다. '남자들과의 관계가 지랄 같다'는 데는 둘 다 의견이 일치했다."[29] 같은 해, 미국의 페미니스트 시인이자 에세이 작가인 에이드리언 리치는 《강제적 이성애와 레즈비언 존재》를 출간했다. 그녀는 이 책에서 레즈비언의 존재가 "역사에서 지워지거나 질병의 항목으로 내쫓긴" 사실에 한탄했고, 그것이 이성애를 그저 하나의 '기호'가 아니라 강요되고, 지도되고, 조직되고, 선전으로 확산되고, 힘으로 유지된 것이라는 사실을 인정하지 못하게 가로막는다고 말한다.[30] 1년 전 어느 강연에서 모니크 위티그는 정치체제로서 이성애를 이미 이론으로 정립한 바 있다.[31]

2017년에는 서른다섯 살에 레즈비언이 된 비르지니 데팡트의 말이 논란을 불러일으켰다. "이성애에서 벗어나자 엄청난 안도감이 느껴졌다. 나는 애초부터 재능을 타고난 이성애자가 아니었던 것 같다. 내게는 여성성과 맞지 않는 무언가가 있다. 아울러, 삶 전체를 고려해볼 때 삶 안에서 여성성이 성공적이었던 경우를 나는 많이 알지 못한다. 그러나 행성을 바꾼다는 인상은 강렬했다. 그것은 마치 누가 당신을 천천히 한 바퀴 돌려서 머리를 거꾸로 뒤집어놓는 것 같다. 휴우! 게다가 그것은 굉장한 느낌이다. 누군가 내게서 대번에 40킬로그램을 빼낸 것만 같다. 전에는 항상 사람들이 나를 어딘가 부족하거나 혹은 너무 지나친 한 명의 여자로 바라보고는 했다. 순식간에 그 무게가 날아갔다. 이젠 나와 상관없는 무게다! 나는 이성애적 유혹과 그것의 일방적인 강요에서 해방되었다! 게다가 이제는 여성잡지를 읽을 수조차 없다. 더는 그 무엇도 나와 상관없다! 파이프(구강성교)도, 유행도."[32]

미국인 에세이 작가 제인 워드도 데팡트와 마찬가지로 자신의 책 《이성애의 비극》에서 "이성애 문화"(**스트레이트 문화**), 즉 체제순응주의, 권태, 압박, 실망과 욕구불만에서 벗어난 안도감을 털어놓는다. 그녀는 그것이 주변에서 널리 공유되는 감정이라고 말한다. 영어권 인스타그램 계정 〈이성애자들이여, 해명하라〉[33]는 **이성애 문화**가 드러내는 빈곤함의 예들을 포착하고 유머를 곁들여 증언한다. 제인 워드는 이렇게 쓴다. 지배적인 이성애 규범은 명백히 레즈비언과 게이에게 고통을 안기는데, "이 고통은 동성애 경험의 지극히 일부에 불과하지만, 이성애자가 아니라는 안도감과 기쁨, 쾌락을 가린다". 또한 그녀는 동성애혐오가 막연한 질투심에서 초래되는 것은 아닐까 자문한다. "동성애자들이 증오와 시기의 대상이 되는 것은 사람들이 우리가 무언가에서 벗어났다고 의심하기 때문이다." 그녀는 20세기 말, 주류 문화가 그들의 태도를 "지나치게 눈길을 끌고, 지나치게 개방적이며, 지나치게 성적이고, 지나치게 낙관적"이라고 비난했다는 사실을 지적하면서, 동성애 문화가 "지나친" 것이라면 이성애 문화는 "충분치 않다"고 결론짓는다. 지나치게 무미건조하고, 지나치게 편협하며, 상상력이 너무 부족하다는 것이다. 그녀는 '레즈비언이 아니어서' 한탄하는 여성들이 되풀이하는 말도 그녀의 많은 친구를 화나게 한다고 말한다. "그럴 거면 레즈비언이 되지 왜 그럴까요? 그리 어려운 일도 아닌데 말이죠!"[34]

'깊은 이성애'의 꿈

데팡트의 말은 프랑스 페미니즘에 정치적 레즈비언주의에 대한 논의를 다시 불러일으키는 데 크게 기여했다. 그렇지만 동성애 관계를 이상화할 우려도 있다. 남성의 지배처럼 구조적 지배는 아닐지라도 동성애 관계에 반드시 지배 관계가 없는 것은 아니다. 퀘벡에서는 1995년부터 가정폭력에 관한 정책에 레즈비언도 포함된다. 레즈비언들이 "사회 밖에서 생활하는 것이 아니기에 그들의 관계에는 주변에 존재하는 태도와 처신이 반영될 수 있다"[35]는 원칙에서 출발한 정책이다. 그렇다면 우리는 자신의 성적지향을 선택할 수 있는가? 여기서이 논쟁에 뛰어들 생각은 없지만, 그래도 이성애 관계의 공사장을 열가치는 있다. 게다가 제인 워드도 자신의 책에서 이성애를 '해체'하기보다는 '현실화'하길 원하지 않나. 일부 여성과 남성은 상호적 끌림을 소중히 여기면서도 자신들이 부딪치는 구조적 어려움을 어떻게 뛰어넘을지 탐색했기에, 레즈비언으로서 그녀의 경험과 관점이 그들에게 유용하게 쓰일 수 있을 것 같았다.

제인 워드는 자신의 조사를 이어가기 위해 **스트레이트** 문화에 뛰어들었고, 남자들에게 여자를 꼬드기는 법을 가르치는 세미나들에 관찰자로 참석하기까지 했다(그녀는 구토가 날 지경인 이성애정상주의 독백을 참석자들이 받아 적는 것을 보며 **퀴어에 대한** 반감에 놀라서 눈을 부릅뜨지 않으려고 안간힘을 써야만 했다). 포르노그래피 영화감독이자 활동가인 트리스탕 타오르미노Tristan Taormino의 주장에 이어 그녀는 레즈비언들이 성과 연애 분야에서 이성애자들에게 종종 길을 제시해왔다고 강조한다. "수치심이 들지 않게 불을 환히 밝히고 성교육 쪽으로 방향을 튼 성인용품점의 등장은 레즈비언 페미니스트들의 덕이다. 이제 평범한 이성애자 커플들은 미국 회사들인 굿 바이브레이션Good Vibration이나 베이브랜드Babeland에서 일탈자가 된 기분을 느끼지 않고 성인용품을 살 수 있다. 또한 '윤리적 비독점관계nonmonogamie éthique' 개념, 페미니즘적 포르노의 존재, 옛 연애 상대들과 우정을 유지하면서 가정을 꾸릴 수 있다는 대담한 개념, 고약한 성행위에서도 동의와 배려의 강조, 혹은 여성들이 인공 음경을 달고 연인이나 남편까지 포함한 사람들과 성관계를 맺을 수 있다는 급진적 생각까지도 모두 그들에게 빚졌다."[36]

제인 워드가 가장 큰 문제 중 하나로 보는 것은 '여성혐오의 역설'(도널드 트럼프가 아마도 궁극적으로 구현하는 역설)이다. 여성혐오의 역설이란 이성애자 남성들이 여성들을 멸시하고 증오하도록 부추기는 문화 속에서 여성에 대한 욕망을 표출한다는 것이다. 이성애와 여성혐오의 조합은 참으로 군건히 자리를 잡아서, 대칭적으로 남성우월주의의 부재는 동성애의 징후로 해석되었다. 그녀는 캘리포니아대학교 리버사이드 캠퍼스에서 강의하고 있는데, 어느 수업에서 작가 제이슨 슐츠Jason Schultz가 시도한 경험을 인급했다. 이 작가는 대안적인 총각파티를 기획했는데, 그 행사에 여성 스트립쇼 댄서를 고용하는 대신 친구들과 함께 섹스와 욕망에 관해 토론할 생각이었다. 그의 학생들은 단호했다. 그 생각이 너무 게이 같다는 것이다. 프랑스인 개그맨 로랑 시아마Laurent Sciamma는 심오하면서도 활기 넘치는 신화적인 공연 〈호인Bonhomme〉에서 같은 사실을 확인시켜 준다. 그는 어느 저녁 모임에서 그가 '페미니즘에 대해 자꾸 이야기하자' 게이냐고 묻는 다른 손님과 나눈 대화를 전한다. 그런 추론에 함축된 논리에 그는 난감해진다. "남자 이성애자이면서 페미니스트라는 것이 양립 불가능하다고 보는 것 같았어요. 글쎄요, 모르겠네요…. **내가 미친 건 아니죠?** 당신이 여자를 좋아한다면… 이봐요… 그래도 조금은… 여자들이 잘 지내길 바라지 않나요. […] 어떻게 사람들이 이렇게 되었죠? 별안간 여성혐오와 동성애혐오에 극도로 사로잡힌 세상이 되어 이렇게 말한다니. '잠깐만, 당신이 여자들을 걱정한다고? **정말 게이 같군!** 이 작자를 좀 보라고, 제 주변 여자들의 안녕이나 생각하고, 완전 미친 게이지!' 이런 세상을 난 도무지 이해할 수가 없네요!"

제인 워드는 책의 매우 흥미로운 페이지에서 그녀가 '깊은 이성애'라고 이름 붙인 것을 끌어안으라고 권한다. 이로써 이성애 남녀들은 자신의 성적지향을 숙명처럼 받아들이기보다 그것을 능동적으로 감싸 안고, 성찰하고, 자신의 것으로 만들 수 있을 것이다. 이는 자신의 욕망을 "순수하게 생리적이고 통제할 수 없는 것으로 여기며, 여성을 향한 갈망과 인격체로서의 여성을 존중하는 것을 구분할" 필요가 있는 남성에게 특히 유용할 것이다. 그녀는 그들이 여자들을 사랑한다면, 그렇다면, **정말** 사랑하라고 주장한다. "이성애자 남성들은 저항할 길 없이 이성애자가 되어 아마도 여성들의 목소리를 간절히 듣고 싶어 하고, 권력의 자리에 오른 여성들을 보고 싶어 하고, 여성들의 충만한 인간성을 알고 싶어 안달하고, 여성들의 해방에 전율할 수 있을 것이다. 레즈비언 페미니스트들은 그렇게 여성들을 욕망한다. 나는 이성애의 비극에 좌절하지 않는다. 다른 길이 가능하기 때문이다."

남성과 여성 사이에 뛰어넘을 수 없는 근본적인 차이가 있다고 가정하고 그것을 받아들이라고 조언하는 (1992년에 존 그레이가 펴낸 유명한 저서 《화성에서 온 남자 금성에서 온 여자》를 위시한) 숱한 반동적 자기계발서들과는 달리 워드는 이성애자 남성들이 어떻게 "한 인간과 일체가 되면서 동시에 성관계를 맺을 수 있는지", 다시 말해 여성을 객체이자 동시에 주체로 바라보며 "인간적으로 여성을 욕망할" 수 있는지 이해할 수 있도록 이끈다. 그녀는 특히 한 가지 모순을 강조한다. 이 남성들은 여성을 향한 억누를 수 없는 본능적인 욕망을 느끼는 것으로 추정되지만, 대개 여성의 몸은 젊고, 날씬하고, 제모해서 매끈하고, 향기로운 등 아주 명확한 특징이나 변화를 보여야 남성들의 눈에 띄고는 한다. 이 점에서도 그들은 레즈비언들에게 영감을 받아 흉터와 늘어진 살, 주름, 경험, 개성을 모두 포함한 여성의 총체적인 모습을 욕망할 수 있을 것이다. 그럼으로써 그들이 "다른 남자들에게 깊은 인상을 남기기 위해 여성을 이용하는 가짜 이성애자들이 아니라 진짜 이성애자 남성"[37]이 될 것이라고 그녀는 결론짓는다. 같이 자고 나면 그 여자에 대한 모든 흥미를 잃는 일부 남성들의 경향 또한 가짜 이성애나 피상적 이성애의 징후로 해석될 수 있다. 이런 남성은 인물과 관계 자체에, 그리고 그것이 그들의 삶을 풍요롭게 채워줄 방식에 관심이 있는 것이 아니라, 그들의 지위나 이미지를 개선하기 위해 그저 '정복'의 욕구, 자기도취적 만족의 욕구를 드러낼 뿐이다. 워드는 자신의 여성 독자들에게 용기를 북돋운다. "이성애자 남성에게, 그리고 그들이 주장하는 여성에 대한 사랑에 더 많은 것을 요구할 만큼 충분히 대담하게"[38] 행동하라고 말한다. 요컨대 '깊은 이성애'란 가부장제[39] 및 그 이해관계와 결별하는 이성애, 즉 가부장제를 배반하는 이성애를 의미한다.

이성애 자체를 모든 문제의 근원으로 본다면 이성애 안에서 부인되고, 재발명되고, 재정비되는 모든 것에 대한 보다 섬세한 관점을 비껴가게 될 것이다. 에마뉘엘 드 레셉스는 1980년의 기사에서 이성애자 여성의 욕망 또한 해방되어야 한다고 판단했다. "우리는 유년기부터 동성애자가 아니라 이성애자가 되도록 압박을 받아왔다. 하지만 나는 우리가 무엇보다 조금도 '색정적이지' 못하도록 압박을 받았다는 점을 환기하고 싶다." 또한 그녀는 페미니스트라는 사실과 남자를 사랑한다는 사실 사이의 모순에 대해 이렇게 말했다. "급진적 페미니즘이 모든 모순을 거부하고, 순수하고 냉혹하며 흠집 없이 매끈한 원칙에만 자족한다면 현실을 고려하지 못하고, 현실을 받아들이거나 활용하지도 못하고, 여성 전체를 표현할 수도 없으니 여성을 도울 수도 없을 것이다."[40] 고백하건대 나도 그녀처럼 긴장을, 불협화음을 좋아한다. 나는 그런 것에서 풍요로움을, 각별한 이점을 발견한다. 알리스 코팽의 책[41]을 읽으면서 나는 결코 나의 페미니즘이 그녀의 것만큼 콤플렉스에서 벗어나지는 못하리라는 것을 깨닫는다. 그녀의 욕망은 그녀가 얽매이지 않고 자유롭게 행동하게 하는 데 반해, 나의 욕망은 집요한 번민을, 충절의 갈등을 유발한다. 물론 나는 이러한 번민과 충절의 갈등을 바탕으로 작업하는 데 관심이 있다. 그리고 여성들이 겪는 폭력과 불의를 고발하고 훨씬 은밀한 성차별주의의 발현을 애써 폭로하는 것은 우리가 속한 지독히 가부장적인 세상에서 벗어나는 길이 있다고 믿기 때문이다. 우리는 이 체제가 전복될 수 있다고 믿는다. 그렇다면 내밀하고 개인적인 우리의 관계에 어떤 변화가 일어날 가능성도 믿을 수 있는 것이다.

먼저 나는 프롤로그에서 우리 사회에서 사랑이 발휘되는 문화적 배경부터 짚어볼 생각이다. 그 바탕엔 위축과 상상력 결핍의 흔적도 보이고, 또한 실패와 비극, 죽음과의 영합도 보인다. 이 두 가지 태도는 결국 사랑을 포용하지 못하고, 창의적이고 당당한 방식으로 사랑의 현실과 일상성을 경험하지 못하는 무능력을 보여준다. 그러고 나서는 1장에서 우리의 낭만적 표상들이 어떻게 여성의 열등성을 승화하면서 구축되었는지 살펴볼 것이다. 그 결과 많은 여성이 한 남성의 총애를 받기에는 너무 크고, 너무 거세고(문자 그대로의 의미이자 물리적 의미로), 너무 똑똑하고, 너무 창의적이라는 등 '너무 과하다'는 말을 많이 든다. 그렇다고 모든 조건을 충족해서 남성의 자아를 위협하지 않는 것으로 보이는 여성이 훨씬 행복한 사랑을 하는 것처럼 보이지도 않는다. 당연하게도 자아가 제한되고 부정되는 토대 위에서 자아의 개화를 구축하기가 어렵기 때문이다. 이어서 2장에서는 가정폭력의 메커니즘을 비정상이나 일탈로서가 아니라 사회적 규범을 통해 남성과 여성에게 처방된 행동의 논리적 결과로서 살펴볼 것이다. 3장에서는 여성과 남성이 사랑에 부여하는 매우 상이한 가치, 여성이 관계에 쏟는 더 강력한 투자, 그것이 낳는 불균형과 오작동, 그리고 그것을 해결할 방법들에 대해서도 알아볼 것이다. 마지막으로 4장에서는 여성이 남성의 환상에 부합하는 정숙한 이미지를 제공하는 아주 오래된 역할에서 벗어나 욕망의 주체가 될 수 있는지도 생각해볼 것이다. '우리의 환상은 정말 우리의 것일까?', '평생 남성이 지배하는 세계 속에 젖어 지냈는데 어떻게 해야 자기 고유의 상상계를 되찾을까?' 등의 즉각 제기되는 의문도 회피하지 않을 것이다.

나는 이성 간의 사랑l'amour hétérosexuel이 여성들의 마음속에서 그저 트로이의 목마처럼 가부장제에 쓰이기 위해 존재한다고 생각하지 않는다. 에마뉘엘 드 레셉스는 1980년에 이렇게 썼다. "어떤 여성들이 어떤 남성들을 욕망한다면 그것은 여성이 전적으로 억압당하는 존재로만 규정될 수 없고, 남성 역시 오직 억압자로 규정될 수 없다는 뜻이다."42 하지만 그들의 관계는 분명히 지배의 독을 품고 있다. 그러니 냉철하게 그 독을 들여다볼 용기를 내야 한다. 그것이 이제 우리가 스스로에게 부과하는 '영웅적 행위'이자 '위험한 모험'이다.

순응주의와 허무주의 사이에서

사람들이 우리에게 들려주는 사랑 이야기들은 두 주인공이 온갖 종류의 갈등과 우여곡절을 겪고 나서 서로의 감정을 고백하는 순간에 멈추는 경우가 많다. 동화는 '그들은 아이를 많이 낳고 행복하게 살았습니다'처럼 의례적인 표현으로 얼렁뚱땅 얼버무리며 끝맺는다. 그 후에 일어날 일을, 이 사랑이 어떻게 계속 경험되고 나날이 변화하는지를 환기할 때 우리는 난감해진다. 우리는 그것에 대해 할 말이 없다고 느끼고 갑자기 상상력이 마비된 채로 비틀거린다. 젊은 작가 샐리 루니의 소설을 각색한 드라마 〈노멀 피플〉[1]을 볼 때면 나는 여전히 이런 생각을 한다. 드라마는 아일랜드의 한 작은 마을의 두 고등학생 메리앤과 코넬을 주시한다. 서로 사랑에 빠진 그들의 이야기는 더블린의 대학교에 입학한 이후까지 이어진다. 샐리 루니의 시각은 여러 관점에서 혁신적인데, 특히 코넬이 구현하는 섬세하고 공감력 넘치는 남성상이 그렇다. 인상적인 배우 폴 메스칼이 그 역할을 맡았다. 그러나 사랑의 초입만 오르는 습관을 끝장낼 정도로 혁신적이지는 않다. 이 둘의 이야기에는 강력하고 정당한 이유로 생겨나는 결별들이 있다. 하지만 서너 통의 메시지나 혹은 커피 한 잔을 나누는 10분의 시간이면 해소될 법한 오해 때문에 헤어지는, 억지스러워 보이지만 중대한 결과를 낳는 긴 결별도 있다. 물론 어리석은 이유로 생겨나는 사랑의 결별도 존재한다. 그러나 이 이야기는 시나리오 작가들의 소심증을 보여준다. 그들은 마치 메리엔과 코넬 사이에 장애물이 없으면 이야기할게 아무것도 없을까 겁내는 듯 보였다. 작가들은 검증된 (그리고 효과적인) 서사의 동력에 매달리는 듯했다. 서로 사랑하지만 함께하지 못하는 두 인물을 보는 관객이 느낄 불안이 그 동력이다. 두 사람은 함께하고 싶은 자신의 욕망을 결국 받아들이게 될까? 벨 훅스는 "사랑에 대해 말하는 것보다 상실에 대해 말하기가 훨씬 쉽다. 우리 삶에서 사랑이 차지하는 자리와 의미를 묘사하는 것보다 사랑의 부재로 인한 고통을 표현하기가 훨씬 쉽다"[2]라고 쓴다. 역경의 수용과 역경과의 영합 사이의 경계는 종종 흐릿하다. 마치 역설적으로 역경이 안도감을 주기라도 하는 것 같다.

어떤 경우에는, 서로의 사랑을 인정한 이후에 일어나는 일에 대한 관심 결핍은 관례적인 관점에서 비롯한다. 그 관점으로는 논의할 것이 하나도 없다. 두 주인공이 일단 결합만 하면 이상적인 결혼, 동거, 상호 간의 충절, 출산 등 보편적인 길을 따르기만 하면 되기 때문이다. 우리는 이 요소들에 대해 거의 의문을 품지 않으며, 그것들이 모든 사람에게 부합해야 한다고 생각한다. 우리의 정서적 불안은 세심하게 체계화된 사랑의 증거들을 상대에게 요구하도록 우리를 부추기고, 우리의 사회적 위신을 위해 중요한, 부부와 가족 내에서 우리의 지위는 우리가 다져진 오솔길에서 벗어나지 않게, 달갑잖은 판단에 노출되지 않게 억압한다. 게다가 정해진 수순을 문자 그대로 따르는 연인들일지라도 어려움 혹은 환멸을 마주하면 오롯이 혼자가 된다. 우리의 환경이 우리에게 제공하는 모델, 대중의 상식, 로맨틱 코미디, 매일 우리가 듣고 주변으로 퍼뜨리는 수천 가지 댓글로 정묘하게 작동하는 사회적 규제는 어느 정도 숨겨진 명령들을 내포하며, 행복의 클리셰를 끊임없이 반복하고 강화한다. 그 클리셰를 얼마나 충실하게 복제하느냐에 따라 우리는 삶의 성공을 가늠한다. 현실이 재현보다 덜 순정함이 드러날 때 야기되는 고통은 어쩔 도리가 없다.

다른 경우, 사랑이 경험되는 방식에 관심 기울이기를 거부하는 태도는 부부 생활을 비속하고 부르주아적이며 지루한 것으로 판단하면서 멸시하는 데서 비롯한다. 이 멸시는 이루어질 수 없는 연애 이야기, 별안간 끝나거나 아니면 살인이나 자살 또는 둘 다 불행하게 끝나는 이야기를 좋아하는, 대단히 널리 퍼진 취향을 설명해준다. 로미오의 시신 위에서 죽어가는 줄리엣, 사랑하는 여자가 다른 남자와 결혼하자 자기 머리에 총 한 발을 쏘는 젊은 베르테르의 이야기처럼 비극적 결말은 감정을 고스란히 표출할 기회를 제공할 뿐 아니라 사랑을 실제로 **체험하는** 방식을 상상할 필요를 없애준다. 2006년, 생애 말년에 생태 사상가 앙드레 고르스는 아내 도린과 삶을 함께한 행운을 헤아리는 데 오랫동안 방해가 되어온 편견들을 인식했다. 이러한 부당함을 바로잡기 위해 그는 《D에게 보낸 편지》를 출간했다. 이 책에서 그는 아내를 향한 사랑과 고마움을 이야기한다. 무엇보다 이미 두 사람이 함께 살던 젊은 시절의 한 작품에서 다른 여자와의 결별은 오래도록 분석하면서 아내에 대해서는 "가볍게 건방을 떨며" 언급한 사실을 자책한다. 그는 돌이켜보면서 자기 경험을 그렇게 왜곡한 이유를 이렇게 분석한다. "처음으로 열렬히 누구를 사랑한다는 것, 그리고 그 사람의 사랑을 받는다는 것은 누가 봐도 너무도 평범하고 사적이고 흔한 일이었습니다. 이런 소재로는 보편적인 것에 이를 수 없었던 것입니다. 반면에 난파한 사랑, 이루어질 수 없는 사랑은 고결한 문학의 소재 아니겠습니까. 나는 성공과 긍정의 미학 속에서 편치 못했고, 실패와 소멸의 미학 속에서 편안했지요."[3] 브누아트 그루의 경우, 그녀가 그녀의 세 번째 남편 폴 기마르와 함께 쓴 일기에서 그녀의 페미니스트 의식이 싹트는 것을 볼 수 있는데, 1952년 10월 27일에는 이렇게 쓰고 있다. "폴의 일기를 읽었다. 그가 우리의 행복이라고 불러야 마땅한 것에 대해 말할 때마다, 왠지 모르지만 우수가 뿜어져 나온다. 그가 묘사하는 행복한 부부의 삶은 단조롭고 무미건조하며 '마음이 놓이고 관례적'으로 보인다." 그래서 그녀는 외친다. "관례적이라니! 관례와 진부함은 행복하지 않은 것이다. 위험과 모험이 행복한 것이다."[4]

남성들(지식인, 소설가, 영화인 등)은 어둡고 고통받는 이야기를 통해 스스로 우스꽝스러움에 노출되거나 여성만큼 교태를 부려 타협할 위험 없이 '진지함'을 고수한 채 깊이 있어 보이는 착각까지 안기며 사랑에 대해 말할 수 있다. 안 마리 다르디냐가 밝히듯이, 작가 미셸 레리스는《성년L'Âge d'homme》(1939)에서 자신의 아버지가 항상 "유치한 선정성"을 드러냈다고 비난했는데, 그는 아들로서 그것을 용납할 수 없었다고 말한다. 이 모든 것은 레리스의 아버지가 "마스네의 연가들을 부르길" 좋아했기 때문이다…. "나는 고뇌와 눈물에 젖은 사랑 말고는 떠올리지 못한다"라고 레리스는 같은 책에 쓰고 있다.[5] 이렇게 남자의 자존심을 지키는 일은 여성성의 희생을 통해 이루어진다. 자기 안의 여성적인 것, 즉 불명예스럽다고 해석되는 것의 희생을 통해, 경우에 따라서는 여성 **인물**의 희생을 통해. 우리의 도서관과 영화관을 가득 채운 '저주받은' 열정의 남성적인 이야기들 속에서 여성살해는 낭만적 아우라, 심지어 영웅적 아우라를 두르고 있다. 이것이 실제 여성살해를 받아들이는 호의적 태도를 키운다. 이를테면 나는 1980년대를 강타한 프랑스 영화〈베티블루 37.2〉(1986)를 생각한다. 필립 지앙의 소설을 장자크 베넥스가 영화화한 작품인데, 그 주인공(장위그 앙글라드)은 결국 베개로 연인(베아트리스 달)을 질식시켜 살해한다. 그는 야수성과 혼돈을 구현하는 인물 베티가 표상하는 위협을 그렇게 쫓아내고서 마침내 작가로서 고결한 소명을 실현할 수 있게 된다.

이렇듯 우리의 사랑 문화는 순응주의적이면서 동시에 병적(여성혐오적)이다. 《사랑과 서구문명》(1939)에서 드니 드 루즈몽은 우리가 모순된 두 도덕 사이에서 어떻게 분투하는지 보여주었다. 결혼과 안정에 가치를 두는 부르주아 도덕과, 이루어질 수 없는 만큼 저항할 수도 없는, 고뇌 어린 파란만장한 사랑을 꿈꾸게 하는 열정적 또는 낭만적 도덕 사이에서 말이다. 루즈몽은 감정의 고고학의 매혹적인 연구에서, 이상화되어 다가갈 수 없는 귀부인을 노래한 음유시인이라는 특별한 형태의 열정을 좋아하는 서양적 취향을 근원까지 거슬러 올라가 파헤친다. 그는 그 취향에서 카타리파[6]의 영향을 본다. '순수'와 '완벽'을 바라는 이 이단은 육신과 지상의 삶을 경멸했다. 루즈몽의 말에 따르면 트리스탄과 이졸데의 신화는 우리의 갈망과 감정의 불가사의한 모태를 보여준다. 우리가 그것을 한 번도 읽지 않았을지라도 "그런 신화의 향수가 어린 제국은 대다수 소설과 영화 속에, 그 작품들의 대중적 성공 속에, 부르주아들, 시인들, 잘못 결혼한 이들, 기적적인 사랑을 꿈꾸는 감상적 처녀들의 마음에 그 작품들이 일깨우는 만족감 속에 표출된다".[7] 그가 여기서 정의하는 열정 속에서 상대는 감정의 단순한 전달자다. 우리는 상대가 가깝기보다 먼 쪽을 선호한다. 사람보다는 상태를 좋아한다. 이루어질 수 없는 사랑 때문에(이졸데는 마크 왕과 결혼해야 한다) 트리스탄과 이졸데는 죽음의 절대성을 갈망하고, 결국 갈망을 이룬다. 드니 드 루즈몽은 이렇게 쓴다. "그러니 열정으로 사랑하는 것은 사는 것과 정반대다! 그것은 존재의 퇴화이고, 내세 없는 고행이며, 현재가 부재한다고 상상하지 않고는 현재를 사랑할 줄 모르는 무능력이고, 소유 앞에서 끝없이 도주하는 것이다." 그는 열정에 몰두하는 사람들이 이러한 비판을 받아들이는 게 어렵다는 것을 인식한다. 그들은 오류 속에서 고집을 부리며 으스대기 때문이다. "세상 사람들이 보기에 열정의 인간이란 제 오류 속에 있기로 선택하는 사람이다. 그것도 삶보다 죽음을 선택하는, 돌이킬 수 없는 중대한 오류 속에 있기로."[8]

《주군의 여인》, 사랑의 반反지도

'죽음의 선택'을 비추는 유명한 작품들 사이에서도 1968년에 출간된 알베르 코엔의 소설 《주군의 여인》[9]은 앞자리를 차지한다. 주인공 아리안과 솔랄은 만남이 안기는 매혹의 상태 너머로 모험하지 못하는 무능력을 극단적인 방식으로 구현한다. 이 무능력이 이론의 여지 없을 대단히 감동적인 마지막 장면에서 두 인물을 자살로 이끌고, 따라서 여기서도 우리는 눈물을 닦으며 책을 덮는다. 20세기 프랑스 문학에서 가장 위대한 연애소설로 손꼽히는 《주군의 여인》은 열정의 숭배로 인해 우리가 빠지는 모든 오류를 그린 가상의 지도처럼 읽힐 수 있다. 이는 자세히 살펴볼 만한 가치가 있다.

소설의 두 주인공은 1930년대 제네바에서 만난다. 솔랄은 국제연맹의 사무국 차관이다. 아리안은 제네바 귀족 출신으로, 국제연맹에서 일하는 얼간이 아드리앙 덤과 결혼했다. (드니 드 루즈몽은 "정중한 사랑에 멸시당하는 남편의 구체적 존재"는 열정을 키우는 가장 확실한 장애물이라고 환기했다. 트리스탄과 이졸데 신화 속에서 이졸데의 남편인 마크 왕이 그 전형이다.)[10] 솔랄은 부하인 아드리앙을 떨쳐버리고 그의 아내를 유혹하기 위해 외국에서 긴 시간 수행할 임무를 그에게 맡긴다. 남편 아드리앙이 돌아오자 두 연인은 함께 프랑스 남쪽으로 달아나, 둘만의 공간에서 지낸다. 처음에는 호텔에서, 그다음에는 호화로운 저택을 임대해서 지낸다. 그들의 고독 중 절반은 어쩔 수 없이 감내해야 하는 것이고, 절반은 스스로 선택한 것이다. 하층민 신세가 된 둘은 그들이 교제했던 상류사회에서 고립되고 배척당한다. 그러나 그들은 마치 다른 사람들이 필요 없는 듯이, 둘이면 충분한 듯이 행동해야 한다고 느낀다. 이런 상황에서 그들은 둘만 있을 때의 강렬함을 생생히 유지할 수 있을까? 하지만 그들은 그러기보다는 연애의 도입부를 무한히 재연하는 데 그치고, 죽음의 무언극 속에서 그 기억을 숭배했다. 금세 그들은 차마 털어놓지 못한 채 죽도록 지루해한다. 그들이 불꽃을 되살릴 유일한 방법은 자신들에게 고통을 가하는 것뿐이다. 솔랄은 때때로 오직 연인에게 겁줄 목적으로, 그를 잃는 두려움을 그녀에게 불러일으키기 위해 이유 없이 갑작스레 거칠게 행동한다. 그리고 아리안은 그를 만나기 전에 만났던 연인에 대해 처음으로 말하면서 그의 질투심을 자극한다.

　관계를 장기적으로 구축하려면 상대를 현실의 인간이라고 받아들여야 하는데, 그들은 그러지 못한다. 그들은 서로에게 차려입은 모습만 보여준다. 아리안은 예기치 못한 꾸르륵 소리라도 날라치면 질겁하고, 재채기가 나올 것 같으면 방에서 달아난다. 호텔에서도 그들은 각방을 쓴다. 빌린 집을 꾸밀 때 아리안은 각자의 욕실에 필요한 미용용품을 갖추기 위해 장대한 작업을 실행하는 동안 솔랄이 멀리 떠나 있게 한다. 그녀는 비밀스러움을 조금 더 지키려고 자기 침실에서 욕실로 바로 통하는 문을 뚫게 한다. 그녀는 공기처럼 순수한 자신의 이미지를 고수하기 위해서라면 하늘과 땅이라도 옮길 태세다. 솔랄은 독백으로는 그에 대해 빈정거리지만 그녀가 하고 싶은 대로 하도록 둔다. 우리가 억압하는 모든 것이 그렇듯이 역설적이게도 신체 작용이 그들의 관계에서 점점 더 큰 자리를 차지하게 된다. 하녀 마리에트는 지나치게 수줍어하는 그들의 터무니없는 말을 듣고 이렇게 말한다. "저런 게 사랑이라면 난 사랑을 원치 않아. 죽은 내 남편과 나는 곁을 떠나지 않으려고 볼일도 같이 보았을 텐데."[11] 우리는 하녀가 옳다고 생각하지만, 정작 우리에게 동일시하라고 주어진 감탄스러운 여주인공, 큰 사랑에 빠진 여자는 하녀가 아니다. 상대의 몸을 받아들이는 것은 비천한 부부 쪽, 아내에게 자신의 장내 문제들을 세세히 말하는 우둔한 남편 쪽이다. 이 소설은 징검다리를 건너던 도중에 멈추어 서서, 사랑에 대한 시각을 규탄한다고 주장하며 그 시각 속에 우리를 더 가둔다. 그 모호성이 여기서 드러난다. 알베르 코엔은 《주군의 여인》을 "열정에 맞서는 열정적 풍자글"[12]로 규정했다. 실제로 그는 열정에 대한 클리셰들을 고발하고 있다. 클리셰들을 키우면서.

아리안과 솔랄이 넘어서지 못하는 고비를 모든 연인은 통과하며 대개 타협한다. 자고 일어난 모습을 보고도 상대를 계속 사랑하고, 그 빛나는 존재가 소화기관을 갖추고 있다는 사실과 이를 첫 만남에서 음흉하게도 언급하지 않았다는 사실을 받아들이는 것이다. 이때가 특히 여성이 취약성에 노출되는 순간이다. 이때 여성은 사회적 규범에 따라 낮 동안 외모를 가꾸도록 강력히 권고받으면서 밤의 자기 자신과는 멀어지게 된다. 아침은 여성이 현실의 친근한 인간으로서 사랑받는지, 아니면 음유시인이 멀리서 환상을 품는 대상인 귀부인처럼 육체를 초월해 이상화된 성상으로서 사랑받는지(안 마리 다르디나의 표현에 따르면 여성을 "더는 접촉할 필요가 없을 만큼 높은 좌대 위에"[13] 올려놓고 사랑하는지)를 알게 되는 순간이다. 사회학자 에바 일루즈는 현대의 사랑 관계에 관한 조사를 하면서 "출중한 미모의" 48세 여성 클로딘을 만났다. 어느 날 클로딘의 연인이 여행에서 돌아오는 아침에 그녀 집으로 들이닥쳤는데, 그녀는 아직 잠옷 차림이었다. 양치질도 하지 않았고, 머리도 빗지 않았고, 화장도 하지 않은 상태였다. "집에 들어선 그가 이상한 표정을 짓고 있는 게 보였어요. 그가 말했죠. '무슨 일 있어? 아파? 몸이 안 좋아? 평소와 너무 달라 보여.' 나는 그를 끌어안았고, 그가 키스할 거라고 생각했는데 하지 않더라고요. 그 순간, 내가 늙고 쭈글쭈글해졌을 때도 이 남자가 나를 사랑할까 싶은 의문이 들었죠."[14]

여성은 일종의 여신으로, 내장도, 창자도 없고, 엉덩이 사이에 장미꽃봉오리를 단 요정으로 여겨지기도 한다. 이건 "똥가부장제"[15]의 잘못이다. 《화장실의 심리학》[16]의 저자 닉 해즐럼은 이렇게 설명한다. "소녀들은 어려서부터 자기 몸의 자연스러운 기능을 '자제하도록' 배운다." (물론 몸에 대한 수치심을 여성에게 주입해놓고는 여성이 수줍어하면 그것을 또 조롱한다.) 때로는 끔찍한 진실을 감추려고 극단까지 내몰리기도 한다. 2017년 어느 날 저녁, 한 젊은 영국인 여성이 틴

더 앱에서 만난 남자의 집 화장실에서 볼일을 보았고, 이때까지는 모든 것이 아주 잘 흘러갔는데, 변기의 물이 내려가지 않았다. 그녀는 난감한 이 똥덩이를 밖으로 던져서 제거하려고 시도했다. 그런데 운 나쁘게도 그것은 창틀 사이에 떨어졌다. 리암이라는 이름의 남자에게 상황을 자세히 설명하고 그의 도움을 받아 똥덩이는 수거해서 변기 속에 던졌지만, 그녀는 창문 안쪽에 끼어서 고개 숙인 채 한참 머물러 있어야만 했다. 결국 그녀를 구출하기 위해 소방관들이 출동해야만 했다. 이 이야기와 인증 사진(창문 유리가 반투명이었기에 여자 곡예사의 익명성을 지킬 수 있었다)[17]은 지구를 세 바퀴쯤 돌았는데, 이것은 비밀을 지키려는 우리의 노력의 일반적 운명을 잘 요약해준다. 적어도 이 일로 리암은 자기 창문을 수리하기 위한 크라우드펀딩 캠페인을 벌일 수 있었다. 그는 세계적인 연대에 힘입어 필요한 액수의 열 배를 모은 뒤 초과 금액은 남반구 나라들에 화장실을 만들어주는 단체와 소방관에게 기부했다. 마지막으로 들은 소식에 따르면 그는 하룻밤 만남이었던 그녀에게 커피나 한 잔 하자고 다시 접촉해볼 생각이었다.[18]

이 맥락에서 미국 드라마 〈크레이지 엑스 걸프렌드〉를 제작하고 배우로도 참여한 레이철 블룸의 유쾌한 배설물 강박증은 거의 정치적 차원을 띤다. 마찬가지로, 2019년에 호주계 캐나다 작가인 파리하 로이진은 〈인투 더 글로스〉라는 미국 사이트에서 진행한 인터뷰에서 미모를 가꾸는 자신만의 루틴에 대해 말해 달라는 물음에 샤넬 마스카라와 산타마리아노벨라 허니 헤어크림뿐 아니라 훨씬 편안하게 똥오줌을 누게 해주는 스쿼티 포티 변기의 장점에도 찬사를 보내며 배짱과 카리스마를 보여주었다. 그녀는 "우리 어머니들은 우리에게 여자로서 이런 것은 말하지 말라고 했기에 우리 스스로 검열하고 숨기고 있지만요"[19]라고 말했다. 또한 그녀는 모든 금기를 동시에 날려버리면서 자신의 정신건강 문제와 마리화나 소비도 언급했고, 쓰고 있는 윤활제 상표와 좋아하는 인공 음경 유형까지 밝혔다.

《주군의 여인》의 솔랄에게 문제가 되는 것은 생리적 몸만이 아니다. 성적 몸도 문제가 된다. 그는 자신의 외모에 끌리고 반하는 여자들을 원망한다. 본인의 외모가 거짓이고 피상적이라고 판단하는 것이다. 흉측하고 기괴한 동물성과 동일시되는 성애性愛는 그의 눈에 더 고귀한 열정으로 신성시될 때만 정당화될 수 있다. 그는 함께 사랑을 나눈 여자들이 그가 "조용히 수치심을 가라앉히도록" 가만히 두지 않고 대화하고 싶어 할 때면 짜증이 난다. 그를 만나기 전에 아리안에게 다른 연인이 있었다는 사실을 알게 되어 질투하는 장면에서는 소유욕과 동시에 반감이 폭발한다. 그러자 그는 호텔 방을 부수고, 자해하고, 그녀를 모욕한다. 두 사람이 사귀는 동안 자신에게도 다른 애인이 여럿 있었다는 것은 중요하지 않다. 그는 참으로 '순수'하다고 믿었던 아리안이 야수 같은 성애로 더럽혀지는 것을 상상하며 질겁한다. 작품의 이러한 부분에서는 알베르 코엔의 퇴보적인 생각이 더없이 명료하게 드러난다. 이에 대해 작가가 1980년에 흥미로운 사실을 이야기했다. 그가 처음 비서로 고용했던 그의 세 번째 부인 벨라 코엔은 그가 끊임없이 내용을 추가하는 바람에 《주군의 여인》 원고를 '네 번'이나 타자했는데(이 책은 포켓판으로 1100쪽이나 된다), 이 장면에 반대해서 그가 이 장면을 제거하길 바랐다는 것이다. 작가는 단호하게 결론지었다. "저 사람의 생각이 틀렸어."[20]

따라서 열정은 남자 주인공을 여성에 대한 불신 가득하고 미숙한 관점 속에 가둔다. 열정은 일상적이고 육체적인 세속적 삶을, 그리고 이것과 연관된 여성을 동시에 멸시하는 엘리트주의적 태도를 가리는 가림막처럼 쓰인다. (다만 이 입장은 그 추종자들이 생각하는 것보다 훨씬 평범하고 의례적이다. 2004년 낸시 휴스턴은 문학에서 허무주의적 멋의 유행을 언급하면서 '부화뇌동하는 엘리트주의'[21]에 대해 멋지게 말했다.) 프랑스 문학의 멋진 연인으로 손꼽히는 솔랄의 여성혐오 신념에 대해서는 의심의 여지가 없다.[22] 따라서 그는 나치즘이 한창 기승을 부릴 때 박해를 피해 달아나는 독일 유대인들을 받아들이기 위해 조금 지나칠 정도로 집요하게 변호하고 난 뒤 국제연맹의 직무에서 해임된 것도, 자신의 프랑스 국적을 박탈당해 무국적자가 되었다는 것도 아리안에게 차마 털어놓지 못한다. 자신의 사회적 위신이 사라지면 연인의 사랑도 남지 않으리라고 생각하기 때문이다. 그는 여자들이 권력을 좋아한다고 생각한다. 그는 여자들이 그를 잘생겼다고 여기는 것은 그가 힘을 발산하기 때문이고, 그녀들이 그 힘에서 누군가를 죽일 수 있는 권력을 알아보기 때문이라 생각한다. 그는 또한 여자들이 마조히스트라고 믿는다. 그는 선량하고, 다정하고, 어린 양처럼 순한 남자로 제시되지만 스스로 잔인하고, 심지어 난폭하게 보이려고 애쓴다. 그것이 여자들이 '기대하는' 모습이기 때문이다.

그는 아리안이 남편을 사랑하지 않는 것은 그가 너무 상냥하기 때문이라고 믿는 척한다. 남편인 아드리앙 덤의 문제는 멍청하고 절망적으로 속물이라는 데 있지, '지나치게 상냥'하기 때문은 결코 아니다. 솔랄은 덤이 자기도 모르게 자신의 아내가 다른 남자와 간통하는 일에 스스로 공범으로 가담하게 만들며 그를 조롱하고, 이번에도 그것을 아리안을 유혹하기 위해 꼭 필요한 슬픈 일처럼 제시한다(그는 사실 자신의 '형제' 같은 덤에게 연민을 느꼈을 것이다). 하지만 이 방식에서 솔랄이 느꼈을 즐거움(또한 작가의 즐거움)이 짐작되는데, 소설 도입부에서 지켜본 부부 사이의 강간 장면 이후로 우리도 독자로서 함께 즐긴다.

　25년 전 《주군의 여인》을 발견했을 때, 드니 드 루즈몽의 표현을 빌리자면 나는 "기적적인 사랑을 꿈꾸는 감상적인 여자들" 중 한 명이었다. 작가로서 그의 사랑과 여성에 대한 관점에서 문제가 되는 모든 것을 파악하기까지 내게는 시간이 필요했다. 나는 알베르 코엔의 문학적 재능, 격류 같으면서도 간결한 문체, 서정성, 민첩함, 익살에 대해서는 지금도 감탄하지만 그만큼 원망스럽기도 하다. 그는 자신의 생각을 참으로 유능하게도, 재능을 한껏 발휘해서 내게 주입했다. 2012년에 그레니오 봉데Glenio Bonder가 실현한 영화 작업에서는 그의 글이 빠지며 플롯이 승화되지 못하자 성차별주의와 속물근성으로 완성된 시나리오만 남았다(돌이켜보면, 솔랄이 기차 안에서 젊은 프롤레타리아 부부를 관찰할 때와 같은 계급적 멸시도 내가 첫 번째 독서 때는 읽어내지 못했지만 이제는 큰 충격을 준다).

시간의 폭이 주는 희열

우리는 우리의 사랑을 고려하는 방식의 경기 규칙을 바로잡고, 강제된 도정이라는 부르주아적 굴레와 파괴적 열정이라는 관습적이고 제한적인 굴레를 동시에 분쇄하여 사랑에 생명력을 다시 불어넣을 필요가 있다. 우리는 신경쇠약 증세 같은 태도 속에서 조금 더 대담해지고, 조금 덜 영합할 필요가 있다. 이 방식은 대단히 개인적일 수밖에 없는데, 이제 내가 제안하려는 최선책도 당연히 어떤 보편적 타당성을 주장하지 않는다. 하지만 적어도 나의 독자들은 누가 자신과 말하는지알 수 있고, 스스로 품는 욕망들을 살펴보며, 동조나 대립을 통해 자신만의 관점을 명확히 밝힐 수 있을 것이다.

《주군의 여인》 이후, 사랑에 대한 나의 상상 세계는 매우 다른 모델들을 품게 되었다. 나는 서로에 대한 신뢰와 행복과 관능을 지킨 채 긴일상의 시간 속에 자신들의 이야기를 정착시킬 수 있는 것으로 드러난 커플들에게 감탄했다. 나의 경우, 사랑이든 우정이든 시간이 흐르면서 짜인 관계, 각자의 고유한 재능과 너그러움과 뜻밖의 능력으로형성된 관계, 두 존재(삶)를 깊이 뒤섞는 관계야말로 삶에 의미를 부여해주고, 죽음에 맞서 가능한 유일한 승리다. 우정 또는 사랑 관계의 시간적 폭은 값을 매길 수 없을 만큼 소중한 선물이다. 전 반려자와 헤어지고도 사이가 틀어지지 않게 되면서 나는 그에게 여전히 "당신, 생각나…?"라고 말할 수도 있고, 그와 함께 공통의 과거를, 오직 우리만이기억하는 모든 사건을 다시 체험할 수도 있다. 그럴 때마다 나는 무한

한 고마움을 느낀다. 마찬가지로, 내가 영화보다 드라마 시리즈를 더 좋아하는 것은 여러 계절에 걸쳐 한 인물의 변화를 좇고, 인물의 뜻밖의 면모들을 발견하고, 풍요롭고 복합적인 그 면모들이 발휘되는 것을 보고, 그 인물이 걸어온 길을 헤아려보길 좋아하기 때문이다. 더구나 몇몇 시나리오 작가들은 이런 비장의 패를 경이롭도록 잘 써서, 암시나 플래시백을 이용해 관객에게 주인공들과 공통으로 지닌 기억들을 불러일으키며 관객이 주인공들과 맺어온 오랜 친밀감을 느끼게 한다. 그들은 허구의 존재들과 관계된 것일지라도 그 친밀감이 강한 만족감을 준다는 사실을 잘 아는 것이다.

어쩌면 혹자는 나 역시 여기서 대단히 관습적인 '영원한 사랑'이라는 이상을 표현하고 있는 것이 아니냐고 반박할지 모르겠다. 사실 그렇기도 하다. 오직 한 사람에게 모든 것을 기대하는 것이 합리적이지 않다고 주장하는 목소리가 점점 더 많이 들리는 오늘날에 그 이상은 대개 낭만적이고, 천진하고, 비현실적이며, 전형적으로 여성적이라고 치부되는 갈망이자 단호하게 일부일처제적인 것으로 여겨진다. 하지만 내게 사랑의 풍미는 자기 삶에서 누군가에게 특별한 자리를 허용하고, 그의 삶에서도 유사한 자리를 차지하고, 상대를 **우대하고**, 그 상대에게 **우대받는다**는 사실과 떼어놓을 수 없다. 따라서 비독점적 다자연애[23]는 그저 나의 이해 능력 밖에 자리한다. 열린 관계에는 엄청난 자신감이 필요해 보인다. 나는 그런 관계에 이르는 남녀들을 존경한다. 이런 유형의 관계는 아마도 프리다 칼로와 디에고 리베라가 결혼 생활에서 보여주면서 걸작의 반열에 올려졌을 것이다. 두 사람은 다른 상대들과 강렬하고 열정적인 연애를 경험하면서도 둘을 잇는 관계를 위험에 빠뜨린 적은 없었다. 크리스티나 네링은 두 멕시코 예술가의 다른 연인들을 두고 "사탕 장수들이 서커스 쪽으로 끌리고, 궁정의 광대들이 셰익스피어의 왕들에게로 끌리듯이 디에고와 프리다 쪽으로 끌렸다"[24]라고 쓴다. 지식인 트래버스 스콧Travers Scott은 가능한 타협을 열 가지 유형으로 상상했고, 그것을 자신의 반려자와 실험해보았다. 엄밀한 일부일처제(포르노 포함), 공통의 합의로 간간이 선택되는 제삼자와 함께하는 일부일처제, 여행에서만 비일부일처제, (친구도, 헤어진 반려자들도 아닌) 미지의 인물들과만 비일부일처제….[25]

나는 두 파트너가 모두 만족할 만큼 강렬하고 매혹적인 대면, 머리를 맞댄 대면이라는 생각을 아주 좋아한다. 희생 어린 충절은 믿지 않는다. 욕구불만이 있다면 헤어지거나, 해결 가능한 타협안을 찾는 편이 낫다. 그렇다. 사실 한 사람으로 만족하는 것이 항상 가능하지는 않지만, 그 가정을 단번에 물리치고 싶지도 않다. 나는 사랑의 배타성이 대체 불가능한 기쁨을 줄 수 있다고 생각한다. 남자든 여자든 한 개인은 온 세상을 품고 그것을 상대에게 내줄 만큼 충분히 광대해서 누군가를 알아가는 일은 결코 끝나지 않는다. 나는 드니 드 루즈몽이 제시한 충절에 대한 개념을 무척 좋아한다. "우리가 열광할 구실이나 '응시 대상'으로가 아니라 자신과 함께할 독자적이고 비교 불가능한 존재로 선택한 어떤 대상을, 한정되고 실질적인 그 자체로 단호히 받아들이는 것은 능동적 사랑의 필수 조건이다."[26]

기자 쥐디트 뒤포르타유는 취재한 내용과 사적인 이야기가 뒤섞인 《사랑의 알고리즘》이라는 책에서 틴더 앱을 통해 한 남자와 만난 일을 이야기한다. 시작은 순정적이다. 그러던 어느 날, 그녀는 자신과 마찬가지로 그가 만남 앱에 관한 기사를 위해 얼마 전에 한 잡지와 인터뷰를 했다는 사실을 알게 된다. 그 인터뷰에서 남자는 이렇게 말했다. "남자 채택AdopteUnMec 앱에서 여자를 만나도 대개 계정은 그대로 남겨둡니다. 그러다 보니 그 여자와 일이 잘 풀려도 매장에 더 나은 물건이 없는지 보려고 그 사이트로 돌아가고 싶은 유혹을 늘 느끼게 되지요"(그는 '매장'이라고 말한 것을 나중에 부인한다). 이 말에 그녀는 무척 당황했다. 이후 한 미국인 여성 인류학자는 이런 앱들이 사용자들을 중독자로 만들기 위해 중독의 가장 강력한 심리적 메커니즘 가운데 하나이고 엄청난 수익 산업인 슬롯머신의 성공 이유이기도 한 "무작위적이고 가변적인 보상"의 힘을 빌린다고 설명한다. 그 앱들은 사용자들이 가능한 한 자주 돌아와서 자기 계정을 확인하길 **필요**로 한다. 따라서 그 경제적 모델은 그것들을 사용하는 남자와 여자들의 영원한 불만족에, 서로에게 정착하지 못하는 무능력에 기대고 있다. 그러는 동안 쥐디트의 머릿속에서는 "소용돌이가 인다". "어떻게 반응할까? 저이는 여전히 그 사이트로 돌아가고 싶어 할까? 지금도 돌아가고 있나? 그런데 왜? 뭐라고 말하지? 갑갑한 사람 취급을 받을 각오를 하고 기분 상했다고 말할까? 아니면 그런 것엔 아랑곳하지 않는 척할까?"[27] '매장'을 정기적으로 찾는다는 논리에 나는 자기 경작물을 돌보지 않거나 밟고 다니는 정원사가 떠올랐다. 다양한 대상이 지닌 제각각인 장점을 항구적으로 조정하며 사랑을 경험하는 것보다 울적한 일이 또 있을까? 드니 드 루즈몽은 '잡지에 실린 설교'와 그 설교가 독자의 눈 앞에서 번쩍이는 행복을 환기하며 이미 근본적인 모순을 가리켰다. "우리에게 [행복하라고] 제시되는 모든 것은 우리를 비교의 세상 속으로 끌어들이는데, 그 세상에는 어떤 행복도 자리 잡지 못한다."[28]

우리는 사랑과 욕망을 긴 시간 동안 생생히 유지하기란 불가능하다는 글을 많이 읽는다. 나는 그것이 조금 성급한 결론이 아닐까 생각한다. 우리의 생활방식이 우리를 집안의 물자보급이나 관리하는 지치고 바쁜 역할로 국한할 때는 사랑과 욕망을 유지하기가 아마도 아주 힘든 일일 것이다. 우리가 그 역할에서 벗어날 아무런 방법이 없을지라도 환멸과 불만족이 관계에서 기인하는 것이 아니라 관계를 내포하는 구체적이고 일상적인 조건에서 기인한다는 사실을 인식하는 것은 중요해 보인다. 관계가 꽃피지 못하게 구속하는 모든 외적인 것, 우리가 거의 의문을 품지 않는 모든 것에서 기인한다는 사실을. 한 젊은 아버지가 감탄한 얼굴로 자신이 누리는 새로운 삶의 평온과 안락에 대해 내게 이야기한 적 있다. 그는 예기치 못했던 그 평온과 안락을 아내와 자신이 집에서 일한다는 사실, 그래서 자기 시간을 편성하는 주체가 되어 서로를 위해, 그리고 딸을 위해 시간을 마련한다는 사실 덕분이라고 생각했다. 나는 학생 때 만난 나의 반려자가 직장인이 되던 날 느꼈던 상실감, 강탈당하고 내던져진 기분이 지금도 기억난다(그 뒤로도 나는 몇 년 더 프리랜서 기자로 지냈다). 그와 항상 붙어 지내고 싶어서가 아니라(오히려 내게는 고독이 꼭 필요했다), 급여 생활에는 감염되거나 피를 빨릴 것 같은 무언가가 있고, 그것이 상대를 포획해서 조금이나마 이방인으로 만들기 때문이었다.[29] 초기에 퇴근하는 그를 보면 나는 그가 속이 텅 빈 채 껍데기만 돌아온 것 같은 느낌이 들었다. 물론 그 후로 우리는 습관이 들고, 적응했다. 나는 세상에 존재하고 행동하는 방식, 떠나고 돌아오는 많은 방식이 존재한다고 믿고, 그 방식들은 더 많은 유연성을 얻게 해주고, 특별한 한 분야의 고갈을, 사랑하는 사람과의 관계 위축을 가져오지 않으리라고 믿는다. 2020년 봄의 격리는 죽음과 관계된 이유로 실행되었고, 극도의 사회적 폭력이었지만, 일부 부부들은 이 격리가 없었더라면 절대로 가능하지 않았을 방식으로 함께 지낼 수 있었다. 이를테면, 루아르아틀랑티크 지역의 작은 마을에서 살며 휴직 상태였던 한 프랑스인 여교수는 "보통 때는 아침 8시부터 저녁 8시까지 부재하던 남편과 집에서 24시간 내내 함께 지내는 기쁨"[30]에 대해 말했다. 우리는 집과 침대를 공유하는 사람을 매번 박탈당하는 생활양식을 어떻게 정상으로 받아들일 수 있었을까?

"삶이 한낱 여름날의 낮잠일 뿐이라면"

나를 가장 꿈꾸게 한 커플인, 작가이자 화가이며 또한 작곡가인 세르주 레즈바니[31]와 릴라라고도 불리는 그의 아내 다니엘은 그런 운명에서 벗어났다. 그들은 아이를 갖지 않아서 둘만의 대면을 방해하는 것은 아무것도 없었다. 후손의 부재는 심사숙고해서 결정한 확고한 선택의 결과였다. 세르주 레즈바니는 2003년에 이렇게 설명했다. "아이는 사회에 인질로 잡힌 우리의 일부다. 우리는 사회에 아무것도 내주길 원하지 않았다."[32] 두 사람 모두 아주 젊었던(그녀는 열아홉, 그는 스물둘이었다) 1950년에 파리에서 만난 그들은 몇 년 동안은 생활이 궁해서, 처음엔 다락방에서 지냈고, 그 후엔 변두리에 있는 아파트에서 살았다. 그러던 어느 날, 그들은 바르Var 지역을 여행하던 중 모르산맥의 깊은 골짜기에서 길을 잃고 헤매다가 빛바랜 황토빛 담장의 작은 집을 발견했다. 옆에 종려나무 한 그루가 서 있는 그 집은 테라스 형태의 조각 정원을 통해 다가갈 수 있었다. 집 이름은 라 베아트La Béate[33]였다. 집주인은 그들에게 호감을 보였고, 돈이 거의 없었던 그들에게 집을 세놓기로 했다. 그들은 그곳에 본격적으로 정착했고, 결국 그 집을 구매할 수 있게 되었다. 초기 몇 년간은 전기도 수도도 없었지만(아주 가까운 샘에서 물을 길어다 썼다), 그들은 멋지고 대단히 세련된 그곳에서 50년 동안 매혹의 세월을 살았다. 세르주 레즈바니는《어느 집에 대한 소설Le Roman d'une maison》에 이렇게 썼다. "가끔 저녁에 다니엘이 1층의 큰 방에서 긴 소파에 쿠션을 베고 누운 채책을 읽으며 베토벤 사중주곡을 들을 때, 그녀의 무릎 위에는 고양이가, 발치에는 강아지가 길게 엎드려 있을 때, 종종 나는 너무 행복해서벅차오르는 눈물을 억누르지 못하고 어둠 속 테라스의 종려나무 아래로 나가곤 했다. 그럴 때면 열려 있는 창문을 통해 석유램프의 아름다운 노란 불빛 사이로 내 일생의 사랑을 바라보았는데, 참으로 섬세하고 참으로 적절한 현재에 대한 향수가 심장을 고통스럽게 죄어와 괴로웠다. 그 순간의 숭고한 아름다움은 오직 영원 속에 내걸린 채로 남을 수밖에 없는 그런 것이었다. 그렇다, 죽음은 절대로 이곳의 우리에게 이르지 못할 것이다. 그렇다, 죽음이 이토록 평온하고 완벽한 순간을 사라지게 하지는 못할 것이다!"[34] 《점Les Grains de beauté》에서 그는 이렇게 노래한다. "당신은 세월을 비웃지 / 계절이 뭐가 중할까 / 삶이 한낱 / 여름날의 낮잠일 뿐이라면…." 나는 그의 작품도 좋아한다. 그의 작품이 '행복한 사람들에겐 이야기가 없다'는 게으른 선입견에 반증을 제공하기 때문이다. 톨스토이는 《안나 카레니나》의 도입부에 "모든 행복한 가정은 똑같이 행복하고, 불행한 가족들은 제각각의 방식으로 불행하다"라고 썼다. 이것은 아주 널리 퍼진 클리셰를 요약해 보여주는데, 잠깐이라도 생각해보면 그것이 명백한 오류임을 알수 있다. 세르주 레즈바니에게 행복은 빛나는 개성의(그리고 창작과 성찰의) 원천이다.

이 이야기에서 집은 사랑만큼이나 나를 홀린다. 나는 《지금 살고 싶은 집에서 살고 있나요?》에서 세르주 레즈바니의 '반복의 놀라움'에 관한 문장들을 인용했다. 마치 팔레트를 넓히고 확장하듯이, 우리의 눈에 의미를 품은 듯 보이는 의식과 몸짓을 매일 일신하고, 그 세밀한 변화를 음미하는 법을 터득하며 얻을 수 있는 놀라운 이점에 관한 대단히 아름다운 문장들이다. 나는 철학자 세브린 오프레Sévrine Auffret에게서도 그에 대한 또 다른 찬사를 발견한다. "쾌락의 지속적인 증대는 한 가지 음악의 반복된 청취에서 온다. 첫 번째 청취에서는 우리의 마음을 얻지 못한다. 두 번째, 세 번째, 그 이후의 청취에서 쾌락은 같은 공간의 답파, 같은 동작의 반복 같은, 운각과 반복으로 이루어진 신체 고유의 리듬처럼 드러난다. 이 리듬은 우리가 어린아이를 흔들고 허공에 던지고 들어 올려 시소를 태우면 아이가 '또 해줘!'라고 말하는 것이나 우리가 성교 중에 '더 해줘!'[35]라고 내뱉는 요구와도 같다." 살짝 편집광적인 그런 성향이 나의 붙박이 기질과 사랑의 배타성에 끌리는 성향을 부추긴다. 그것은 관능적 내밀함을 좇는 같은 취향이고, 피상적 눈길이 단조로움밖에 보지 못하는 지점에 숨겨진 풍요로움을 확신하는 같은 장담이며, 무한한 심화를 갈망하는 같은 욕망이고, 눈에 보이지 않는 불가사의한 과정을 믿는 같은 신뢰인데, 그 과정들은 그저 우리가 그 존재를 믿고, 그것들이 오도록 내버려두고, 그것에 기꺼이 휩쓸리기만을 요구한다. 언제나 우리가 가려고 생각한 것과 조금은 다른 곳으로 데려가고, 우리의 손가락 밑에 뜻하지 않은 줄거리를 불쑥 생겨나게 하는 글쓰기도 내게 가르쳐주었다. 고독한 창작 과정에서든 성적인 사랑의 대화에서든 내면의 원천이 메마를까 겁내는 것역시 잘못된 생각이라는 것도 배웠다.

앙드레 고르스와 그의 아내 도린도 서로에게 결코 싫증 내지 않고 평생 함께 살았으며, 그들 역시 마지막에는 파리에서 멀리 떨어진 오브 지역의 작은 마을에 정착했다. 도린의 병이 악화되자 두 사람은 2007년 9월 22일 그곳에서 함께 자살했다. 고르스는 세상을 떠나기 전해에 이렇게 썼다. "우리는 둘 다 한 사람이 죽고 나서 혼자 남아 살아가는 일이 없기를 바랍니다. 우리는 서로에게 이런 말을 했지요. 혹시라도 다음 생이 있다면, 그때도 둘이 함께하자고."[36] 그들 역시 상대를 빼앗아 가고 온갖 구속을 끌어들이는 급여 생활에서 벗어났고, 아이도 갖지 않았다. 게다가 두 부부의 남자들은 먼 우상을 이상화하는 대신 현실의 아내와 일상적인 내밀함을 나누고 높이 평가할 줄 알았다. 그렇지만 내가 크게 아쉬워하는 것은 남편들의 창작활동만 발휘되고, 반면에 아내들은 남편을 내조하는 데 그쳤다는 점이다. 남자들의 적성은 분명하고, 합법적이며, 절대적인 것처럼 부과되었다. 그들의 반려자들은 말없이 남았다. 다니엘 레즈바니도, 도린 고르스도 조심스러움을, 그늘을 좋아했다. 하지만 그것이 우연이라 하기엔 이런 특징을 보이는 여성이 너무 많다. 게다가 우리가 이런 사랑 이야기를 아는 것은 오직 남자 주인공들이 들려주었기 때문이다. 세르주 레즈바니는 근사한 많은 책으로(《빛의 세월Les Années-Lumière》,《릴라의 세월Les Années Lula》,《사랑의 유언Le Testament amoureux》,《어느 집에 대한 소설Le Roman d'une maison》, …), 그리고 앙드레 고르스는《D에게 보낸 편지》로 말이다. 교양 있고 카리스마 넘치는 인물인 도린 고르스는 자료 정리로, 조언으로, 대화 상대로, 교정자로 남편을 도왔다.[37] 2004년에 사망한 다니엘 레즈바니 역시 공모자였고 뮤즈였다. 세르주 레즈바니는 최근 내게 그동안 간직해온 아내의 수첩을 언젠가 출간할 생각이라고 말했다. 나는 그녀가 쓴 글 중 몇 구절을 읽고 감탄했고 그가 출간할 길을 찾기를 열렬히 희망하고 있다.

　사랑의 관습적 속임수에서 벗어나려면 배타적 관계라는 원칙을 문제 삼기보다는 그런 관계가 펼쳐지는 구체적 조건을 바꾸려 애써볼 수 있을 것 같다. 위에서 언급한 두 부부의 모델을 조금 개선해볼 수 있겠다. 고립된 은둔지에서 출발한다는 선택은 애정 관계의 풍요로움을 믿게 해준다는 점에서는 마음에 들지만 나라면 내 친구들도 볼 수 있고 새로운 친구들도 만날 수 있을 도심의 장소가 필요할 것이다. 무엇보다 항상 함께 지내는 삶은 여전히 내게 이상적으로 생각되지 않는다. 나는 함께한 삶을 많이 좋아했다. 무척 언짢은 기분으로 깨어날 때(나는 아침형 인간이 아니다) 나의 반려자가 적절한 농담으로 나를 웃게 했던 아침, 일하러 가기 전에 커피나 차를 끓이면서 서로를 품에 안았던 기억을 아주 소중히 여긴다. 우리가 헤어졌을 때 나는 내 눈앞에 있는 모든 것이 나의 것인 그런 풍경을, 내가 모든 것을 고른 아파트를 꿈꾸었다. 오랜 동거 생활을 끝낸 뒤, 나를 재조립하며, 그가 없는 내가 어떤 사람인지 체험할 필요가 있을 것 같았다. 이 욕망을 실현한 것에 나는 아주 만족한다. 때때로 우리의 책과 사진, 아끼는 물건들이 뒤섞여 있던 책장 선반들, 우리가 서로에게 보낸 엽서와 포스터들이 나란히 걸린 벽, 우리 두 세계의 융화, 우리의 실내 장식에서 느껴지던 유일무이한 분위기에 대한 향수를 느끼기도 했지만, 나는 그 시간이 존재했다는 사실이 행복하다. 그 시간이 상당히 길어서 삶 자체와 뒤섞일 정도였기에 예전에 살았던 동네를 돌아보거나 혹은 그가 아직 살고 있는 옛 아파트에 들어가면 영혼이 되어 지상의 삶의 장소들로 돌아온 느낌이 든다.

어쩌면 언젠가는 동거 생활을 다시 하고 싶어질지도 모르겠다. 하지만 현재 내가 세상을 바라보는 방식으로는 두 곳의 거주지에서 따로 살든 같은 거주지에서 각방을 쓰든 각자 제 공간을 갖는 편이 더 좋아 보인다. 나는 고독이 원상태인데, 후방 기지를 하나 둔 채로 몇 시간이든 며칠이든 함께 지내는 것을 좋아한다. 그가 같은 곳에 살아서가 아니라, 내가 그를 선택했고, 우리 두 사람 모두 갈망해서 함께 지내는 것이 좋다. 그의 존재를 결코 견딜 일도 없고, 그에게 내 존재를 강요할 일도 없다는 생각이 좋다. 메리 울스턴크래프트는 남편인 정치철학자 윌리엄 고드윈에게 이런 말을 했다. "나는 당신이 내 마음에 묶여 있길 바라지만, 그렇다고 내가 당신을 나의 팔꿈치 아래에 항상 끼고 있기를 바라지는 않는다." 두 사람은 각자 아파트를 세냈다. 크리스티나 네링은 전한다. "그들은 서로 메시지를 주고받았고, 청소년처럼 저녁 식사와 만남 시간을 조정했다. 어쨌든 이렇게 선택된 거리는 그들의 관계를 청소년의 관계로 만들기는커녕 서로에게 강렬하게 이어져 있게 해주었다." 프리다 칼로와 디에고 리베라도 같은 선택을 했다. "그들은 결혼 생활의 대부분을 별개의 집 두 채(칼로는 파란 집, 리베라는 분홍색 집)에서 살았는데, 두 집은 다리로 연결되어 있고, 우리에 갇힌 수십 마리 동물, 과일나무, 드문드문 보이는 사막으로 분리되어 있었다."[38] 영국의 칼럼니스트 그레이스 덴트Grace Dent는 자신이 보기에 완벽한 해결책은 '버터와 버터 판 돈' 둘 다 갖게 해주는 방법으로 일주일에 나흘을 함께 사는 것이라고 한다. "인간의 온 삶이 거기 있죠. 수다, 집안일, 기상, 양치질, 함께하는 사회생활. 그다음, 사흘 동안엔 침묵이 있어요. 저는 침묵을 정말 사랑합니다."[39]

"서로 사랑하는 두 존재는 하나가 되는데, 어느 쪽으로 하나가 될까?"

동거하는 많은 커플이 상대의 부재를 기뻐한다. 자유와 평온을 만끽할 기회가 되기 때문이다. 조금은 슬픈 일이다. 이는 고독의 결핍이 그들의 일상을 집어삼키고 있다는 뜻이다. 사적인 영역을 갖는다는 사실은 우리가 자신에게 허용하는 자리를, 정신적, 내적 공간을 구체화하는 것으로도 보인다. 이로써 함께 사는 주거지에서 암암리에 벌어질 수 있는 전쟁을 어느 정도 피할 수 있다. 이를테면 주거지에 하나뿐인 서재를 누가 차지할지를 결정하는 일 말이다. 우리의 깊은 무의식에서 나오는, 즉각적이고 잠재된 상호작용 방식들을 막을 수도 있다. 정체성의 위축을 초래해 커플에게도 커플을 이루는 개인에게도 해로운 작동방식, 나중에 뿌리 뽑기가 불가능한 반사행동들을 정착시키는 상호작용 방식들 말이다. 또한 그것은 함정을 피하게도 해주는데, 낸시 휴스턴이 이런 냉혹한 표현으로 요약한 함정이다. "서로 사랑하는 두 존재는 하나가 되는데, 어느 쪽으로 하나가 될까?"[40] 또는 라이너 마리아 릴케의 이런 말도 있다. "두 사람이 서로에게 다가갈 목적으로 자기 자신을 포기한다면 그들이 딛고 선 땅이 꺼지며 둘이 함께하는 삶은 계속 추락하게 된다."[41]

사람들은 각자의 사적인 영역을 지키려면 비용이 많이 든다고 말할 텐데, 사실 그렇다(게다가 덜 환경친화적이기도 하다). 그러나 이러한 반론은 주거지를 별도로 가질 수단이 있는 사람들에게서 종종 나오며,

이 반론에 담긴 것은 순응주의다. 그들은 사랑 이야기가 돈을 아끼는 수단이 되지 않도록 결정할 수 있을 것이다. 동거하고 싶은 깊은 욕구가 없다면, 동거가 관계를 망가뜨린다면 특히나 그렇다. 더 넓게는, 최소한 우리 각자의 수입이 자립해서 살 수 있을 정도여야 할 것이다. 에바 일루즈는 《사랑은 왜 끝나나》에서 오늘날 '부정적인 관계'가 늘어나는 현상이 보인다고 말한다. 다시 말해, 지속적인 관계 맺기를 거부하거나 그럴 능력이 없는 것이다. 그녀는 이를 보여주는 징후 가운데 하나로 "지난 수십 년 동안 1인 가정의 급격한 증대"[42]를 꼽는다. 그런데 그녀가 암묵적으로 동거와 헌신을 동일시하는 것은 잘못이다. 물론 우리는 함께 사는 사람을 소중히 아끼고 떠받들 수도 있고, 냉혈한 사이코패스처럼 혼자 살 수도 있다. 하지만 혼자 살면서 누군가에게 미친 듯이, 열정적으로 헌신할 수도 있고, 마찬가지로 독립할 수단도 용기도 없어서 안락하게, 게으르게, 관례에 따라 커플로 살 수도 있다. 포로가 되는 것이 헌신은 아니다.

1975년, 미국 사회학자 조셉 해리스Joseph Harris는 적어도 1년 이상 안정된 관계를 맺고 있는, 디트로이트시의 게이 남성 247명의 생활방식과 이성애 커플들의 생활방식을 비교했다. 후자는 거의 모두 하나의 주거지를 공유하고 있었는데, 게이 커플은 이들 중 4분의 3만 그랬다. 나머지 4분의 1은 주거지를 따로 가지고 있어서 주변적인 문제를 피할 수 있었다. 이 사회학자는 동거하는 커플들과 비교해서 이 커플들의 상호적 헌신 정도의 차이가 없다고 밝혔다. 저널리스트 줄리아 스클라Julia Sklar는 이렇게 요약해서 설명한다. "이 생활방식은 관계의 활력에 장애가 되지 않았으며, 어쩌면 사회적 압박과 두 거주지의 비용을 대느라 겪는 재정적 압박에도 불구하고 그 관계가 지속될 수 있는 이유를 설명해줄 수 있을 것이다."[43] 다른 온갖 성적지향의 비밀 커플들과 마찬가지로, 게이와 레즈비언들 가운데 많은 커플이 틀림없이 공공연히 함께 살고 싶었을 테지만, 그들은 연인 관계가 반드시 가정의 구성으로 이어져야 하는 것은 아님을 오래전부터 보여주었다.

"사랑을 특별한 호칭으로 부를 만한 황홀한 조건 속에서(그게 아니면 이 감정은 욕망 또는 우정에 속한다) 사랑을 지킬 유일한 방법은 거리를 유지하는 것이다." 아나키즘 이론가인 볼테린 드 클레어가 1907년에 힘주어 한 말이다. 그녀는 "삶이 성장할 수 있으려면 남성과 여성이 별개의 인물로 남아 있어야 한다"라고도 했다. 그녀는 어느 날 한 노동조합 운동가가 자신이 결혼하지 않았더라면 "방랑자나 주정뱅이처럼" 살았을 것이라고 하는 말을 듣고 한탄했다. 그녀는 그가 어떻게 자기 자신을 돌보지도 못하고, 스스로 챙겨 먹지도 못하고, 옷 입을 줄도 모르는 그런 무능력을 수치스러운 줄 모르고 받아들일 수 있는지 이해하지 못했다. 그녀에게는 모든 사람이 "온전한 인격으로 남으려고"[44] 애쓰는 것이 중요해 보였다. 2020년 봄, 나는 다시 볼테린 드 클레어를 생각했다. 일평생을 그랬지만, 심지어 몇 년 전에 다시 혼자 살게 되고도 나는 절대로 요리하지 않겠다고 정해두었다. 하루 두 번의 끼니를 식당에서 먹거나 포장을 해와서 때웠고, 그사이에는 군것질하며 살았다. 그러다 2020년에 코로나로 인한 첫 번째 격리가 닥쳤다.

따라서, 잘 먹는 일이 화면을 통하지 않고 우리를 삶과 이어줄 희귀한 끈 중 하나가 되어버린 상황 속에서, 나는 맛없는 음식을 두 달 동안 먹든가, 요리해야만 했다. 그렇게 나는 내가 요리한 것으로 나 자신에게 즐거움을 제공할 수 있다는 사실을 발견했다. 이것은 일종의 미각적 자기색정이었다. 나의 옛 반려자는 내게 요리 사이트를 일러주고 조언해주었다. 나날이 나는 그에게 내가 만든 새 요리를 사진 찍어 보냈고, 자부심을 느끼며 칭찬을 만끽했다. 우리가 그때까지 함께 살았다면 아마 나는 그가 준비해준 요리를 먹는 데 그쳤을 것이다. 그랬더라면 얼마나 딱했을까.

아이 문제가 남는다. 동거를 원하지 않으면서 함께 아이 갖기를 선택한 사람들은 어떻게 해야 할까? 볼테린 드 클레어는 출산에 그리 열광하지 않는다("우리는 더는 맹목적으로 행동하지 않아도 되고, 인류에 사냥꾼, 어부, 목동, 농민, 사육업자를 제공하기 위해 종을 퍼뜨리려고 애쓰지 않아도 된다"). 그래서 이런 유형의 세부적인 문제를 해결해야 한다는 데 그녀가 조금 짜증이 났을 것으로 짐작된다. 그녀는 아이가 "한 가정에서도, 두 가정에서도, 혹은 공동체 안에서도" 길러질 수 있다고 평가한다. 그녀에게는 이런 환경 중 어느 환경도 커플의 환경보다 더 이롭고 활기차 보인다. 그녀는 결국 "아이 교육이 제기하는 다양한 문제에 만족스러운 해결책을 제시하기는 어렵다"라는 것을 인정한다. 하지만 "결혼 신봉자들도 나와 같은 입장이다"[45]라고 짓궂게 덧붙인다. 두 배우 로만 보랭제Romane Bohringer와 필립 르보Philippe Rebbot는 결별 후에 하나의 주거지를 공유하길 더는 바라지 않는 모든 부모를 위해 만든 체계를 2018년에 상영한 매력적인 영화《흐릿한 사랑L'Amour flou》에서 공개했다. 그 체계란 독립된 아파트 두 채를 터서 아이들 방으로 통하게 만든 주거지인데, 어쩌면 이것을 보편화해야 할지도 모르겠다….

이성애 커플의 경우, 독립된 주거지의 원칙은 여성에게 훨씬 흥미롭다. 에블린 르 가렉은 1979년에 이렇게 썼다. "나는 커플과 동거로 제기되는 문제가 영역의 문제라고 생각한다. 생계를 꾸리든 아니든, 공부를 하든 안 하든, 가치 높은 직업에 접근하든 아니든 여성에게는 언제나 영역의 공유라는 규칙이 적용되는데, 이는 공간 속에 존재할 수단을 스스로 완전히 박탈하는 일이다." 그녀는 결혼 가정을 더는 쓸모없는, 사회의 문제 요소로 보았다. "같은 영역에서 사는 부부의 제도화된 동거는 개인과 공동체를 동시에 약하게 만든다. 어쨌든 자유롭고 독자적인 개인들이 자발적으로 모여서 만들고, 구성하고 통제하는 것으로 이해되는 공동체라면 말이다. 성인의 인성은 개인성과 집단성이라는 이중적 방식으로 작동하고, 두 방식은 서로를 강화하는 것으로 보인다. 부부는 자기 자신의 공허와 구속하는 집단의 공허를 마주할 두려움에 맞서 밀폐된 은신처처럼 나타난다." 1978년 2월, 지젤 알리미[46]가 창설한 기관인 '여성의 대의를 선택하라Choisir la cause des femmes'가 만든 '여성의 공통 프로그램'은 "추구해야 할 목표가 가부장제의 폐지라면, 그 목표에 도달하기 위해 필요하다면 적어도 한 세대 동안 부부의 동거를 철폐해야 할지도 모른다"라는 단 한 문장으로 소요를 불러일으켰다. 1978년 2월 12일《르몽드》의 한 사설은 이렇게 규탄했다. "증오. 여성들에게 제시된 이 기이한 공통 프로그램이 페이지마다 표현하는 것은 바로 증오다." 그 뒤에는 오늘날까지도 모든 페미니스트에게 익숙한, 피할 길 없는 논점인 '네 대의를 해치는 것은 너다Tu-desserts-ta-cause'라는 지적이 이어졌다. "이 격렬한 논조의 저자들은 자신들이 옹호한다고 주장하는 대의에 기여하기보다는 그 가치를 떨어뜨리고 있다"라는 식이었다.[47]

비非동거는 집안일의 분배 문제를 해결해주는 이점이 있다. 그 문제를 아예 제거하기 때문이다. 심리학자 벨라 드파울로Bella DePaulo는 이렇게 논평한다. "당신이 한 남자와 당신의 주거지를 공유하지 않으면 설거지하거나 양말을 수거할 의무를 느끼지 않아도 된다. 물론, 그와 함께 살면서 그런 일을 해야 한다고 느끼지 않을 수도 있지만, 치워야 할 것이 **그의** 개수대이고 **그의** 그릇일 때는 버티기가 조금 더 쉽다."[48] 분리된 주거지는 커플과 가족이 여성 노동력의 착취 장치가 되지 못하도록 차단한다. 다른 지면에서 이미 다룬[49] 이 주제에 관해 여기서는 짧게 이야기할 것이다. 여성을 종종 짓누를 정도로 구속하는 집안일은 주역들의 개인적인 의지를 넘어서는 매우 뿌리 깊게 자리 잡은 차원의 문제다. 그런데 남성들은 자신들이 동거로 누리는 이점을 전적으로 자연스럽게 여기기도 해서, 이런 의혹을 불러일으킨다. 이 착취가 공동생활의 우연한 결과일까? 아니면 공동생활의 존재 이유일까? 콜린 샤르팡티에Coline Charpentier가 운영하는, 정신적 부담에 관한 인스타그램 '생각해봤어…T'as pensé à…' 계정에서 한 여성이 "혼자서 모든 걸 관리하느라 쉬지 않고 15년을 달려온" 뒤 이혼하자고 말했더니 남편은 이렇게 대답했다고 이야기한다. "파출부를 구해야겠네."[50] 사회학자 마리 카르멘 가르시아의 불륜 커플에 관한 연구에서도 작지만 의미심장한 사실을 확인할 수 있다. 2010년 초에(1950년대가 아니라…) 그녀가 인터뷰한 기혼 남성들은 그들의 독신 애인들이 멋진 삶을 살며 "자유롭다"고 평가했는데, 그들의 아내가 그들에게 떠맡기는 집안일을 하지 않아도 된다고 생각했기 때문이라는 것이다.[51]

마찬가지로, 〈난 남자라면 지긋지긋해, 지긋지긋해, 지긋지긋해…〉(프랑스 앵테르, 2020년 3월 11일)라는 제목의 라디오 방송에서 의사이자 작가인 바티스트 보리외(페미니스트 투쟁에 연대하는 게이다)는 진료 때 관찰한 역겨운 남성들의 행동 몇 가지를 언급했다. 몇몇 남성들에게 상황을 지어내서 이야기한 것이 아니냐는 비난을 받자 그는 이튿날 페이스북 계정에 자신이 방송 이후에 받은 비슷한 유형의 이야기들을 게시했다. 한 여성 청취자는 어렸을 적 자신의 어머니가 병원에서 3주 동안 입원해야 했던 때를 떠올렸다. "그 3주 동안 오빠와 나는 바나나와 아무것도 넣지 않은 스파게티만 먹었어요. 퇴원 후 어머니는 아직 얼마 동안 누워 계셔야 했지만, 식사 준비를 하지 않을 수 없었지요." 사회복지사로 병원에서 근무하는 크리스텔 다 크뤼즈는 "아내가 병원에서 얼른 나와야 해요. 먹을 걸 준비하고 장 보고 청소하는 게 지긋지긋해요"라는 말을 헤아릴 수 없이 많이 듣는다고 말했다. 콜린 샤르팡티에는 '생각해봤어…' 계정에 "병원에 있을 때도 집안을 관리하고", "수술을 받고서도 '언제 돌아와요? 우리 뭐 먹어요?' 같은 유형의 문자를 받는" 여성들의 증언 100여 건을 수집했다고 알렸다.

대중문화는 결혼에 대한 전망 속에 현실을 날것 그대로 제시하지 않으려고 애쓴다. 예를 들어, 영국의 유명한 로맨틱 코미디 〈러브 액 츄얼리〉(2003)는 이별 후 프랑스 남부의 자기 집에 은둔해서 지내는 런던 출신 작가 제이미와 포르투갈 출신 여자 가정부 오렐리아 사이의 사랑 이야기를 통해 가정 착취의 낭만화를 보여주는 교과서적인 사례를 내놓는다. 두 주인공 모두 각각 자기 나라로 돌아갔는데, 제이미는 크리스마스 날 저녁에 충동적으로 마르세유행 비행기에 올라타고, 그녀가 종업원으로 일하는 카페로 찾아가 그녀를 만난다. 대단히 극적인 이 장면에서 그는 계단 위에 선 그녀에게 카페 손님들과 가족들이 지켜보는 가운데 청혼한다. 이때 우리는 그들이 헤어져 있는 동안 각자 상대의 언어를 배웠다는 사실을 알게 된다. 그 후, 십중팔구 오렐리아는 제이미에게 예전과 같은 서비스를 제공할 것이다. 집을 관리하고, 그가 글을 쓰는 동안 커피를 가져다줄 것이다. 하지만 이제 그는 그녀에게 돈을 지불할 필요가 없다. 동거를 거부하면 우리는 자신의 존재 자체로 사랑받는지 아니면 우리가 제공하는 서비스 때문에 사랑받는지를 알게 될 것이다. 그리고 일부 남성들은 몇 가지 유용한 능력을 갖추게 될 테고, 볼테린 드 클레어의 표현을 빌리자면, "온전한 인간"이 될 수 있을 것이다(요리하는 법을 배우길 거부하는 사람들은 받아들여지지 않을 테고…).

어쩌면 누군가는 내가 여기서 제시하는 이상을 그다지 현실적이지 않다고 반박할지 모르겠다. 하지만 현실적이라면 이상이 아닐 것이다. 우리의 욕망을 탐색하고, 명확히 밝히고, 배양하고, 연마하고, 그 결과를 추적하는 것은 (물론 최대한 실현하길 바라겠지만) 욕망의 실현 가능성과 상관없이 유용할 수 있다. 곧 세세히 보게 되겠지만, 이성 간의 사랑은 곳곳에 복병이 숨어 있는 길과 같다. 그러니 할 수 있는 한 넓은 행동반경을 확보하고 뛰어드는 편이 낫다. 그 사랑을 경험하는 좋은 방법에 관해 이미 짜인 도식을 강요당하지 않도록, 혹은 성숙과 공유에 대한 우리의 고귀하고 합법적인 욕망을 치명적인 개념이 파괴하지 않도록 피하는 일부터 시작해야 할 것이다.

1장

사랑받으려면
'스스로 작아져야' 하나?
우리의 낭만적 이상 속 여성의 열등성

"니콜라 사르코지의 충격적인 신간 《열정》: 프랑스, 정치, 그리고 카를라 브루니에 대하여." 2019년 여름, 《파리 마치》의 표지에 실린 니콜라 사르코지와 카를라 브루니의 사진은 보는 이들의 폭소를 자아냈다. 전직 톱모델인 카를라는 남편의 어깨에 얼굴을 묻고 있었고, 남편은 거인 보호자처럼 보였다. 모두가 알다시피 그녀가 그보다 훨씬 키가 큰데 말이다. 사람들의 조롱을 직면한 이 주간지는 위선적인 해명을 내놓았다. 사진에 손을 대지 않았다는 것이다. 그저 이 부부가 집 정원으로 내려가는 계단 위에서 자세를 잡았는데, 전직 대통령이 아내보다 한 계단 높은 곳에 섰을 뿐이라는 것….[1] 두 가지 욕망 모델이 여기서 부딪친다. 한쪽엔 권력이 저항할 수 없는 존재로 만들어주어 관습적인 남성적 매력의 기준에 맞추지 않아도 되는 남자 모델이 있고, 다른 쪽엔 큰 키를 비롯해 패션모델에게서 기대되는 특징들을 보여주는 트로피 같은 여자 모델이 있다.

이것을 계기로 기자 폴린 뒤리에는 이 커플을 실은 《파리 마치》의 예전 표지들을 다시 꺼냈다. 매번 카를라 브루니는 복종 또는 나약함을 암시하는 자세로 낮은 위치에 자리하고 있었다. 그녀가 아이처럼 남편의 무릎 위에 앉은 모습, 남편의 허벅지에 머리를 대고 소파에 누운 모습, 베네치아의 곤돌라를 타고 남편에게 기대어 안긴 모습, 또는 해변에서 남편과 나란히 걷는 모습을 볼 수 있었지만… 고개를 숙이고 있었다. 마치 남편의 키로 정해진 보이지 않는 선 아래에 머물려는 듯이. 모나코의 왕자 알베르 2세의 왕비 샤를렌도 쌍둥이의 탄생 이후에 찍은 가족사진에서 똑같이 다뤄졌다. 1980년대에 찰스 왕자와 결혼할 때의 다이애나 스펜서처럼. 공식 사진에서 찰스는 언제나 다이애나보다 머리 하나쯤은 더 커 보인다. 실제로는 같은 키였는데.[2]

미국인 페미니스트 캐서린 맥키넌Catharine MacKinnon의 주장에 귀를 기울이는 것은 〈매트릭스〉의 빨간 알약을 집어삼키는 것과 같다. "남성적인 것과 여성적인 것은 지배와 복종의 에로티시즘화를 통해 창조된다." 마농 가르시아는 그녀의 주장을 인용하면서 "지배와 복종은 젠더 차이의 근거가 되는 태도"라고 요약해서 말한다.[3] 이 이해의 열쇠를 얻자 갑자기 우리의 모든 사랑 문화가 어떻게 남성에게는 지배의 기호를, 여성에게는 복종의 기호를 정착시키는지, 그리고 그것을 조화로운 결합의 비결처럼 소개하며 집요하게 찬양하는지 보인다. 더구나 점점 확대되는 여성해방이 연애 관계들을 망쳐놓았다고 주장하는 진부한 담론은 한 가지 고백을 내포하고 있다. 우리의 감정 구조가 여성의 종속관계에 토대를 두고 있다는 고백이다. 이 현실의 질서가 우리에게 이토록 자연스러워 보이는 것이 놀랍지 않은가? 애초에 상황 자체보다 그 상황에 제기된 항의가 많은 사람을 언짢게 한다는 사실이 놀랍지 않은가? 2010년, 《뉴욕 타임스》의 한 기사는 "여성 해방의 시대에 로맨스를 지킨다는 것"[4]이라는 제목으로 우리 시대의 문제를 솔직하고 담백하게 요약했다. 여성의 열등성은 우리의 상상계 속 사랑에 함축되어 있는 것으로 보인다. 바로 눈에 보이는 키 차이부터 그렇다. 커플 사이에서 남자는 여자보다 키가 커야 한다. 사회학자 니콜라 에르팽은 지적한다. "커플 생활은 키 작은 남자들 사이에서 훨씬 드물게 일어나는 일이다. 이 상황은 그들의 사회적 조건에서 기인하는 것이 아니다. 평균적으로 노동자들이 관리자들보다 키가 작지만, 키가 짝짓기에 미치는 효과는 두 사회 환경에서 같은 강도를 보인다."[5] 이 키 차이는 남자들이 추구하는 것이지만, 여자들도 그 이상으로 추구하는 듯 보인다.[6] 키가 182센티미터인 젊은 여성 미리암은 약속해서 만난 남자가 그녀가 일어선 순간에 얼마나 얼굴이 창백해졌는지 이야기한다. "그러곤 다시는 전화를 걸어오지 않았죠." 몇몇 남자 친구는 하이힐을 신지 말라고 부탁했지만, 그녀는 거절했다. "이제 이건 일종의 항의예요. 저는 작아지고 싶지 않아요."[7]

남성과 여성 사이의 평균 키 차이는(현재로선 온 지구의 현실이다) 생물학적 숙명에 속할까? 2013년, 베로니크 클라이너의 다큐멘터리 영화 〈왜 여자들은 남자들보다 작을까?〉[8]는 그 키 차이를 생물학적 숙명으로 보지 않는 인류학자 프리실 투라이의 가설을 대중화했다.[9] 실제로 모든 지역에서 여성은 남성보다 영양 상태가 훨씬 좋지 않다. 유엔 식량농업기구(FAO)에 따르면 영양실조를 앓는 여성이 남성의 두 배가 넘는다. 그로 인해 여자아이들은 영양실조로 죽을 위험이 두 배가 넘고, 그만큼 동물성 단백질 결핍 증세를 보인다. 여자들은 음식을 준비하고 시중들지만, 가장 나쁜 부위만 차지하고, 대개는 고기를 먹지 못한다. 그런데, 임신과 수유 기간 동안 여자에게는 남자보다 30퍼센트 더 많은 동물성 단백질과 다섯 배 더 많은 철분이 필요하다(생리로 인한 빈혈의 위험을 막기 위해서도 꼭 필요하다). 일단 성장이 끝난 남자에게는 통념과 반대로 무엇보다 탄수화물이 필요하다….

인류학자 프랑수아즈 에리티에Françoise Héritier는 부르키나파소의 연구 현장에서 아기가 젖을 달라고 요구할 때 어머니들은 그 아이가 남자아이면 즉각 젖을 주지만 여자아이는 기다리게 한다는 사실을 깨닫기까지 어떻게 몇 년이 걸렸는지 이야기했다. 그녀가 사람들에게 이유를 묻자 남자아이는 몸이 새빨개져서 당장 젖을 먹이지 않으면 분노를 터뜨릴 위험이 있기 때문이라고 대답했다. 여자아이에 대해서는 '생리적인 답변이 아니라 사회적' 차원의 대답을 내놓았다. 여자아이에게는 "욕구불만을 가르쳐야" 한다는 것이었다. 그 아이들은 여자로서 "평생 결코 만족하지" 못할 것이기 때문이다. 프랑수아즈 에리티에는 이렇게 해설했다. "당신들은 그런 식으로 완전히 다른 기대를 하게 될 두 종류의 인간을 창조하는군요. 한쪽은 자신의 모든 욕구와 충동에 대한 즉각적인 만족을 기다릴 테고, 다른 쪽은 다른 누군가의 선한 의지를 기다려야 하는 운명을 맞이할 테지요. 이것은 음식을 이용한 특별한 조련입니다."[10] 미국인 철학자 수잔 보르도Susan Bordo의 날씬한 몸에 대한 연구[11]가 보여주었듯이, 이 논리는 유럽에서든 북미에서든 똑같다.

진화가 진행되면서 이 '체계적인 결핍'이 결국 여성들을 더 작게 만들었는지도 모른다. 유기체가 박탈에 저항하기 위해 사용하는 방법이 성장을 멈추는 것 아니던가? 프리실 투라이의 가설은 우파 언론과 반反페미니스트의 공세를 촉발했다. 그들은 그 가설이 성립될 수 없다고 여기는 과학자들에게 발언권을 주었다. 기자 페기 사스트르에게 질문을 받은 생물학자 미셸 레몽Michel Raymond은 다른 설명을 환기한다. "수컷 고릴라들은 서로 싸워서 가장 덩치 큰 녀석들이 생존에 유리한데 이는 암컷보다 큰 수컷의 크기를 설명해준다. 고고학이 확인해주듯이 인간 사이의 폭력은 태곳적부터 존재해서, 크기가 사회적 지배와 무관하지 않다. 게다가 여자들은 자기보다 큰 남자들을 선호한다." 그의 동료 로버트 트리버스Robert Trivers는 "성적 이형은 구석기 시대에 우리의 혈통과 더불어 시작된 것이 아니다. 침팬지나 고릴라, 오랑우탄처럼 우리와 가까운 사촌뻘 동물의 경우 수컷은 암컷보다 훨씬 키도 크고, 몸집도 크다"[12]라고 하기도 했다. 그럼에도 불구하고 여성에 대한 남성의 우위가 왜 **모든** 커플 사이에서 나타나야 하는지는 모르겠다.

"조금만 힘줘도 부러지겠어"

패션계에서는 모델에게 평균보다 큰 키를 바라면서 (그 외에 모델이 요구받는) 다른 여러 매혹적 기준과 여성적 속성은 일종의 취약성과 장애 혹은 무능력을 나타낸다. 날씬한 몸매는 가능한 한 적은 자리를 차지할 책무를 드러낸다. 치마와 하이힐은 움직임을 구속한다.[13] 젊음은 진솔함이나 온순함과 연계되어 있기 때문에 성적 매력이 더 뛰어난 것으로 간주된다.[14] "남자는 강력할 때 아름답다. 여자는 약할 때 아름답다"라고 노에미 르나르는 압축해서 말한다. 그녀는 2016년에 이 주제로 묵직한 기사들을 연이어 썼다.[15] 그녀는 그 기사들에서 무능의 이상이 아무리 다른 형태를 취해도 보편적이라는 사실을 보여 준다. 이를테면 사하라 서쪽의 유목민들이 결혼을 준비시키려고 딸들을 잘 먹이는 것은 그녀들을 움직이지 못하게 만들어 더 잘 통제할 수 있게 한다. 이 여자들은 갇혀서 남자들에게 전적으로 의존한 채 산다. 20세기 초까지 통용되었던 중국인의 전족은 여자의 걸음을 불안정하게 만들어 섬세함과 나약함을 암시하는 효과를 냈다. 노에미 르나르는 대학교수 왕핑Wang Ping의 말을 인용한다. "남자는 그런 여자에게 연민을 느끼고 사랑에 빠질 수밖에 없다. 이 모든 것은 중국의 에로티시즘과 여성의 매력에 빼놓을 수 없는 요소다."

취약성은 목소리를 통해 표현될 수도 있다. 일부 여자들은 남자에게 말을 할 때 '섹시한 아기' 목소리를 내고 싶은 유혹을 느낀다. 사회학자 앤 카르프Anne Karpf는 "아기들은 사회적, 경제적 혹은 성적 힘을 보유하고 있지 않다"고 말하며, 이 유혹을 "남성의 자아를 보호하려는" 학습된 필연성으로 설명한다. 그녀는 "대단히 똑똑한" 많은 여성이 "자기 목소리를 내는 데 엄청난 어려움을" 느낀다는 사실을 확인했다고 말한다. "목소리를 있는 힘껏 사용한다는 생각에 그들은 질겁한다. 이 같은 문제를 가진 남자는 거의 만나보지 못했다."[16] 언어학자 라엘리아 베롱Laélia Véron은 사람들이 여성에게 기대하는 헌신, 가용성, 공감의 상징인 강요된 미소가 "성도聲道를 짧아지게" 하기 때문에 여성의 목소리를 변질시키는 데 기여한다고 설명한다.[17] 그러니 음색이 위협적이라고 판단되는 여자들을 조심하라. 여배우 아나 무글라리스는 음악학교를 졸업할 때 음성의학자가 그녀에게 목소리를 덜 근엄하게 만들어줄 '작은 수술'을 제안했는데, 자신이 거절했다고 이야기한다….[18]

'여성적'이라는 말은 대개 자기 능력의 표현에서 제약당하고, 축소되고, 제한된다는 의미다. 여성은 날씬하고 탄탄한 몸을 갖기 위해 운동하도록 장려되지만 과도한 큰 힘을 암시하지 않게 근육을 조금만 키우도록 조심해야 한다. 2023년에 《퓌블릭》지는 "여성 스타들 가운데는 폭발적으로 인기 있는 인물들이 있다. 아름답고 맵시 있는 인물들. 하지만 다른 여성들도 있다. 스포츠를 많이 하고, 특히 근육 강화에 힘쓰는 여성들이다"라고 썼고, 그 '괴물들' 가운데 몇몇의 사진을 게시했다. 마돈나, 그웬 스테파니, 힐러리 스웽크, 그리고 옛 톱모델 엘 맥퍼슨. 이들의 팔뚝은 거의 보이지 않는데도, 가차 없는 편집자는 오직 연약함만이 마음에 든다는 결론을 내린다. "이들의 몸을 바라볼 때 한 가지가 우리를 사로잡는다. 이들이 헨리 카빌[영화에서 슈퍼히어로를 연기하는 배우] 같은 슈퍼맨의 팔뚝을 가졌거나 겁날 정도로 지나친 근육질의 복부를 가졌다는 것! 그러니 여자들이여, 아름다우면서 근육질이 되고 싶다면 복근과 둔근 운동을 하고, 달리기, 자전거, 수영 혹은 필라테스를 하시라. 그렇지만 도가 지나치지 않게 적정 수준을 조절할 줄 알아야 한다. 일주일에 세 번 운동하는 것이 최대치다."[19]

일반적으로 매우 근육질인 여성을 거부하는 것이 지배적 취향인 이유는 무엇보다도 좋은 볼거리를 내놓도록 요구받는 여성에게 그런 근육이 미적이지 않기 때문이라고 생각된다. 그러나 우리가 우리의 취향을 결정짓는 기준에 의문을 제기하지 않아서 문제에 엉뚱한 방향으로 접근하는 것은 아닐까? 오히려 우리가 여성이 힘을 표현하는 것을 견디지 못하고, 그런 여자들을 아름답다고 여기지 않기 때문이 아닐까? 철학자 폴 B. 프레시아도는 어느 대담에서 이렇게 말했다. "우리의 취향을 정치적으로 바라보기 시작하면 좋겠습니다. 우리가 갈망하는 것과 우리 취향의 자연스러움을 경계하면 좋겠어요. 취향은 산물입니다. 그것은 정치적으로 만들어졌지요. 그러니 당연히, 패권적인 취향이 있습니다. 우리가 패권적인 취향에 동의할수록 다른 사람들에게 잘 받아들여지고, 우리가 표준화되고 통제될수록 독자적인 삶의 미학을 세우기는 어려워지지요." [20]

평균보다 키도 크고 체격도 좋은 작가 알리스 제니테르는 어린 시절에 고전 작가들이 그리는 이상적인 여성의 모습을 알게 되면서 극도로 분한 마음이 들었다. 샤를 보들레르의 "섬약한 발목", 앙드레 브르통의 "성냥개비 같은 손목"과 "딱총나무 고생이 같은 종아리"… 빅토르 위고가 《파리의 노트르담》에서 묘사한 에스메랄다는 "말벌처럼" 날씬하고 가냘프다. 알리스 제니테르는 이렇게 해설한다. "내가 아름다운 여자들에 속하지 않는다는 것을 이 텍스트들은 내게 분명히 알렸다. 한편으로 나는 슬펐다. 발을 들여놓기도 전에 멋진 여자 시장에서 추방된 것이 끔찍이 슬펐다. 하지만 다른 한편에서 나는 이미 포효하며 이렇게 거듭 말했다. 잘됐어! 차라리 잘된 거야! 딱총나무에 성냥개비 같은 그런 여자들처럼 되고 싶지는 않아. 그 가녀린 손목과 섬약한 발목으로 뭘 하겠어? '조금만 힘줘도 부러지겠어.' 저 남자들은 인형처럼 취약한 여자들 앞에서 침 흘리며 이렇게 말할 테지. 이건 내가 하는 말이 아니야. 오노레 드 발자크가 한 말이지. '에스테르는 장난감처럼 들었다 놓았다 할 수 있을 평균 키 였다!'"[21]

미학을 구실로 여성의 힘에 가해지는 이 검열은 전문 운동선수에게 조차 강요된다. 그 강요가 그들이 잠재력을 다 발휘하지 못하도록 강요하는 명백한 모순을 내포하고 있는데도. 2015년 테니스 선수 세레나 윌리엄스는 너무 강해 보이는 신체 때문에 홍수처럼 쏟아지는 성차별적이고 인종차별적인 욕설을 감내해야 했는데, 아그니에슈카 라드반스카의 코치는 이 폴란드 테니스 선수가 왜 그녀만큼 선수 같은 신체를 갖지 못했는지 이런 말로 설명했다. "그녀가 랭킹에서 가장 호리호리한 선수로 남도록, 그리고 무엇보다 그녀가 여성이고, 여성으로 남고 싶어 해서 우리가 내린 결정입니다." 성차별이 덜한 세상이었다면 이 남자 코치는 무능력으로 해고되지 않았을까? 마리아 샤라포바는 세계에서 가장 수입이 많은 여자 선수였던 2014년에 이렇게 선언할 수밖에 없다고 느꼈다. "나는 2킬로그램이 넘는 중량은 들 수가 없어요. 불필요하다고 느껴요."[22]

페미니스트 활동가이자 작가인 글로리아 스타이넘은 "미국에서 가장 힘센 여자"라는 제목의 글에서 1985년에 한 다큐멘터리 영화[23]를 계기로 오스트리아 보디빌딩 여성 챔피언 베브 프랜시스Bev Francis를 발견하고 놀란 심정을 이렇게 이야기했다. 이 "사랑스럽고 똑똑하며 용감한 선구자" 여성은 그 시대에 아널드 슈워제네거보다 강했는데, 자기 자신의 선입견과 맞닥뜨리지 않을 수 없었다. 영화는 라스베이거스에서 열린 보디빌딩 여자선수권대회 동안 촬영되었다. 이 대회에서 베브 프랜시스의 엄청나게 발달한 근육이 심판들을 극도로 혼란에 빠뜨렸다. 그들은 오직 "'여성성'이라는 말의 명료한 정의를 내리기 위해" 소란스러운 회의를 진행했다. 심판장으로 보이는 사람이 내뱉듯 말했다. "우리가 찾는 건 운동선수임을 보여주는 근육은 간직한 채 어느 정도 여성적 미학을 보여주는 여성입니다." 젊은 동료 심판 중 한 사람이 격분해서 말한다. "이 스포츠에서 여성이 넘어설 수 없는 한계가 있다고 생각하는 건 잘못되었다고 봅니다. 여자 선수에게 운동선수이면서 너무 남성적이지는 않아야 한다고 말하는 건 정확히 어떤 의미입니까? 그건 마치 미국 스키 연맹이 여자 스키 선수에게 일정한 속도를 넘어서지 말라고 요구하는 셈이잖습니까! 우리가 누구라고, 누구는 여자 같고 누구는 여자 같지 않다고 말할 수 있습니까?" 이 말에 다른 심판이 응수한다. "우리는 우리의 스포츠와 우리의 딸들을 위해 최선을 원합니다. 우리는 관객이 열광하길 바라지, 낙담하길 원치 않습니다. 우리의 역할은 경쟁하는 대다수 선수와 우리의 스포츠를 보호하는 것입니다. 여성 참가자들 대부분이 이처럼 기괴하게 근육을 키우길 바란다면야[원문대로], 좋습니다만, 사실 그렇지는 않습니다. 여성은 여성이고, 남성은 남성입니다. 이런 차이를 주신 하느님께 저는 감사드립니다." 베브 프랜시스는 결국 8위에 머물렀⋯.

글로리아 스타이넘의 친구들 사이에서조차 이 보디빌더는 상반된 반응을 낳았다. 어떤 이들은 자랑스러워하며 열광했고, 다른 이들은 적대적인 불쾌감을 드러냈다. 그것도 페미니스트 활동에 가담하는 정도와 상관없이. 베브 프랜시스는 스타이넘을 만났을 때 이렇게 말한다. "예전에는 여성이 힘을 증명해 보일 수 있었던 유일한 장소가 서커스였죠. 적어도 이 관점에서 우리는 진전한 겁니다." 그리고 그녀는 이야기한다. "어렸을 때 저는 할 수 있는 한 멀리 가고 싶었어요. 자유롭고 싶었지요. 오스트레일리아 텔레비전에서 방송되던 광고가 있는데, 제가 아주 싫어했죠. 어떤 여자가 저녁 준비를 하고 있고 이런 슬로건을 보여주는 광고였죠. '남자에게 고기를 주세요.'[24] 우리는 이 정도로 만족해야 할까요?" 그녀의 약혼자 스티브는 그녀와 함께 운동했다. 스타이넘은 이렇게 해설했다. "남자들 대부분이 세계에서 가장 힘센 여자의 연인이 된다는 생각에 복잡한 감정을 키웠을 테지만, 스티브는 자신의 분야기도 한 영역에서 그녀가 이뤄낸 성공의 진가를 알아보았고, 드러내놓고 그녀를 자랑스러워했다. 한 세대 앞서, 올림픽 육상 선수 베이브 디드릭슨과 결혼해서 그녀가 달성한 위업에 '진짜 여자'가 아니라는 비난과 조롱을 쏟아낸 시대에 맞서 그녀를 옹호한 레슬링 챔피언 조지 자하리아스처럼, 스티브는 베브와 함께 서로를 지지하는 그들만의 세계를 창출했다."[25] '정상' 세계에서는 자신의 육체적 힘을 자제하지 않고 기르는 여자를 어떤 남자도 원하지 않는 것으로 보인다.

이 점에 관해서는 〈왕좌의 게임〉의 마지막 시즌, 수백만 명의 관객이 본 이 대중적인 작품에서 보여준 브리엔 타스라는 인물에 대한 대우는 주목할 만한 면모를 보여준다. 인상적인 키와 체격에 갑옷을 걸친 데다 창백한 얼굴에 짧게 자른 금발 머리를 한 브리엔은 감상적인 아가씨이자 사나운 여전사다(시리즈 초반부에는 자신이 열렬히 섬기고 지키는 왕위 승계 주창자 렌리 바라테온을 향한 사랑에 위축된 모습의 그녀를 볼 수 있었다). 그녀는 체격 때문에 온갖 조롱을 받았다. 어렸을 적 남자애들이 그녀에게 조롱의 의미로 '미녀 브리엔'이라는 별명을 붙였다. 죽은 자들의 군대에 맞서 싸운 대전투 전날 밤에 그녀와 동료들은 윈터펠성의 벽난로 앞에 모였다. 그들 틈에는 오만하고 아름다움을 뽐내는 왕실 근위대의 옛 지휘관 제이미 라니스터도 있었는데, 그는 예전에는 가증스럽고 악했으나 시련을 겪고 달라진 인물이다. 그의 변화에 결정적인 역할을 한 브리엔과 그는 매우 탄탄한 관계를 맺는다. 이날 저녁, 여자는 기사가 될 수 없다는 전통을 무시하고 그는 그녀를 무릎 꿇게 하고 자기 검을 꺼낸 뒤 동료들의 박수갈채를 받으며 그녀에게 기사 작위를 수여한다. (다른 여전사의 눈부신 활약 덕) 전투에서 이긴 후 승리를 축하하기 위해 마련된 연회가 끝난 뒤 그는 그녀의 침실로 찾아가고, 두 사람은 정사를 나눈다(그녀에겐 첫 경험이다). 그렇게 그는 그녀에게 욕망을 드러내면서도 그녀를 동등한 전사로 인정한다. 대개 이 두 가지 태도는 상호배타적인데 말이다. (그녀가 그보다 키가 더 크다는 사실을 밝혀야 할까?)

너무 빛나지 말라는 간청

여성의 열등성은 단지 신체적일 뿐 아니라, 직업적이고 경제적이기도 하다. 가정폭력으로 유죄 판결이 난 남성들을 위한 토론 그룹에서 여성 진행자가 참석자들에게 여성이 남성과 같은 직업에 접근할 수 있다는 사실에 충격을 받는지 물었을 때, 그중 한 사람이 이렇게 대답했다. "저는 충격받지 않습니다. 제 아내가 저보다 나은 직업만 갖지 않는다면 말이죠. 그렇지 않으면 전쟁이 날 겁니다! 돈 문제도 이미 그렇지만, 특히 지위 문제가 그렇습니다. 내가 도로 청소부인데, 아내가 은행 지점장이라고 상상해봅시다. 언쟁이 일어날 겁니다. 아내가 잘나가면 당신을 얕잡아볼 테니까요. 그러면 당신은 그저 입을 닫게 될 겁니다. 그게 현실이죠. 아내는 우두머리로서 당신을 졸개로 볼 테니까…" 그러면 반대의 경우는 어떨까요? 그가 이런 말로 대답한다. "마찬가지죠. 남자가 은행 지점장이고 여자가 파출부라면, 언쟁 때 남자는 이렇게 말할 겁니다. '당신은 한낱 파출부라는 걸 잊지 말라고.' 심하게 상처 입힐 말들은 항상 있죠." 이를 듣고 진행자가 그럼 두 파트너가 같은 수준이냐고 묻자 그는 "네"라고 열의 없이 대답하더니 어색한 웃음을 덧붙인다. "아니면, 최악의 경우, 남자가 조금 더… 모르겠어요, 저는 제 아내가 저를 깔고 뭉개는 걸 원치 않아요." 그는 열여덟 살에 가게 점장이 되었는데, 그러자 평사원이었을 때보다 아내가 그를 "더 존중하더라"고 말한다.[26] 부부 관계가 수직 관계로, 힘의 관계로 생각되는 것을 어떻게 이보다 더 잘 말할까?

이 논리는 모든 사회 계층에 적용된다. 잡지들은 사회적으로 성공하고 반려자보다 돈을 더 잘 버는 여자들을 자주 환기하며 그 상대 남자들이 느낄 수모에 흥분한다(흔한 경우인 반대 상황에서 아내가 상처 입은 자존심을 숨김없이 드러낼 수 있다고 상상하는 사람은 아무도 없다).[27] 이런 불경죄를 범하는 여자들은 집안일을 더 많이 하면서 만회하려고 시도하지만, 이혼할 가능성은 훨씬 높아진다.[28] 이혼은 오스카상을 받는 여배우들까지 위협한다. '오스카의 저주'라고 말할 정도다. "상 받은 여배우들의 결혼은 평균 4.3년 동안 이어지고, 상을 받지 못하는 여배우들의 평균 결혼 기간은 9.5년이다."[29] 베티 데이비스, 할리 베리, 케이트 윈슬렛, 리스 위더스푼, 힐러리 스웽크, 샌드라 블럭은 모두 상을 받고 얼마 지나지 않아 헤어졌거나 이혼했다. 스웨덴에서는 두 연구자가 시 의회나 국회의원 선거 후보자 중 당선된 여성의 이혼이 낙선한 여성의 이혼보다 두 배 넘게 많다는 사실을 확인했다. 회사 경영자로 임명된 여성들도 같은 직위를 받은 남성들보다 더 많이 이혼했다. 여성 당선자나 여성 회사 경영자 모두 파트너를 되찾을 확률이 줄어드는 것을 확인했다. 따라서 남편과의 별거가 새 구혼자들 때문에 초래된 것이라는 가실은 도무지 사실 같지 않다. 흥미로운 사실은 해제되는 부부들이 주로 여자가 남자보다 훨씬 젊은 부부, 여자가 아이들을 더 신경 쓰는 부부라는 점이다. 평등한 부부들은 훨씬 잘 버틴다. 여자가 승진해도 그들은 크게 불안정을 겪지 않기 때문이다.[30]

한 친구는 자신이 자기 아이들의 아버지와 연애하게 된 것은 그가 직업적으로 눈부신 성공을 경험해서 아내의 성공에 시기심을 품을 우려가 없기 때문이었다고 내게 털어놓았다. 다른 친구는 얼마 전에 사귄 음악가와 헤어졌는데, 자신이 치명적인 실수를 저지른 것 같다며 눈물을 머금고 말했다. 명망 높은 기관에서 연봉 제안과 더불어 채용 통지를 받았는데, 당연히 자부심을 느꼈고 그 통지서를 보여주고 싶은 유혹을 물리치지 못했다는 것이다. 그것이 그 남자가 다른 여자를 선택하는 결정에 역할을 했는지는 확실치 않지만, 그녀가 그렇게 의심하고 자신의 충동을 후회할 수 있다는 사실 자체도 말해주는 바가 크다. 그녀는 사랑받으려면 자신의 성취를 감추고 실제 모습보다 덜 빛나는 척해야만 했는지 자문한다. 카를라 브루니가 사진에서 일정한 높이를 넘지 않으려고 고개를 숙이듯이 그녀도 상징적 차원에서 그래야 했던 것은 아닌지 말이다. 게다가 이것은 그녀만의 망상이 아니다. 2006년 미국의 한 연구에 따르면 대개 남자들은 자신보다 똑똑하거나 야심 많은 여자와 데이트하는 것을 싫어한다고 한다.[31]

벨 훅스는 자신의 지적 갈망을 이해하고 인정하는 남자를 만나서 기뻐했다. 그 남자는 그녀가 연구하는 내내 지지해주었다. 그런데 그는 그녀가 박사 학위를 받고 미국 최고의 대학 중 한 군데에 자리를 얻게 된 날, 지지를 철회했다. "그는 내 야심이 그저 야심으로 남을 때까지만 인정한 것이다." 실망하고 충격받은 그녀는 어려서부터 사람들이 그녀에게 주입해온 그 모든 암담한 예언, 즉 '남자들은 똑똑한 여자를 좋아하지 않는다'라는 예언에 사로잡힌 느낌이 들었다. 시간이 흐르면서 그녀는 이애자의 경우처럼 자신과 유사한 이야기를 많이 듣고 읽었다. 대단한 재능을 지닌 침술사이자 약초 전문가인 이 한국계 중국인 여성은 함께 약학 공부를 하던 친구와 결혼했다. 그들은 뉴욕으로 왔고, 그녀는 약사 시험에 단번에 붙었는데, 그는 그러지 못했다. 그러자 그는 이혼을 요구했다. "그이는 가구와 차를 갖고 떠났고, 내게는 3달러밖에 남아 있지 않았는데, 먹여 살려야 할 아이가 셋이나 있었죠. 그렇게 버림받은 것이 정말이지 수치스러웠어요…. 자살까지 생각했지요."

벨 훅스는 이런 유형의 경험을 하는 여성이 반려자의 성차별주의를 비난하기보다 자책하는 경향을 보인다는 점을 지적한다. 그리고 자기 일을 매우 중시하는 여성의 주변 사람은, 대개 부정적인 방식으로, 사랑이 그들의 삶에서 전혀 혹은 거의 중요하지 않다고 전제하는 듯 보인다고 지적한다. "사람들은 우리가 사랑스러우면서 동시에 우리 일에 열정적이라는 것을 받아들이지 못한다. 이 두 열정이 서로 보강하는 것을 보지 못하고, 우리에게 사랑의 권리를 부인하려 든다." 그녀는 지적인 여성들의 날카롭고 비판적인 사고가 특히 "냉혹함으로, 공감의 부재로" 해석되는 것을 관찰한다. 그런 여성들에게 사랑이 꼭 필요한 만큼 이 부인은 더더욱 부당하다. "모든 인종, 모든 사회 계층의 힘 있는 여성들은 언제나 매우 노출되어 있다. 여성들은 난폭한 공격에서 살아남기 위해 자신들이 사랑하는 남성들의 지지에 의존한다. 다정한 파트너를, 자신을 지지하는 지인 무리를 곁에 두고 싶은 열망을 부끄러워하지 않고 말할 수 있어야 할 것이다."[32]

소피 퐁타넬은 소설 《노벨Nobelle》에서 여성 작가 아네트 콩트의 이야기를 상상한다. 아네트 콩트는 노벨문학상을 수상하는 순간에 자신이 열 살이었던 해의 여름을 떠올린다. 그 시절 그녀는 부모와 함께 생폴드방스에 머물다가 제 또래 남자아이 마뉘스를 사랑하게 되었고, 그 아이와 방학마다 온갖 장난을 치며 놀았다. 자신이 쓴 시를 마뉘스에게 보여주기도 했는데, 마뉘스는 다른 여자아이, "눈부시게 예쁜" 마갈리를 꼬시려고 그 시를 그 아이에게 바로 건넸다. 그 사실을 알게 되었을 때 아네트의 마음은 황폐해졌다. 사건 직후에 그녀가 거울을 들여다보며 자신을 마갈리와 비교하고 처음으로 자신에 대해 의문을 품는 장면이 그녀의 마음을 보여준다. 마뉘스의 배반은 그녀를 유년기의 천진난만함에서 끌어낸다. 젠더 역할 밖에서, 그 역할이 부과하는 한계 밖에서 존재하고 사랑하길 바랄 수 있는 왕국에서 끌어낸다. 갑자기 그녀는 자신의 문학적 재능이 제공해주는 감흥을 말소하고 미美의 기준에 자신을 맞추는 편협한 준거에 따라 자신을 평가한다. "한 가지 생각에 등이 오싹해졌죠. 저는 아이였고, 그들, 마뉘스와 마갈리는 이미 어른이었다는 생각이 들었죠. 마갈리는 최신 유행에 맞추어 옷을 입었고, 마뉘스는 역겨운 계산을 할 수 있었으니까요. 나는 천진한 어린아이였고, 눈부시게 예쁘지도 않았죠."

그녀를 위로하려고 그녀의 부모가 이런 질문을 던진다. "네가 선택을 한다면 어떤 자리에 있고 싶어? 거짓말쟁이의 시를 받는 마갈리의 자리? 아니면 시 한 편 쓸 줄 모르는 마뉘스의 자리? 아니면 신께서 재능을 주신 아네트의 자리?" 그녀는 자기 자리가 좋다고 받아들이지 않을 수 없다. 그리고 몇십 년 뒤, 그녀는 스웨덴 아카데미 앞에서 연설을 이렇게 마무리 짓는다. "모든 큰 권력에는 대가가 있습니다."[33] 글을 쓰는 남성은 그런 유형의 선택 앞에 결코 놓일 리 없다. 그가 자신이 받은 재능에 대가를 치러야 하더라도 그것은 사랑의 대가가 아니다. 그에게는 재능과 매력이 포개질 수 있다. 두 가지가 서로 배제될 수 있는 것은 아네트가 일찍이 체험했듯이 여성의 경우뿐이다(소피 퐁타넬은 자신이 얼마 전에 겪은 사랑의 실망을 유년기로 옮겨 놓았음을 감추지 않는다).

에바 일루즈의 어휘를 빌린다면, 내 친구가 뮤지션 남자친구와 겪은 실제 경험, 아네트 콩트가 남자친구 마뉘스와 겪은 소설 속 경험은 자신의 '사회적 지위'가 '성적 지위'를 망쳤다는 말로 요약될 수 있다. 일루즈는 사랑의 영역에서 남자들에게 특혜를 부여하는 역선[34]을 알아내려고 애쓴다. 그녀는 여성의 가치가 지금도 여전히, 한편으로는 아주 명확한 미학적 기준에 부합하는지에 따라, 다른 한편으로는 그들의 젊음에 따라 규정된다는 것을 확인한다. 반대로 남성의 매력은 나이와 무관하게 주로 그들의 사회적 지위를 통해 작동한다. 이것은 그들에게 삼중의 특혜를 제공한다. "먼저, 그들의 성적 힘은 여성의 그것만큼 빨리 고갈되지 않고, 시간이 지남에 따라 심지어 증대되기도 한다. […] 게다가, 그들은 훨씬 대규모의 잠재적 파트너 유형에 접근할 수 있다. 동년배 여성과 훨씬 젊은 여성 모두에게 접근할 수 있기 때문이다. 마지막으로 그들의 성적 힘은 그들의 사회적 힘과 구분되거나 상반되지 않는다. 둘은 서로 보완한다. 반면에 여성의 경우 성적 지위와 사회적 지위는 충돌할 가능성이 훨씬 높다." [35]

'평등을 에로틱하게'

그러나 이 법칙은 절대적이지 않다. 우리가 이 법칙을 절대적이라고 믿는다면, 그것을 저절로 실현되는 예언으로 삼고, 삶과 사랑의 가소성[36]을 부정할 우려가 있다. 1950년대 말을 배경으로 펼쳐지는 미국 드라마 시리즈 〈마블러스 미시즈 메이슬〉은 이에 대한 좋은 예시를 보여준다. (이 드라마를 볼 생각이라면 이 단락과 다음 단락을 건너뛰시라. 미안하지만 내 책에 스포일러가 가득하다는 것은 나도 안다.) 미지라고 불리는 미리엄 메이슬은 뉴욕 유대인 부르주아 집안에서 응석받이로 자란 젊은 여성이자 두 아이의 엄마인데, 대기업에서 일하지만 스탠드업 코미디에서 두각을 드러내길 꿈꾸는 조엘과 결혼했다. 그녀는 완벽한 아내이자 연인, 집의 여주인이 되기 위해 분투하며 자기 꿈을 좇는 남편을 지지하는데, 그녀 역시 똑똑하고 재치 있는 여성이어서 조엘은 자신이 그녀에게 뒤처진다고 느낀다. 곧 그는 그녀와 헤어졌고, 놀랍도록 바보처럼 그려지는 여비서에게 끌린다. 미지는 속상해서 한숨을 내쉰다. "난 천진하지 않아. 남자들이 바보 같은 여자들을 더 좋아한다는 건 나도 잘 알아. 하지만 조엘은 다른 줄 알았어. 그는 솔직하고 재치 있는 걸 원하고, 자극받는 걸 좋아하는 줄 알았어." 그녀가 자기 삶이 무너진다고 생각한 바로 그 순간, 거의 사고처럼, 자신이 스탠드업 코미디에 재능이 있다는 것을 발견한다. 그녀는 지인들 몰래 술집에서 공연을 시작한다. 정부情婦에게 금세 싫증이 난 남편이 그녀에게 돌아온다. 두 사람은 가족에게 재회를 알릴 준비를 한다. 그때 우연히 그는 무대에 선 그녀를 본다. 그는 무너진다. 그는 자신이 실패한 지점에서 그녀가 성공한 것뿐 아니라("잘하네", 그는 흐느끼며 거듭 말한다), 그녀가 두 사람의 삶을 대중 앞에서 언급할지도 모른다는 생각을 견디지 못한다("웃음거리가 될 순 없어"). 그는 다시 떠났고 그녀의 마음에 두 번 상처를 주게 되었다.

그런데 그 후, 이 두 인물은 아주 흥미로운 변화를 겪는다. 미지는 예술가로서 재능을 활짝 꽃피우고 자립을 터득한다. 한 번도 일한 적이 없었던 그녀는 예술가로서 경력이 시작되길 기다리며 백화점에서 판매원으로 일한다. 조엘은 마침내 자신이 스탠드업 코미디에 전혀 재능이 없다는 것을 받아들인다. 그는 그 일을 떠났고, 자신이 정말 하고 싶은 일이 무엇인지 고심하며 아버지의 공장 일을 돕는다. 남편으로서는 진절머리나는 사람이었던 그는 완전히 존중받을 만한 전남편이 된다. 처음의 충격이 가시고 나자 그는 미지를 자랑스러워하고 존경한다. 그런 너그러움으로 그는 결혼 말기의 변덕 심하고 철없고 자기중심적이었던 모습과 달리 무한히 매력적인 인물이 된다. 그녀가 순회공연을 떠날 때 그가 아이들을 돌봤는데 주변 사람들이 보고도 믿기 힘들어 했을 정도였다. 요컨대 그는 자기실현을 하는 반려자를 돕고 지지하는 데 있어 남자들이 여자들에게 축적해온 엄청난 빚을 일부나마 그녀에게 갚은 것이다. 결혼하면서 자연스럽게 맡게 되었던 역할, 하나 같이 실망스러웠던 역할에서 벗어나면서 두 사람 모두 부부였을 때보다 훨씬 흥미로운 개인으로 변한다. 그들의 이야기도 사회와 가족의 통제에서 벗어나면서 훨씬 흥미로워졌다. 그들은 젊은 연인 시절의 공모 의식을 되찾는다. 두 사람은 각자 새로운 만남을 가지면서 다시 정기적으로 잠자리를 함께한다. 미지가 공연하는 라스베이거스로 조엘이 며칠 동안 함께 지내려고 와 있었는데, 어느 날 아침, 두 사람은 전날 저녁에 완전히 취해서 둘이 다시 결혼했다는 사실을 알게 된다. 이혼 판결이 난 것이 불과 얼마 전인데…. 이렇게 그들의 관계는 지배 법칙을 무너뜨린다. 그녀는 점점 더 평등해지고 동시에 점점 더 섹시해진다.

글을 쓰는데 내 눈앞에 글로리아 스타이넘의 유명한 슬로건인 '평등을 에로틱하게Eroticize equality'[37]가 적힌 배지 하나가 보인다. 이보다 더 잘 말할 수는 없을 것이다. 대개 우리의 묘사는 아주 관습적이다. 에바 일루즈는 오늘날까지도 매혹적인 여성이 어떤 여성인지를 규정하는 것은 남성이며, 남성 중에서 가장 진보적인 남성도 아니라는 것을 환기한다. "매혹적이고 섹시한 몸 이미지의 소비가 20세기 내내 늘면서, 여성을 전시하지만 대개 남성이 소유하고 운영하는 수많은 문화산업의 판매액은 증대했다."[38] 게다가 이는 와인스틴 사건이

준 가르침 중 하나이다. 수십 년 동안 여성을 고기처럼 여겨온 이 남자 (게다가 십중팔구 이 사회에서 그는 혼자가 아닐 것이다)는 할리우드의 최고 제작자로서 우리의 상상계에 엄청난 권력을 행사했다.

그러나 연예계는 그것이 만들어내는 이미지와 허구 안에서만 보수적으로 보이는 것이 아니다. 논리적으로 당연히 대중 세계 속에서 연출되는 풍습에서도 그렇다. 그러니 이 세계의 구성원 중 하나가 조금이라도 대담함을 보이면 사건이 된다. 2019년에 배우 키아누 리브스가 새 연인인 예술가 알렉산드라 그랜트와 공식적인 첫 데이트를 했을 때 야기된 동요가 이를 보여준다. 이 선택받은 행복한 여성은 나이가 지긋한 마흔여섯이라 리브스보다 아홉 살**밖에** 적지 않았다. 게다가 머리카락도 염색하지 않았다. 미국 언론의 여성 논객들은 〈매트릭스〉의 스타의 남자다운 용기에 대해 메달이라도 수여할 태세였다. **백발의 여성 예술가라니!** 어떤 우주적 신비로 그는 《스포츠 일러스트레이티드》의 '수영복' 특집호 표지 모델로 뽑힌 스물다섯 살의 모델보다 이 여자를 좋아할 수 있었을까? 1993년 프랜시스 포드 코폴라 감독이 〈드라큘라〉를 촬영하며 위노나 라이더에게 욕하고 그녀를 울리라고 리브스에게 요구했을 때 그가 어떻게 거절했으며, 그것을 계기로 두 배우가 영원한 우정을 맺었다는 내용의 기사[39]를 전하면서 티티우 르콕Titiou Lecoq은 자연스럽게 제기되는 가설을 이렇게 표현했다. "이 남자는 완벽을 구현하고 있나? 이 남자는 남자들에게 남성성의 새로운 길을 보여주기 위해 지상에 내려온 건가?"[40]

한 커플이 혹은 한 남자가 대열에서 빠져나오는 걸 보는 것은 언제나 기분 좋고 흥분되는 일이다. 프랑스에서는 작가 얀 무악스Yann Moix가 《마리끌레르》(2019년 2월호) 지면에 쉰 살인 자신은 쉰 살의 여자를 사랑할 수 없다고 태연하게 선언했을 때 이를 확인했다. 배우 뱅상 랭동이 얀 무악스의 선언에 반박하고 나섰다. "나는 내 나이의 여성을 사랑합니다. […] 세월의 흔적을 보여주는 것을 받아들이는 여성 혹은 남성을 보는 일보다 더 아름다운 일은 없다고 생각해요. 그럴 땐 마음을 뒤흔드는 어떤 향기가, 감격스럽고 향수를 불러일으키며 우수에 찬 무언가가 느껴지는 것 같지요. 제겐 향수에 대한, 현실 수용에 대한 엄청난 욕구가 있습니다."[41] 콤플렉스 없이 표출되는 성차별을 고려할 때 이런 식의 발언은 반갑다. 그러나 한 남성이 그저 여성을 있는 모습 그대로 사랑한다는 이유로(다시 말해 그가 여자들이 오래전부터 남자들을 사랑하는 것처럼 여자를 사랑해준다는 이유로) 그를 칭찬하게 되는 현실이 문제임을 인정해야만 한다. 50대 여성이 성욕을 불러일으킬 만한지 아닌지를 결정짓기 위해 텔레비전에서 토론해야 한다는 것도 문제다. 같은 나이의 남성에 대해서는 그런 종류의 논쟁을 누구도 상상하지 않는데 말이다(얀 무악스나 뱅상 랭동을 두고 우리가 욕망을 품기에는 그들이 너무 시든 것은 아닌지 누구도 궁금해하지 않는다). 게다가 이 용맹한 기사들의 상대적 희귀성은 역설적으로 훨씬 더 큰 힘을 그들에게 부여해주고, 남성의 시선과 선한 의지에 여성을 더더욱 묶어놓는다. 1993년 사회학자 진 던컴과 데니스 마스텐은 그 사실을 지적했다. 한 여성이 평등한 관계를 가질 준비가 실제로 되어 있는 한 남성과 만나더라도 "두 사람 모두 가부장제의 한계 안에서 '더 나은 방법을 찾을' 수 있으리라는 것을 알지만 그가 보기 드문 예외적 지위를 가진 남성이기 때문에 그녀는 언제나 구조적으로 남성 아래 종속될 것이다".[42] 전반적 사고방식의 변화만이 균형을 바로잡게 해줄 수 있을 것이다.

어떤 식으로든 자기검열을 하지 않는 이성애자 여성은 전통적인 여성성이 요구하는 바대로 자기 자신에게 크고 작은 변화를 실행하지 않아서 자신의 애정 생활을 위험에 빠뜨린다. 조롱당하거나 웃음거리가 되는 것을 겁내지 않는 남성을 만난다면 모를까. 가부장제의 기준에 따르면 평등한 여성을 동반자로 선택함으로써 자신이 우위에서 누릴 권리를 일부 포기하는 남성은 마조히스트로, 또는 괴짜로, 혹은 배신자로, 아니면 이 모든 것으로 간주될 것이다. 그가 선 자리는 불명예스럽다. 일반적으로 여성에게 마련된 자리이기 때문이다. 자기 자신을 고스란히 내주는 남성을 사랑하는 것은 여성에게는 가치를 드높이는 일로 판단되지만, 자신을 고스란히 내주는 여성을 사랑하는 것은 남성에게는 위험한 일로 판단된다. 남자의 유혹은 잉여로 규정되지만, 여자의 유혹은 결핍으로 규정된다.

환상이 된다는 것

그렇다면 일반적으로 받아들여지는 여성의 매력 기준에 부합하는 여자들, 이 통상적인 말 없는 지배의 규율들에 제동을 걸지 않는 여자들은 훨씬 쉬운 애정 생활을 누릴까? 가수이자 배우인 제인 버킨이 출간한 내밀한 일기[43]를 읽어보면 딱히 그렇지 않다는 생각이 든다. 버킨은 배우 주디 캠벨의 딸이자 사진작가 케이트 배리, 배우이자 가수인 샤를로트 갱스부르와 루 두아용의 어머니로 연예계 귀족 집안 출신이다. 그녀는 미모와 스타일로, 또한 세르주 갱스부르와 부부였다는 이유로 신화가 되었다. 하지만 그녀의 일기를 읽으면서 우리는 그녀가 연이은 반려자들과 마주하며 얼마나 취약한 입지에 놓여 있었는지 가늠할 수 있다. 두 남편, 존 배리와 세르주 갱스부르는 둘 다 그녀보다 훨씬 나이가 많았지만, 재능과 창작자라는 지위에 힘입어 매력을 발산할 수 있었는데, 그 재능과 지위가 그들에게 사회적 발판과 힘(그녀에게 미치는 힘, 그리고 전반적인 힘)을 안겨주었다. 그런가 하면 그녀는 젊음과 떼어놓을 수 없는 아름다움으로 매료했다. 배리가 그녀와 결혼할 무렵 그녀는 열여덟 살의 신인 배우였다. 그는 서른한 살이었고, 제임스 본드 음악으로 이미 세계적으로 알려진 작곡가였다. 갱스부르는 그녀보다 스물한 살이 많았고, 그녀와 만난 1968년에는 이미 유명한 작곡가이자 가수였다.

물론 두 남자는 매우 다르다. 추악한 인물인 배리는 그녀를 버려둔 채 늦은 밤마다 취해서 돌아와 그녀와 말하길 거부하고, 그녀가 울어서 잠을 잘 수가 없다며 욕설을 퍼부었다. 그녀는 12년을 함께 산 갱스부르에 대해서는 복합적인 초상을 그린다. 그는 전제적이고, 편집광적이며, 마초지만, 애정과 공모를 나눌 수 있는 다정한 남자다. 이미 그와 헤어진 1981년에 그녀는 이렇게 쓴다. "세르주의 매혹적인 점이 무엇인지 이제는 안다. 바로 그의 결점들이다. 그는 대단히 이기주의자고, 질투심 많고, 지배하려는 성격이지만 재미있다. 더없이 바보 같은 장난을 칠 때조차 다정하고 독창적이다. 그 같은 사람은 아무도 없다. 장난꾸러기 꼬마 같은 얼굴, 통제 불가능한 음주벽, 광적인 매력. 그는 누구보다 인간적이고, 누구보다 통찰력 있으며, 누구보다 개방적이고, 누구보다 감상적이다." 그렇지만 그녀는 그의 앞에서 그저 뮤즈로서, 가수로서 존재할 뿐이다. 그녀는 그의 세계에 동화되고, 그를 시중든다. 1974년에 그녀는 이렇게 쓴다. "어젯밤 그는 내가 술을 마시는 건 오직 그가 허용하기 때문이고, 내가 사는 건 그가 살게 두기 때문이라고 말했다. 나는 인형의 자질을 갖춘 그의 인형이지만, 내 것보다 나은 재료로 완전히 재생 가능한 인형이다." 그녀가 그와 헤어지고 자크 두아용 감독에게 가려 하자 그는 쏘아붙인다. "나 없이 당신은 일할 수도, 유명해질 수도 없을 거야. 당신을 만든 건 나야. 그 사람은 당신을 무명으로 만들 거라고!" 그녀는 이런 말도 적고 있다. "여성의 정신에 관심 있는 남자는 많지 않다. 세르주는 자기 정신 외에 다른 누구의 정신에도 관심이 없었다. 하지만 적어도 그는 그것을 인정한다." 그러면서도 그녀는 그에게 인정받지 못하는 사실에 괴로워한다. 헤어지고 나서도 두 사람은 서로에게 깊이 애착을 품었고, 욕망도 사라지지 않았는데, 그녀는 이런 말로 그와 가깝게 지내고 싶은 마음을 표현한다. "내가 바라는 게 한 가지 있다면, 그건 세르주가 더는 나를 끌리는 이성으로서가 아니라, 그저 속내를 털어놓는 상대로 좋아하고 존중해주었으면 하는 것이다. 성性은 존중받는 게 아니라 오히려 다른 모든 대상과 마찬가지로 하나의 대상이 되는 일이며 그와 동등한 존재가 되는 것이 아니다. 나는 그에게 남자이고 싶다."

그녀의 아름다움이 남자들을 상대로 우위에 설 수 있게 해주리라 추정되지만, 그녀는 거기서 애정에 대한 보장을 전혀 끌어내지 못한다. "내 옆에 아주 아름답고 섹시한 여자가 있었다면 내게 누군가와 사귈 행운이 있었을 것이라고는 한 번도 생각해본 적 없다"라고 그녀는 단언한다. 혹은 이렇게도 쓴다. "이 재미없는 페이지를 쓰고 있는 나의 추한 손을 관찰한다. 나는 내가 무한히 잊힐 수 있다는 것을 안다." 이 글을 읽으면서 우리는 어안이 벙벙해질 수 있다. 그 시절의 사진에서 그녀는 숭고할 만큼 아름답기 때문이다. 그러나 여성의 자신감을 무너뜨리려고 기를 쓰는 세상에서 여성이 자신의 아름다움을 자신하는 경우가 드물다는 사실을 잊지 말아야 한다. 여성들이 머리로는 자신의 아름다움을 알 때조차도 그것을 직접 접하는 것은 드문 일이다. 버킨은 잠재적 경쟁자들에게 둘러싸여 있다고 느꼈다. 그녀가 갱스부르와 함께 지옥 같은 노래 〈사랑해요, 난 더 이상 아냐Je t'aime(moi non plus)〉를 부르기로 받아들인 것은 그것이 '특별히 멋지다'고 생각해서가 아니라 "그가 폭탄처럼 위험한 여자인 미레유 다르크와 단둘이 아주 좁은 녹음실에 갇혀 있을 생각에 너무도 두려웠기 때문"이라고 그녀는 말한다. 특히 그녀는 사회 전반에 편재하고, 자신이 속한 사회에서는 더더욱 통용되는 법을 감내하는데, 그 법에 따르면 그녀의 가치는 그녀의 젊음과 이어져 있다. 그리고 젊음은 정의상 흘러가는 것이다. 언제나 흘러가고 있다. 그녀는 1979년 서른세 살에 이렇게 쓴다. "내 주변을 떠도는 모든 여자, 풍만한 가슴에 신선하고 젊고 예쁜 여자들 옆에 서면 쭈그렁 할머니가 된 기분이다."

그녀의 다음 반려자인 자크 두아용은 그녀보다 많이 늙지 않았고 (두 살 차), 훨씬 덜 유명했지만 그래도 커플 관계에서 우월적 지위를 차지한다. 두 사람은 그가 자신의 영화 중 하나에 그녀를 출연시키면서 만났다. 그녀는 갱스부르의 알코올중독과 자기중심주의를 더는 견디지 못하던 참이었다. 마침내 그녀는 한 남자가 그녀를 흥미롭게 생각한다는 느낌을 받는다. 하지만 금세 그가 그녀와 같이 일하기를 원하지 않아서 그녀는 상처 입고 깊이 실망한다. "그는 조금 거북한지 절대로 말로 표현하진 않지만, 마치 내가 이미 쉰 살이라도 된 것처럼 바라본다." '가슴 아픈' 인터뷰에서 그녀는 이런 질문을 받는다. "자크 두아용은 이제 당신과 영화를 만들지 않습니까? 그가 더 젊은 여자들을 좋아하나요?" 그녀는 가까스로 대답한다. "그 사람 생각이 옳아요. 젊은 여자들에게 발견할 흥미로운 점이 많지요." 그는 〈열다섯 소녀La fille de quinze ans〉 촬영에서 그녀를 조수로 고용한다. 이 영화에서 두아용은 배우로도 출연했다. "그는 (열일곱 살이었던) 쥐디트 고드레슈에게 연이어 키스를 스무 번이나 하면서 '어느 것이 제일 나았는지' 내게 물었다. 죽을 것 같은 고통이었다!" 1992년 말, 두 사람은 헤어졌다. "너무도 젊고 너무도 아름다운 여배우들이 있었다. 의심한들 소용없다. 그렇지만 이번에는 명확히 그 이야기를 들어야만 했다…. 그러자 자크가 나를 마주 보며 말했다…. 땅이 꺼졌다…. 나는 그에게 떠나라고 말했다…."

그 후, 두아용은 2010년까지도 자기보다 훨씬 젊은 여자들과 관계를 맺는다(그리고 자식도 낳는다). 버킨은 1995년에 작가 올리비에 롤랑을 만났고, 그가 자신의 마지막 사랑이리라고 생각한다. 그녀가 그보다 한 살 많았기에 그녀는 자기 나이를 속인다. 그러나 그 후 그가 그녀의 여권을 보았고, 그녀는 '털어놓지 않을 수' 없게 된다. 그와 지내는 동안에도 그녀는 스스로 너무 늙었다고 느낀다. "내가 열 살만 더 젊었더라면 그에게 훨씬 좋았을 텐데…." 그녀는 더 젊은 여자들과의 경쟁에 언제나 강박적으로 사로잡혀 지낸다. 그래서 그녀는 자신의 반려자가 하는 강연에 참석해서 이렇게 말한다. "이따금 [그가] 강연장을 둘러보려고 안경을 쓰면 나는 절망했다. 젊디 젊은 여자가 젊음을 강렬히 내뿜으며 그를 집어삼킬 듯이 바라볼 텐데, 그 여자는 그러기 위해 온 것이다. 얌전한 머리띠에 아몬드처럼 갸름한 눈매, 이 모습은 그에게 아무개를, 작은 가슴을, 그리고 내가 내 몸을 부끄러워하게 만든 《세상의 발명L'Invention du monde》(롤랑의 소설)의 그 장章을 떠올리게 할 것이다."

요약해보자. 먼저, 자기 세계, 자기 계획, 자기 견해, 자기 성공을 품은 자신의 인격으로 존재하는 여성은 일부 남성들을 겁에 질리게 할 위험이 있다. 하지만 남성의 환상에 부합하는 여성, 자신의 아름다움으로 사랑스럽게, 또 사회적으로 존재하는 여성은 남성의 욕망에 따라 휘둘릴 위험이 있으며, 그로 인해 항구적이고 탐욕스러운 불안을 안고 있다. 그런 여성은 자존감과 자기 정체성에 대한 의식을 기르기 위한 충분한 기반을 발견하지 못할 위험이 있다. 두아용과 함께한 삶에서 처음으로 환멸을 겪고 있을 때 버킨은 자기 정체성에 대한 이런 불안을 환기한다. "결국 이 사람은 나를 나로 알았던 걸까 아니면 여배우로 알았던 걸까? 이젠 나조차 모르겠다. 내가 나를 잘 속이기도 하니까."

'노란 피부에 키 작은 여자'

여성이 젊고 아름답지 않을 뿐 아니라 '이국' 출신이어서 식민주의적 상상 속에 뿌리내린 환상을 자극할 때는 지배가 한층 더 강화된다. 세르주 갱스부르의 삶에서 제인 버킨의 뒤를 이은 여자는 당시 겨우 스무 살이었던(그는 쉰둘이었다) 모델 카롤린 폰 폴뤼스Caroline von Paulus로, 어머니는 베트남 출신의 중국인이었다. 그는 그녀에게 방부44(이 글을 쓰기 전까지 나는 그녀의 진짜 이름을 알지 못했다. 아마 많은 사람이 그랬을 것이다)라는 별명을 붙인다. 버킨이 자기 일기장에다 그녀에게 고마움을 표현한 방식은 생각할 거리를 던져준다. "그녀는 세르주가 파산하지 않도록, 나락에 떨어지지 않도록 막았고, 아이와 새 가정을 안겼으며, 그녀는 젊고 아름다웠는데, 그가 말하는 방식을 참아냈다." 갱스부르는 그녀에게 그 괴상한 별명을 붙였을 뿐 아니라 1989년에는 〈메이드 인 차이나Made in China〉라는 제목의 앨범을 녹음하게 한다. (상업적으로 실패한) 이 앨범에는 〈중국의 밤들Nuits de Chine〉이라는 곡의 한 버전이 실려 있었는데, 가수 마르크 라부안이 2007년에 방부와 듀엣으로 다시 부르기도 했다. 2016년에 쉰네 살의 라부안은 스물한 살의 베트남 출신 작가 린 파팽과 사랑에 빠져 2020년에 결혼한다. 그는 〈나의 파푸Ma Papou〉라는 제목의 노래로 그녀에게 경의를 표하는데, 그 노래 가사에서 그녀를 "피사의 사탑을 다시 일으켜 세운", "절반은 인도차이나인인 인형"(원문대로)이라고 묘사한다.

나는 린 파팽과 마르크 라부안이 어떤 부부였는지 전혀 알지 못하며, 끼어들고 싶은 마음도 없다. 하지만 그들의 이야기가 불러일으켜 우리 문화계에 통용시킨 이미지와 말에 반응하지 않기는 어렵다. 그만큼 거기엔 강한 의미가 내포되어 있었다. 인도차이나는 1954년까지 프랑스의 식민지였고, 거기엔 베트남, 라오스, 캄보디아가 속했다. 아시아 여성에게 붙여지는 '인형'이라는 말에는 긴 역사가 있다. 그 말은 그들에 관한 서구의 환상을 낳은 자전적 소설에서 끊임없이 등장한다. 바로 피에르 로티의 《국화부인》이라는 소설인데, 1888년에 출간되어 엄청난 성공을 거두고 유럽 전역에 번역되었으며, 자코모 푸치니가 이 작품에서 영감을 받아 1904년에 오페라 〈나비 부인〉을 작곡했다. 프랑스 해군 장교가 몇 주를 보내려고 나가사키에 내렸고, 그곳에 머무는 동안 동료들이 하듯이 젊은 일본 여자와 짧은 혼인 계약을 체결한다. 배 위에서 이미 그는 친구 이브에게 자기 계획을 털어놓는다. "난 도착하자마자 결혼할 거네. 그래… 노란 피부에 검은 머리카락, 고양이 눈을 한 키 작은 여자랑. 인형보다 크지 않을 거야."[45]

그는 땅에 발을 딛자마자 약혼녀를 찾아 나선다. 사람들이 그를 데

려간 첫 찻집에서 아주 젊은 무녀를 보고 그는 생각한다. "더 멀리 가서 찾을 것 없이 저 여자랑 결혼하면 어떨까? 내게 맡긴 어린아이처럼 고이 지켜줄 거야. 저 모습 그대로 받아들일 거야. 이상하고 매혹적인 장난감처럼. 얼마나 재미나고 아기자기한 신혼생활이 될까! 정말이지, 장식품과 결혼하는 것보다 더 흥미로운 일은 찾기 힘들 거야…." 또 다른 여자가 그의 눈에 들어오지만, 그의 반응은 너무 늦었다. "저 여자는 엊그제 러시아 장교가 찜했다니, 돌이킬 수 없는 불행이야." 그러다 그는 "열다섯 살 된, 아주 예쁜 아가씨"에 대한 이야기를 듣는다. 한 달에 18~20피에스터 정도면 아마 그녀를 손에 넣을 수 있으리라는 것이다." 3일 후, 사람들이 그 여자를 그에게 데려온다. "아! 맙소사, 내가 이미 알고 있던 여자잖아! 일본에 오기 한참 전에 나는 부채마다, 찻잔 밑바닥마다 그려진 저 여자를 보았어." 그렇지만 그는 그녀가 '너무 새하얗다'고 생각한다. 중매쟁이는 그를 안심시킨다. "나리, 얼굴에 분을 칠한 겁니다. 분 아래는 분명히 노랗습니다…." 그러나 그는 믿지 못하고 그녀를 돌려보낸다. 결국 그는 마음에 드는 여자를 찾았고 결혼식이 준비된다. "우리는 집으로 돌아왔다. 그녀는 원한가운데 앉아 있다. 머리에는 꽃 장식을 꽂았다. 정말로, 그녀의 눈길엔 어떤 표현이 실려 있다… 이 여자는 거의 생각하는 듯 보인다…."

그런데 그는 이 결혼에 실망한다. 국화부인이 그의 신경을 거스른다. 그는 그녀가 너무 자주 슬픈 표정을 짓는다고 여긴다. "저 작은 머릿속에서 무슨 일이 일어날 수 있을까? 내가 그녀의 언어에 대해 아는 정도로는 그걸 알아내기에 아직 불충분해. 게다가 저 머릿속에서는 아무 생각도 일어나지 않는 게 거의 확실해. 게다가 알아봤자 나한 텐 똑같을 거야!… 내가 저 여자를 택한 건 무료함을 달래기 위해서였으니, 다른 여자들처럼 저 여자에게서도 무심하고 무의미한 작은 얼굴을 보고 싶단 말이지." 그는 그녀가 자는 동안 관찰하면서 그녀가 영원히 잠잘 수 없다는 사실을 아쉬워한다. "이렇게 전시하면 정말이지 관상용으로 멋진데 말이야, 게다가 적어도 나를 성가시게 할 일도 없고." 어느 날 그는 혼자 산책하다가 자신의 부인보다 훨씬 매혹적으로 보이는 젊은 여자를 얼핏 본다. 그러나 금세 정신을 차린다. "너무 오래 멈춰 서서 반하지 말아야 해. 또 속게 될 거야. 다른 인형들과 같은 인형, 선반에 올려둘 인형일 뿐이야." 저녁마다 장교들은 일본인 아내들을 데리고 산책하고, 물건을 사고, 멈춰 서서 아이스크림을 먹는다. "우리는 여자들에 대해 '똘똘한 우리 강아지들'이라고 말한다." 그 무리 가운데 한 여자를 보고 로티는 "자신이 어린 시절에 '똘똘한 동물 연극Théâtre des animaux savants'에서 본 '깃털 장식을 잔뜩 단 긴꼬리 원숭이'를 떠올린다.

그는 국화부인과의 관계를 한 인격체와의 만남으로 여기는 것이 아니라, 여행객에게 제공된 체험처럼 여긴다. 일본 여자와의 짧은 결혼은 반드시 해야만 하는, 생동감 있고 '재미난' 체험이다. 그의 앞에 자리한 그의 아내는 개인으로 존재하는 것이 아니라 성적 환상의 임의적 구현으로서, 그의 머릿속에 미리 존재했던 한 종류의 모델의 대표로서 그 타당성을 인정해주기 위해 존재했다. 모든 인형이 그렇듯이 그의 관심을 끄는 것은 무엇보다 그녀의 옷차림이다. "긴 기모노와 리본 달린 넓은 오비[46]를 벗은 일본 여자란 그저 휘어진 다리에 배 모양의 가녀린 목을 가진 깡마르고 노란 존재에 불과하다. 그 작은 인위적인 매력은 의상과 더불어 완전히 사라졌다." 국화부인은 다른 장식품보다 그저 조금 더 생동감 있는 장신구일 뿐이지, 그들이 함께 보내는 순간들의 여주인공이 아니다. 게다가 그는 자기 소설의 도입부에서 그 사실을 즉각 알린다. "가장 긴 역할은 겉보기에 국화부인에게 있지만, 주요 인물 셋은 명백히 나, 일본, 그리고 이 나라가 내게 불러일으킨 효과다."

젊은 여자는 주인공을 돋보이게 하는 역할일 뿐이다. 그의 몽상과 생각을 위한 하나의 매개체일 뿐이다. 에드워드 W. 사이드는 《오리엔탈리즘》에서 귀스타브 플로베르가 1850년 '동방 여행' 때 이집트의 '기녀' 쿠축 하넴[47]과 만난 일에서도 동일한 관찰을 했다. 이 프랑스 작가는 그녀와 잠자리를 하고 난 뒤 아침까지 밤을 꼬박 새웠다고 이야기했다. "나는 무한히 이어지는 강렬한 몽상에 잠긴 채 밤을 지새웠다. 그러기 위해 남아 있었다. 그 아름다운 여자가 내 팔을 베고 누워 코를 골며 자는 모습을 바라보면서 나는 파리의 유곽에서 보낸 여러 밤을, 오랜 기억들을 무더기로 떠올렸다…. 그리고 이 여자를, 그녀의 춤을, 나로선 단어조차 구분할 수 없는 의미 모를 노래들을 부르던 그녀의 목소리를 생각했다."[48] 사이드는 플로베르에게 동양 여자는 "몽상의 주제이자 기회"[49]라고 논평한다. 그는 피에르 로티가 국화부인과 그랬듯이 그녀가 잠잘 때 그녀와 최고의 순간을 보내는 듯 보인다. 쿠축 하넴 역시 하나의 사물로, 자동인형으로 축소되었다. 플로베르

는 "동양 여자는 하나의 물건일 뿐이다. 물건은 이 남자와 저 남자를 구분하지 않죠"라고 단언한다.[50]

국화부인과 쿠축 하넴은 한 세계를 구현하는 화신으로서 추구된다. 마치 남편이나 고객은 그들을 소유함으로써 그들을 배출한 나라를 소유하고 더 온전히 포착할 수 있다고 생각하는 듯하다. 게다가 로티는 배를 타고 나가사키에 도착하는 걸 침투처럼 묘사한다. "이제 우리는 아주 높은 산이 양옆으로 늘어서서 그늘을 드리운 통로로 들어섰는데, 기이한 대칭을 이루며 산들이 이어졌다. [...] 마치 일본이 우리 앞에서 매혹적으로 갈라지며 문을 열어주고 제 심장 속으로 우리를 들여보내는 것 같았다." 그리고 사이드는 플로베르가 《성 앙투안의 유혹La tentation de saint Antoine》에서 쿠축 하넴이 영감을 얻은 인물인 시바의 여왕(여왕은 쿠축 하넴처럼 스트립쇼를 하듯이 '꿀벌 춤'을 춘다)에 대해 남긴 "나는 여자가 아니라 하나의 세상입니다"라는 말을 들춰낸다. 식민지 문학 전문가인 루이 말르레는 1934년에 이렇게 썼다. "백인의 우월의식 때문에 유럽인은 사랑을 오직 지배의 한 형태로 간주한다. 소유는 권위 행사의 일부다."[51]

피에르 로티에서 말런 브랜도까지

지구 표면에서 서구의 확장과 더불어 이루어진 여성 신체의 성적 전유는 지속적인 지배에 대한 반사 행동과 관계 표본을 만들어냈다. 엘리사 카미시올리와 크리스텔 타로는 '어린 아내'를 취하는 습관이 17세기에 유럽인들이 아프리카와 아시아에, 이를테면 영국인들이 인도에, 혹은 프랑스인들이 세네갈에 해외 상관을 설립하면서 나타났다고 말한다. "여성이자 빈민, '원주민'으로서 삼중으로 예속당한" 그 첩들은 하녀로, 성적 파트너로, 그리고 배우자로 봉사한다. 19세기에 주도된 완전한 식민지화 정책은 정복한 나라로 백인 여성의 유입을 초래했지만, 결코 첩들을 완전히 사라지게 하지는 못했다. 벨기에령 콩고에서 '가정부' 제도는 백인 식민지 개척자들을 위한 '성교할 권리'로, 또한 유럽에서 여성의 권리가 향상되면서(예전에도…) 훼손된 '자연스러운' 남녀 관계를 바로잡으려는 욕망으로 정당화된다. 이 장치에 전 세계 식민지에서 이루어지는 엄밀한 의미의 매춘, 특히 군 주둔지의 매춘(BMC)이 더해지고, 강간은 말할 것도 없었다. 미국 남부에서는 "15세부터 30세 사이의 여성 노예들의 60퍼센트가 '백인 주인'과의 내밀한 관계를 강요당할 위험이 있었다"[52]고 한다.

노예제도와 식민통치는 유럽 지배의 가장 야만적인 형태를 보여주었는데, 《국화부인》에서는 피에르 로티의 화자가 정복한 나라 곳곳에서 어떻게 행동하는지 볼 수 있다(일본은 식민지가 아니었지만, 무력으로 서양에 무역을 개방하도록 강요당했다). 어느 날, 그는 나가사키 경찰이 그와 일본인 아내가 체결한 결혼의 적법성을 조사하자 경찰서로 가서 소란을 부리고 그곳에 자리한 모든 사람에게 욕설을 퍼부었다며 으스댄다. 그렇게 예절을 중요한 가치로 여기는 나라에서 그곳 사람들이 겁에 질린 모습을 묘사하며 희열을 맛본다. 그는 직접적이고 구체적인 전횡을 실행할 뿐 아니라, 지구상에서 유럽의 경계를 동반하는, 백인이 아닌 모든 민족에 대한 비하적인 환상과 표상을 대량으로 생산하는 데 놀라운 열의를 보이며 가담한다. 이미지와 담론이 서로 보강하면서 각각의 권위를 견인하는 이 시도는 몇 세기 동안 이어졌고, 수백만의 유명인 또는 익명의 기여자를 낳았다. 피에르 로티가 널리 퍼뜨린 고정관념에 오늘날까지도 피해받고 인종차별당하는 거의 온갖 나라 출신의 여성들은(그가 남성이라고 면제해주지는 않았으나 남성들보다 더 차별당하는) 그를 원망할 이유가 충분하다. 이 대단한 여행자는 적어도 대양에서만큼이나 상상계를 약탈했다. 《아지야데Aziyadé》(1879)와 《동양의 유령Fantôme d'Orient》(1892)은 해군 장교와 하렘에 갇힌 젊은 터키 여성과의 사랑 이야기를 들려준다. 《로티의 결혼Le Mariage de Loti》(1878)은 열다섯 살의 타히티 여성과의 관계를, 《카스바의 세 여인Les Trois Dames de la Kasbah》(1884)는 알제리의 세 매춘부에 관한 이야기를 다뤘다….

'여자'를 의미하는 타히티 말에서 만들어진 신화인 바히네의 사례는 순종하는 이상적인 여성상의 클리셰가 어떤 방식으로 영향력 있는 다양한 남성들 사이에서 릴레이로 이어지며 수 세기 동안 지속되는지를 잘 보여준다. 세르주 체르케조프 연구원은 게으르고, 쾌락주의자이며, 사납지 않은 한 민족에 대한 전설이 어떻게 탄생하는지 들려준다. 영국인 새뮤얼 월리스의 탐험단이 1767년 타히티에 접근하자 그곳 주민들은 호기심을 보이며 배에 올라탔다. 겁에 질린 영국군은 칼과 화승총을 써서 그들을 쫓으려 했다. 그러자 섬 주민들은 물로 뛰어들었고, 그 후 "아주 많은 수가 무장하고 돌아왔다. 월리스는 대포를 쏘게 했고, 많은 타히티인이 죽었다". 그때부터 주민들은 '유순한' 모습을 보였다. 그들은 값나가는 물건들을 '제공했고', 젊은 여자들과의 성적 만남을 제안했다. 영국군은 이에 '매우 기쁘게' 떠난다. 1768년에 정박한 루이앙투안 드 부갱빌과 그의 탐험대는 바로 전해에 벌어진 영국군의 집중 포격에 대해 전혀 모른 채 똑같은 대접을 받았고, 이 민족의 '환대'에 감탄했다. 부갱빌은 1771년에 출간된《세계 여행기 Voyage autour du monde》에서 타히티를 길게 환기한다. 그는 타히티를 "황금시대의 솔직함이 여전히 지배적인" 곳, 여자들이 "원죄를 짓기 이전의 이브" 같아 보이는 에덴처럼 묘사한다. 이 책은 유럽의 상상계를 강타했다. 젊은 타히티 여자들이 "유럽 남자들의 품에 강제로 안겼으며 눈물을 참지 못했다"[53]는 사실을 오늘날 안다 한들 무엇이 달라질까. 그 후 바히네의 신화는 파괴할 수 없는 것이 된다.

　이 신화는 1878년《로티의 결혼》의 출간으로 다시 활기를 띤다. 지리학자 장프랑수아 스타스작은 이 책의 독서가 불러일으킨 환상이 "낙원 같은 생활환경과 새로운 영감의 원천을 찾아 1891년에 타히티로 떠난 폴 고갱의 결정에 크게 작용했다"고 쓴다.[54] 에두아르 드뤽이 감독을 맡아 2017년 개봉한 고갱에 관한 영화인〈고갱〉(고갱 역할에 뱅상 카셀)에서 그는 조금도 물러서지 않고 타히티인을 선량한 야만인으로 그리는 이미지를 이어갔고, 본국에서 이해받지 못하고 고독했던 위대한 예술가가 그들 틈에 섞여드는 것을 그렸다. 고갱의 '어린 아내' 테후라의 나이가 열세 살이라는 것은 그 배역을 열일곱 살이었던 배우 투헤이 아담스에게 맡기면서 슬며시 넘어갔다. 화가가 온 섬에 퍼뜨린 매독은 완곡하게 당뇨로 둔갑했다. 영화가 출시되었을 때 저널리스트 레오 파종은 이렇게 말했다. "그 섬의 프랑스 식민자들과 전혀 어울리고 싶어 하지 않는 주변인처럼 소개된 예술가는 사실 애정과 성관계에 관해서는 모든 점에서 그들과 똑같이 행동한다."[55]

이 매혹은 20세기까지 지속된다. 특히 말런 브랜도에게까지. 이 미국 배우는 1960년에 〈바운티호의 반란〉을 촬영하면서 타히티를 발견한다. 그 기회에 그는 영화에 출연시키려고 현장에서 고용한 젊은 무용수 타리타 테리파이아를 만난다. 그가 접근해도 그녀는 그에게 관심이 없었는데, 그러자 그는 그녀를 집요하게 쫓아다니고, 어느 날 그녀 집으로 들어가서 강간까지 시도했다. 하지만 결국 그녀는 그를 사랑하게 되었고 그의 반려자가 된다. 고갱의 눈에도 그랬듯이, 이 배우의 눈에 타히티는 순수와 무고가 지배하는 태초의 낙원이고, 타리타 테리파이아는 그 모든 것을 구현했다. 그녀는 배우가 되고 싶었지만, 그가 그러지 못하게 막았다. 그녀는 그가 그녀에게 해준 말을 이렇게 요약한다. "영화는 타히티인들을 위한 게 아니야. 타히티인들은 무엇도 진실하지 않고 무엇도 아름답지 않은 끔찍한 도시 할리우드와 영화에서 멀리 떨어진 타히티에 있어야 행복해. [...] 영화는 미국인들에게나 좋은 거야. 아메리카 인디언들을 학살했고, 자연에서 완전히 어긋난 사람들 말이야." (훗날 그는 그녀에게 이런 편지도 쓴다. "난 네가 너와 정사를 해보려고 안달할 그 사람들과 시간을 보내는 것을 생각하면 끔찍해.") 그는 메트로 골드윈 메이어 영화사에 그녀와 체결한

계약을 파기하라고 명령한다. 그리고 그녀가 그의 아이를 낳아 기르고, 그가 이따금 찾는 그 섬에서 그의 재산을 관리하길 바란다. 처음에는 그녀가 그럴 마음이 전혀 없다고 하자 한 친구를 시켜 그녀를 압박한다. "말론에게 타히티 아이를 낳아줘야 해. 타리타, 그 사람이 요구하는 걸 넌 거절할 수 없어." (그가 타히티 아이를 원한다고 했지, 그저 아이를 원한 게 아니라는 점에 주목하자.) 브랜도에게도 여성 소유와 영토 소유는 어깨를 나란히 해서, 1966년에 브랜도는 테티아로아 산호섬을 구매한다. 그는 타리타 테리파이아를 상대로 자신이 혐오한다고 주장하는 압제적인 제국주의자 미국인들과 정확히 똑같이 행동한다. 딸이 태어나자 딸의 이름도 타리타로 지었는데, 얼마 후 아메리카 원주민들의 전투와 연대 의식의 기호인 샤이엔으로 딸의 이름을 바꾸기로 마음먹은 그는 딸의 어머니에게 물어보거나 알리지도 않고 바꿀 이름을 공개적으로 발표해버린다. 간간이 폭력 행사로 인해 끊기던 그들의 이야기는 상당히 빨리 끝나지만(그들의 두 번째 아이인 샤이엔이 이미 인공수정으로 잉태된 상황에서), 이후 그는 그녀의 모든 연애 관계를 방해하기 위해 손을 쓴다. 그녀는 그의 소유로 남아야만 했던 것이다.[56]

식민 통치와 노예제도에서 탄생한 대對 여성 관계는 놀라운 생명력을 보이며 오늘날까지도 이어지고 있다. 아망딘 게Amandine Gay의 다큐멘터리 《목소리를 내다Ouvrir la voix》(2014)에서 자신들이 걸어온 길과 겪어온 인종차별을 이야기하는 흑인 여성들도 정확히 똑같은 메커니즘을 묘사한다. 샤론은 이렇게 지적한다. "너는 일종의 실험이야.

일부 백인들 혹은 다른 문화권에서는[남성들] 흑인 여성을 성과 관련해 실험해보려 하는 그런 게 있어…." 지나는 자신이 만난 백인 파트너들에게 자신이 그저 "물건"이 된 느낌이 들었다고 말한다. 그녀는 그 남자들이 그들의 관계를 바라보는 방식을 그들의 말로 씁쓸히 요약한다. "난 이미 뱀을 먹어봤어." "흑인 여자랑 이미 데이트해보았지." 마불라 수마오로는 자신이 한 개인으로 보이는 게 아니라, 일부 남자들에게는 한 나라를, 심지어 대륙 전체를 구현하는 느낌이었다고 한다. "'아프리카를 사랑한다', '코트디부아르에서 오래 살았다…' 같은 말을 들으면 말이죠…." 마리 쥘리 샬뤼는 흑인 여성의 몸이 '동물화'되고 '사물화'되어 '소유'할 수 있는 무엇처럼 생각된다는 사실을 확인했다. 여성의 몸은 '소중히 여겨지지' 않았다. "넌 여성성 속에서 소중한 게 아니야, 그저 네 인간성 속에서 소중한 것이지." 이 말은 그녀의 파트너들의 동기에 대해 의혹을 품게 했다. "백인 남자들과 데이트할 때면 이런 생각이 들곤 했어요. '저 사람이 그것 때문에 나랑 데이트하는 걸까?' 이런 생각을 하지 않고는 연애하지 못하니 여성으로서 내적, 성적 발달에 해가 되죠."

그러니 이 모든 여성은 불안을 느낀다. 자신이 대체될 수 있고, 개인적 정체성을 박탈당할지 모른다는 불안이다. 아니가 한숨을 내쉬며 말한다. "'난 흑인이 좋아' 이렇게 말하는 남자들도 있어요. 그렇다고 이렇게 말할 순 없잖아요. '흑인의 남자들!mecs à Blacks!' 게다가 '난 빨간 머리가 좋아'라고 말하는 것도 말도 안 되고요." 오드레는 전 남자친구에 대해 이렇게 단언한다. "그 인간은 오드레와 데이트한 게 아니라는 걸 깨달았어요. 그 사람은 온갖 판타지를 표상하는 흑인 여자와 데이트를 한 거죠." 사빈 파코라는 한술 더 뜬다. "사람들은 언제나 우리가 미처 의식하지 못하는 많은 것을 우리에게 투영하죠. 그들은 어떤 순간에도 **우리를** 만나는 게 아니에요." 이 모든 여성들은 사람들이 자신에게 동물적 성을 투영하고 자신을 근원적인 타자성으로 돌려보낸다고 말한다. 로라는 이렇게 말한다. "나는 '넌 침대에서 제대로 야만인이 되겠네'와 같은 말을 들어야 했죠. 그저 내가 흑인이라는 이유로 말이지요. 그때 내가 겨우 열다섯에서 열여섯 살이었고 처녀였는데 말이지요. 누가 내 백인 여자 친구들에게 이런 말을 하는 건 한 번도 들어본 적 없어요. '아! 너희 백인 여자들은 뭔가 특별한 게 있겠지….' 아뇨. 그 아이들도 그저 막 성을 발견하는 청소년들일 뿐이죠." 일부 흑인 여자아이들은 "마치 백인 여자들과 전혀 똑같은 몸을 갖고 있지 않은" 듯이 성관계를 갖는 방식에 대해, 가설적인 해부 구조상의 신체적 특이성에 대해 질문들을 받는다고 말한다. 저널리스트 로카야 디알로는 자메이카 출신의 여자 모델 그레이스 존스를 그녀의 남자친구 장폴 구드가 1980년대에 촬영한 사진을 보며 자랐다고 회상한다. 이를테면 그는 사진에서 모델을 우리 속에 네 발로 갇힌 모습으로 연출했는데, 그 우리엔 이런 팻말이 걸려 있었다. "동물에게 먹이를 주지 마세요Do not feed the animal."[57]

아시아 여성들의 '이중적 여성화'

로카야 디알로와 그레이스 리는 자신들이 진행하는 팟캐스트 〈네 인종을 사랑하라〉의 한 에피소드에서 사랑과 성의 물신화라는 토론 주제로 작가 파이자 겐Faïza Guène을 초대했다. 세 여자는 자신들이 겪는 다양한 형태의 물신화 사이에 한 가지 차이점이 있다는 데 의견 일치를 보았다. 흑인 여성이나 아랍 여성은 일부 백인 남성들에게 성적 환상은 불러일으키지만, 인생 파트너로, 그들이 '사회적으로 책임'져야 할 반려자로 받아들여지기는 쉽지 않다. 로카야 디알로는 이렇게 설명했다. "그런 여자는 '길들였다'고 자랑할 수 있을 여자이지, 함께 가정을 꾸리고, 부모에게 소개할 여자는 아닌 거죠. 갑자기 흑인 아이를 낳고 그러면 일이 복잡해지잖아요. 이 양면성이 흑인 여성을 장기적인 관계에서 가장 갈망의 대상이 되지 못하는 여성의 자리에 놓지요." 반대로 아시아 여성은 '모범'적인 소수집단 출신으로(다른 집단들은 문제가 있을 거라고 암시하는 방식이다) 관능적일 뿐 아니라 근면하고 순종적이라고 알려져 있다. 그레이스 리는 이렇게 분석했다. "아시아 여성들은 '좁고 작은 거시기'[전설에 따르면 이 여자들은 질이 더 좁다고 한다] 때문에, 또한 훌륭한 어머니가 될 것이기 때문에 욕망의 대상이 된다. 그렇기에 결혼 관계도 진지하게 고려된다. 이 여성들은 가정에, 오롯이 엄마의 역할에 할당된다." 2021년 어느 인터뷰에서 그녀는 이렇게 요약해서 말했다. "흑인 여성은 섹스 짐승이고, 우리 아시아 여성은 그보다는 훨씬 융통성이 있죠. 태양의 서커스 같은 거죠! 침대에서는 곡예사가 되고, 마사지도 하고, 그리고 나서는 요리까지 해야 하죠…."[58]

성적 순종과 하녀의 부지런함. 이 편견은 '어린 아내들'이라는 유산을 통해서도, 또한 이후의 역사적 사건들을 통해서도 설명된다. 칼럼니스트 프란체스카 램지는 20세기에 제2차 세계대전 이후 일본에 주둔했거나 한국전쟁이나 베트남전쟁에 참전한 미군의 85퍼센트가 참전을 계기로 매춘부를 자주 찾았다고 말한다. 따라서 "미국의 3세대 남성들이 아시아 여성에 대해 품었던 첫 이미지는 굴종하는 성적 대상이었다"[59]고 한다. 실제로 필리핀, 일본, 태국, 말레이시아, 싱가포르에 그들을 위한 '휴식과 오락 지대'가 자리 잡았다. 이러한 역사에 미군 사창가의 직접적 유산인 그 지역으로 몰리는 섹스 관광의 영향도 더해진다.[60] 그 결과 세계 곳곳에서 수많은 아시아 여성들이 처음부터 매춘부 취급을 당하는 경험을 한다. 그레이스 리는 한 남자친구와 함께 술집에 있었던 날을 떠올린다. "웬 남자가 와서 탈의실에서 만난 동료 같은 눈길로 내 친구에게 나와 함께하기 위해 얼마를 지불했는지 물었죠."[61] 가정주부와 모범적인 교육자의 이미지는 1970년대에 페르디난드 마르코스 대통령 통치하에 필리핀에서 시행된 여성 노동력의 수출로 강화되었다. 매년 평균 10만 명의 젊은 여성이 특수 학교에서 교육받고 미국, 캐나다, 근동, 홍콩 등에 가사도우미로 수출되었다. 홍콩에 사는 어느 벨기에 여성 교민은 자신이 고용한 가사도우미의 헌신을 설명하기 위해 이렇게 말했다. "그들의 유전자가 그래요. 필리핀 여자들은 그런 문화로 자라서 모두 헌신적이에요. 아이들을 아주 좋아하지요!"[62] 서양 여성의 소위 '방임주의'와 대조적으로 자식에게 엄격하고 극도로 경쟁적인 교육을 하는 중국인 '호랑이 어머니'에 대한 최근의 고정관념은 이상적인 아내와 어머니로서의 아시아 여성의 이미지를 더욱 강화했다.

여성 철학자 로빈 젱은 이렇게 확인한다. "아시아 여성에게서 추정되는 성적 우월성이 그들을 온전한 권리를 가진 인간으로서는 열등한 존재로 만든다. 그들은 하녀로 혹은 성적 대상으로만 가치 있는 존재로 축소되었다." 그녀는 이 물신화의 엄청난 정신적 대가를, 그것이 아시아 여성의 삶에 끼친 막대한 폐해를 역설한다. 그리고 이것은 모든 소수민족 여성에게도 해당한다. 동남아시아에서 태어나 프랑스의 백인 부부에게 입양된 내 친구 J는 내게 이렇게 썼다. "그게 무엇을 드러내는지는 아직 잘 모르겠어. 이제 겨우 알아가는 중이야. 하지만 그게 좀 망가뜨리는 것 같긴 해 :). 그래서 그것이 받아들일 만하도록, 그것이 유지될 수 있도록 억지로 이해해보고, 상대화해보려고 애쓰지 않을 수 없어. 확실한 건, 나는 이것 때문에 편집증 증세가 조금 생겨서 의심부터 하게 되었다는 거야. 일본에 살짝 맛이 간 사람들, 아시아를, 불교의 영성과 신도를, 다도茶道를, 망가를, 게이샤를 좋아하는 이들, 오시마 영화 팬이나 다니자키의 중독자에 대해서도 냉혹하게 보게 되었고, 그 때문에 아시아에 정착한 모든 서양인이 수상쩍어 보여. 나는 나의 과거 상처들의 스캐너를 통해 그들이 이국적 취향과 이국에 대한 환상을 품었으리라 추측하고 그들을 보게 돼. 타자성을 향해 열린 마음(아시아 여자와 함께 살든지 아시아 여자를 여자친구로 두겠다는 마음)을 갖추고, 그들의 직업과 소파, 낮은 탁자와 같이 인생의 그림에 완벽하게 들어맞는 여자를 찾는 남자들로 말이지. 아시아 여자는 자선, 쿨함, 세상 체험의 기호 같지. 그런데 그 때문에 나는 종종 일종의 액세서리가, 잘 어울리는 '취향'이, 그때그때 상황에 따라 가정적, 사교적, 정치적 **성명서**가 된 느낌이 들었어." 이들에게 투영된 환상 때문에 실제로 이 여성들은 끊임없이 경계하고, 자신들에게 관심을 보이는 남자들의, 심지어 그들의 반려자나 배우자의 동기를 의심하게 된다. 그 환상들은 여성들을 과잉성애화하고, 성적으로 대상화해서 불특정한 대중 속에 용해되도록 노출하지만(사랑이라면 정확히 그와 반대로 구별이, 절대적 개별성이 중시되어야 할 텐데 말이다) 그들의 외모와 연계된 고정관념 때문에 그들은 희롱당하고 능욕당한다. [63] 이를테면 미국인 바이올린 연주자 미아 마츠미야는 '변태 자석Perv Magnet'이라는 이름으로 인스타그램 계정을 열고, 자신이 받은 일부 메시지를 게시했다. 성희롱, 강간 협박, 살해 협박 등….

　로빈 젱은 고정관념이 사람들이 개별화하는 집단에 무의식적으로 하나의 성별을 부여하는 결과를 낳는다고 지적한다. "인종 집단으로서 아시아인[여성과 남성]은 과묵하고, 온순하고, 순종적으로 추정되는 그들의 '본질' 때문에 여성적이라고 고정관념화되었다. 따라서 아시아 여성에게는 '이중적 여성화'가 이루어진다. 반면에 인종 집단으로서 흑인은 공격적이라고 가정되는 그들의 '본질' 때문에 '남성적'이라는 고정관념을 가지고 있다." [64] 이 논리는 흑인 여성에게(남성화함으로써), 그리고 아시아 남성에게(남성성을 깎아내림으로써) 불리하게 작용한다. 이 두 범주는 데이트 사이트에서 가장 인기가 없다. 아시아 여성은 2014년에 OKCupid 사이트에서 가장 인기 많은 범주가 되었고,[65] 그래서 전문 사이트들은 대개 백인 남자들에게 그들이 꿈꾸는 아시아 여자를 제공한다는 목표를 제시한다. "여긴 엄청나게 비축하고 있나 봐. 그리고 여자들이 모두 무진장 예뻐!" 어느 미국인 남성은 중국인 배우자를 찾느라 화면에서 사진들을 넘기며 이렇게 감탄했다.[66] 아시아 여성에게 부여된 이 과장된 여성성은 내가 이 장 도입부에서 자세히 이야기한 열등성의 모든 기호를 이 여성들이 가진 것처럼 보이게 한다. 작은 키, 허약한 체격('인형'이라는 말로 통합되는 두 가지 특성), 젊음, 직업적으로 또 경제적으로 낮은 사회적 신분. 태국에서 그곳 여자들과 함께 사는 서양인들에게 질문을 던진 마리온 보테로는 그들이 그 여성들을 "작고", "마르고", "신중하고", "정숙하고", "과묵하고", "애교 있고", "가볍다"(이 '무게'에 대한 고려는 자주 언급되었다고 한다)라는 말로 묘사한다고 지적한다. 그들은 자신들의 반려자들이 대개 그들보다 아주 어린데 나이보다 젊어 보인다는 점을 높이 평가한다. 그들은 심지어 여자가 어린아이 같은 행동을 하도록 부추긴다. 이를테면 팢차린과 뤼시앙은 나이 차가 서른 살이나 된다. 연구자와의 첫 대담 때 뤼시앙은 아내를 자기 무릎에 앉혔다. "자, 저 부인에게 말해봐! 당신한테 물어보고 싶어 하셔…. 이리 와, 부끄러워하지 말고!" 외국에서 온 서양인이라는 지위 덕에 경제적으로, 사회적으로 특혜를 누리는 이 남자들은 부부 사이에서도 명백히 지배적인 지위를 누린다. 그들은 "여자들은 우리와 경쟁하려 하지 않아요", "자기 자리를 지키죠"

라고 말한다.[67]

　우리가 누군가를 사랑할 때 그 사람의 문화 또는 본고장의 문화를 좋아할 수 있고, 그 취향은 만남 이전에 이미 있었거나 아니면 만남으로 생겨날 수도 있다. 문제는 환상이 인격을 마멸시키고 (의식적이든 아니든) 일정한 유형의 행동을 기대하게 하는 결과를 낳을 때 발생한다. 인종화된 많은 여성이 자신과 같은 출신의 여자만 사귀는 남자들을 경계하는 법을 터득해서, 그 '취향'을 목소리 높여 내세우며 그들에게 접근하는 남자들을 페스트처럼 피하게 되었다고 말한다. 여기서 다시 얀 무악스를 언급하지 않을 수 없다. 《마리 클레르》와 나눈 대담에서 50대 여성에 대한 혐오감을 밝힌 그는 "아시아 여자들만" 만난다고도 표명했다. "특히 한국 여자, 중국 여자, 일본 여자와 만나죠. 나는 아닌 척 시치미 떼지 않겠습니다. 대개 사람들은 이런 건 털어놓지 못할 겁니다. 인종차별이 되니까요. 내가 만나는 여자들에게는 어쩌면 슬프고 비하하는 말이 될지 모르겠지만, 아시아 여자는 충분히 부유하고 너그럽고 한없이 넓어서 나는 부끄럽지 않습니다." 2011년 《클로저Closer》지에 실린 뱅상 카셀의 인터뷰도 논란이 되었다. 이 배우는 그 지면에서 자신이 "정글 피버jungle fever"[68][원문대로]에 사로잡혔던 시기를 언급했다. "그 시절에 나는 혼혈이나 흑인 여자에게만 끌렸어요. 그러다 아시아의 어린 여자들, 그 후엔 파리의 귀여운 아랍 여자들 전문이 되었죠. 나는 우리가 한 종에만 끌리면 사람에는 관심이 없다는 것을 깨달았어요."[69] 이 죄의 고백mea culpa을 하고도 (2018년에 젊은 흑인 여성 모델 티나 쿠나키와 결혼한) 카셀은 2020년 2월 인스타그램에 해시태그로 '영원한 흑인 사랑#negrophile4life'을 달고 가운뎃손가락을 붙여서 사람들의 적개심에 다시 불을 붙였다.[70]

사랑과 성의 물신화를 문제 삼으면 대개 맹렬한 항의가 잇따르고, '부부 일에 경찰처럼' 끼어들려 한다는 비난을 받게 된다. 특히 이런 방면에서 개인적인 성향은 논쟁 거리가 되지 않을 것이다. 아시아 여성에 대해 환상을 품는 수백만 남자들의 '개인적 성향'이 일치한다면 그것은 순수한 우연이 아닐 것이다⋯. 우리의 취향은 우리 사회에서 유통되어 우리가 젖어 지낼 수밖에 없는 선입견과 표상들에 종속된다는 해석이 가장 믿을 만하다. 작가 달리아 게이브리얼의 지적에 따르면, "우리가 자신도 모르게 빠지게 되는, 정치와 무관하고 초월적인 정서의 왕국처럼 묘사되는 사랑이 실제로는 뿌리 깊이 정치성을 띠며, 무엇보다 인종화된 여성 전체가 마주해야 할 방대한 구조적 폭력과 연계되어 있다".[71]

로빈 쳉은 스스로 'MPA'라고 부르는 것을 끝장내는 일에 앞장선다. Mere Preferences Argument, 즉 '단순한 선호라는 논거'라는 의미다. 무엇보다 그녀는 아시아 여성, 흑인 여성, 또는 아랍 여성을 선호하는 것이 금발이나 갈색 머리를 선호하는 것과 같다는 생각을 반박한다. 물론 피부색과 이목구비가 머리나 눈의 색깔보다 인물에 대해 더 많은 것을 말해주는 것은 아니다(따라서 '빨간 머리를 좋아한다'고 부르짖듯이 '흑인 여자를 좋아한다'고 주장하는 말은 부조리하다). 그렇지만 우리는 의식하지 못한 채 누군가의 출신에 이런저런 자질들을 투영할 수 있다. 눈이나 머리카락의 색깔에는 투영하지 않는 자질들을 말이다. 그리고 우리는 이런 방식으로 갑자기 튀어나온 것이 아닌 고정 관념들을 구체화한다. 철학자 로빈 젱은 힘주어 말한다. "금발과 갈색 머리의 여성들은 그들 뒤에 식민 통치와 노예제도와 박해의 역사를, 그들의 표현형에 토대를 둔 배척의 긴 역사를 두고 있지 않다. 마찬가지로, 눈이나 머리카락의 색깔이 건강, 교육, 일자리, 애정 관계, 법적 보호 등을 포함해 실존의 모든(사회적, 경제적, 정치적) 차원에서 차별을 의미하지는 않는다."[72] 그리고 그레이스 리는 이렇게 말했다. "'난 금발 여자를 좋아해요. 이게 범죄는 아니잖아요'와 같은 식의 습관적인 방어를 시도할 필요가 없지요. 내가 금발로 머리를 물들이면 포르노 사이트에서 우리의 분류가 바뀌나요?"[73]

어떤 이들은 말할 것이다. '좋아, 하지만 아무리 그래도 우리가 자신의 사랑과 성의 기호(嗜好)를 바꿀 수는 없지 않나.' 과연 그것이 그렇게 확실할까? 기호가 우리의 생각만큼 개인적이고 내밀한 것이 아니라는 사실을 인식하면 그 기호가 변하는 것임을 알게 된다. 그리고 그 기호를 점차 진짜 우리의 기호로 만들고 싶다는 마음이 들 수 있다. 누구나 그런 경험을 할 수 있다. 취향은 변한다. 적어도 어느 정도는. 취향은 다듬어진다. 그것은 우리의 지적 여정이나 의견과 엄밀하게, 즉각적으로 일치하지는 않지만, 이것들과 일정한 관계를 유지한다. 무언가를 강요하는 것은 아니지만(이보다 더 나쁜 일은 없다), 최소한 우리가 느끼는 끌림에 대해 혹은 반대로 우리의 고정관념, 거부감, 무관심의 이유에 대해 깊게 성찰해보는 것은 흥미로운 일일 수 있다.

'그녀는 말이 없어요'

'인형'의 속성은 말하지 않는 것 혹은 주입된 말만 하는 것이다. 많은 백인 남성이 소수민족 출신 여성들을 상대로 말 없는 반려자의 꿈을 실현하려고 애쓰는 것 같다. 그들은 자기 환상의 틀에 정확히, 완벽하게 들어맞을 상대를 바란다. 그리고 상대의 주관성이 결코 그들의 관계 속에 끼어들지 않기를 바란다(우리는 국화부인의 얼굴에 슬픔이 내비칠 때 피에르 로티가 화내던 것을 기억한다). 그들은 관점도, 감정도, 고유의 욕망도 없는 여자를 원한다. 존재 전체가 그들의 안녕을 위해 봉사하는 그런 여자를 바란다. 그들이 바라는 것은 가사 로봇과 사람 모양의 섹스인형을 섞은 혼합물이다. 인류학자 마리온 보테로의 질문을 받은 서양인들은 자신의 경제력에 힘입어 그런 여성을 얻은 사람들이었다. 그들은 자신들이 진정으로 사랑받았다는 생각에 집착하며 그 사실을 잘 인정하지 못하겠지만. 그들은 태국 출신 반려자들이 자신을 "지극정성으로 섬긴다"고 말한다. 그리고 이런 말도 한다. "이 사람은 까다롭지 않아요", "먹을 것만 있으면 행복해해요", "형이상학적 질문들로 나를 짜증 나게 하지도 않아요". 방콕에 사는 덴마크 남자 모르텐은 이런 말로 '여성성'이 '복종'과 동의어처럼 사용된다는 것을 명백히 보여준다. "나는 서양 여성의 남성성이 지긋지긋해요. 아시아에는 아직 여성해방이 이루어지지 않아서 남녀 관계가 망가지지 않았어요. 태국에는 남녀 사이에 훨씬 성차별적인 관계가, 다시 말해 훨씬 자연스러운 차원의 관계가 존재하죠."[74]

이 욕망은 아시아 여성만 관계된 것이 아니다. 아딜라 베네자이 주는 라디오 다큐멘터리 〈프랑스에서 아랍 여자로 행복한〉을 촬영하기 위해 알렉상드르 뒤푸이를 찾아갔고, 뒤푸이는 그녀에게 식민지 시대의 성과 관련된 사진 소장본을 보여주었다. 그들의 대담은 매혹적이다. 수집가는 자신에게 환상을 품게 한 '유형'을 대표하는 여자와 마주한 것인데, 다만 그녀가 그와 대등한 관계로 접근해서 그에게 그의 관점과 맞서는 관점과 말을 떠안기는 것이다. 그가 느끼는 당혹감과 가책은 거의 손으로 만져질 정도로 드러난다. 그녀가 침착하게 "동양 여성에 대한 특별한 에로티시즘은 뭘까요"라고 묻자, 그는 대답한다. "그건 완전히 서양 남자의 환상이죠. 섬세함, 전적인 순종, 비범한 평온, 사막, 더운 나라, 모든 게 순조롭고, 항상 태양이 빛나는… 아시아 여자와 조금 비슷하죠, 순종하는 면이나… 말이 없어요. 언어로 말하지 않아요. 다시 말해 우리의 언어로 말하지 않으니 소통이 있을 수 없죠. 전적인 순종이죠. 그리고 이런 환상도 있지요. 하렘을 거느린 술탄의 환상. 베일에 가려지고 감춰진 그 모든 여자가 그를 위해 옷을 벗는 환상. 서구 청년의 머릿속에서 이런 일은 마법과도 같죠." "서구 청년"의 머릿속이라니, 물론, 그의 머릿속은 아니겠지….

그의 개인적 소장본에서 발가벗은 아랍과 아프리카 여성에 대한 클리셰는 그가 '잃어버린 낙원'이라고 이름 붙인 자료집 속에 정리되어 있다. 그는 이런 얼버무림으로 그 이름을 합리화한다. "이건 윙크 같은 거예요. 정리는 해야 하니까요. 그리고 미소를 귀까지 내걸고, 발가벗은 여자들 틈에서 빈정대는 저 청년들을 보면 […], 어쩌면 낙원의 의미가 있어요. 그리고 '잃어버린'의 의미도 있죠. 다행히도 이런 상황은 점점 덜 존재하는 추세니까요. 이런 여자들이 덜 존재할수록 인간관계가 나아질 테죠." 아딜라 베네자이 주는 청취자를 증인으로 삼고 그 상황을 즐긴다. "여러분, 듣고 계시지요? 우리의 교류 아래 이어지는 한담을? 저는 그에게 묻지요. '왜 내가 당신에게 환상의 대상이죠?' 그가 내게 대답합니다. '당신은 내 환상의 대상이 아니에요.'" 그녀는 이렇게 결론짓는다. "셰리파[뒤푸이의 소장본에 들어 있는 여자들 중 한 사람으로 모로코의 매춘업소 앞에서 사진 찍었다]와 '마그레브 여성' 사이의 공통점은 그들이 말하지 않는다는 점 같군요. 그게 아니면 우리가 원하는 말만 하든지."[75] 우리는 뒤푸이가 '동양 여성에 대한 환상'에 대해 내놓은 정의에서 단 몇 초 사이에 '순종'이라는 말이 세 번이나 나온다는 점에도 주목한다.

　이 장의 끝에 이르러 나는 내 주변의 어느 30대 여성과 나눈 대화를 다시 생각한다. 그녀는 자기 친구 중 한 명이 사랑할 때는 페미니즘의 원칙을 모두 잊어야 한다고 단언하는 것을 듣고 느낀 당혹감을 내게 털어놓았다. 이 젊은 여성은 그 조언을 어떻게 해야 할지 몰랐다. 나는 그 조언을 따를 수 없다고 이제는 확신한다(이미 의심을 품어보긴 했지만). 그렇다, 사실이다. 우리의 문화는 여성비하를 표준화해왔기 때문에 많은 남성이 어떤 방식으로든 자기검열을 하지 않거나 스스로 작아지지 않는 반려자를 받아들이지 못한다. 그러나 일부 남성은 상당히 호기심을, 열린 정신을, 자신감을 드러내며 그런 여성을 받아들이거나 심지어 찾기도 한다. 그렇지만 어쨌든 그것은 위험을 부담하는 일이다. 여성은 '스스로 작아지길' 거부하면서 남성이 자신의 진짜 얼굴을 빨리 드러내도록 부추김으로써 자신을 보호할 수 있게 된다. 만일 그가 도망치더라도 큰 상실은 없을 것이다. 오히려 그런 남자는 위험을 의미한다. '이상적인' 여성을 둘러싼 환상에 가려졌던 천박하고 압제적인 논리가 명백히 드러나기 때문이다.

지배적인 지위를 차지하는 습관, 그리고 그 지위가 당연하다고 믿는 신념을 표현하는 남성은 여성의 인격을 풍요로움으로, 진정한 만남의 기회로 보지 못한다. 그들의 눈에 여성은 제약이고, 유해물이다. 그들은 여성을 골칫덩이로, 가능한 한 애써 참아야 하는 필요악으로 보는 편견, 즉 사회에서 통용되는 여성혐오적 편견에 가담하거나 혹은 그저 피지배자의 관점을 허용하지 않는 지배자의 지위에 습관적으로 서 있으려고 한다. 이것이 시몬 드 보부아르가 《제2의 성》에서 보여준 분석이다. "여성이 절대적 타자로 구축되는 한, 다시 말해 […] 비본질적인 존재로 구축되는 한, 여성을 또 하나의 주체로 바라보는 것은 엄밀히 불가능하다."[76]

이 불가능성은 '인종차별당하는 여성'과의 관계에서 명명백백한 방식으로 드러나지만, 단지 이 경우에만 존재하는 것은 아니다(게다가 인종차별당하는 여성들은 사람들이 그들에게 부여하는 '자질'을 내세워 여성 전체를 위한 롤모델로 떠받들어진다). 경제적 취약성을 이유로 많은 여성이 이 게임에 숙이고 들어가는 것 말고 다른 해결책을 찾지 못한다. 그러나 다수 남성의 요구에 영합하는 데 생존이 달린 여성들이 포착할 만한 한 가지 가능성이 있다. 조금 더 평등하면서 흥미로운 애정 관계를 만들 가능성이다. 그렇게 조금씩, 점점, 여성에게 사랑의 성취와 개인적 절개 사이에서 하나를 선택하도록 촉구하며 (마치 한쪽이 다른 쪽 없이 가능하기라도 한 듯이, 마치 우리가 잘린 존재로서 행복을 체험할 수 있고, 사랑을 주고받을 수 있기라도 한 듯이) 불가능한 선택을 강요하는 문화의 거석을 마침내 흔들어 움직일 가능성이다.

2장

남자, 진짜 남자

가정폭력을 배우다

우리가 앞에서 언급한 다양한 형태의 지배 외에도 다른 요인이 이성애 커플 사이에 불균형을 낳을 수 있다. 각자가 자기 역할에 대해, 자기 가치에 대해, 남자로서 또는 여자로서 상대에게 기대하는 바를 저마다 내면화한 것이 그 요인이다. 맞대면이 이루어질 때 각자는 사회가 이 주제에 관해 자신에게 주입한 것을 가져온다.

성의학자 셰어 하이트는 1970년대에 4500여 명의 미국 여성들에게 그들의 사랑과 성생활에 관한 증언을 수집했다. 그중 많은 여성이 자신의 남편이나 반려자가 거만하고 오만하며 명백히 모욕적인 태도를 보였다고 표명했다. 이 여성들의 남성들은 그들을 깎아내리거나 명예를 실추시키고, 그들의 견해와 관심사를 비웃었다. "그이의 말투에 나는 나 자신이 무능하고 우둔하다고 느끼게 됩니다." "그는 모든 걸 아는 사람처럼 행동해요." "아버지처럼 통제하려는 태도를 보여요. 다만 자기 집이 아니라 자기 아버지 집에 있는 듯이 행동하죠."
"그는 자기 말이 법과 같은 힘을 가진다고 생각해요." "한때는 어린
여자아이에게 하듯 내게 훈계했죠. 하지만 나는 포기하지 않았고, 그
는 결국 멈추더군요…."[1] 이런 남성의 자신감과 대척점에 선 여성은
아주 일찍부터 자기성찰을 하는 성향을 내면화하고 자신을 문제 삼
을 뿐 아니라(이것은 차라리 긍정적인 면이다) 자기 자신을 의심하고, 끊
임없이 자책하고, 모든 것이 자신의 잘못이나 책임이라고 생각하고,
존재한다는 사실에 미안해한다(이것은 정말 좋지 않다). 이런 경향은 연
애 관계에서 우리를 엄청나게 기죽게 한다. 상대가 착취하는 경향이
있을 때는 더더욱.

　　부부 사이의 폭력은 사회에서 여성이 차지하는 지위의 취약성을 이
용한다. 철학자 카미유 프루아드보메트리Camille Froidevaux-Metterie
는 동료 샌드라 리 바트키Sandra Lee Bartky의 작업을 참조하며 수치심
이 "구조적으로 여성적"이라고 말한다. 그녀는 수치심을 "여성이 스
스로 불완전하고 열등하거나 작다고 느끼게 해서 남성의 지배 메커니
즘을 영속시키는, 항구적인 부적합의 감정"으로 정의한다. 그렇게 "수
치심은 사실상 여성의 '세계 내 존재' 방식이 되고, 가정폭력과 여성살
해의 토대가 된다".[2] 여성의 자신감 결핍이 여성이 당하는 학대를 초
래한다고 주장하려는 게 아니다. 우리에게 피해를 주는 조건에 대해
자책하면 우리에게는 이중의 고통이 가해진다는 이야기다. 폭력의 책
임은 오직 폭력을 행하는 자들과 그것을 허용하는 문화에 있다(우리는
그 문화를 이 지면에서 탐구하려 한다). 그러나 강간의 유일한 원인이 강간

범이라는 사실을 목소리 높여 힘차게 환기할 수 있듯이, 우리는 물리적 자기방어[3]를 가르치면서 심리적 자기방어도 개발할 수 있다.

역사적으로 박탈당한 자신감과 자존감을 획득하려면 어떻게 해야할까? 이 질문에 대답하려면 책 한 권의 분량이 필요할 텐데 그런 책은 이미 존재한다. 바로 글로리아 스타이넘의 《셀프 혁명》이다. 이 책에서 작가는 여성과 모든 영역의 소수자들, 또는 식민 통치를 겪은 국민에게 위의 질문이 얼마나 중요한지 보여준다(작가는 개인적으로 인도인으로서의 자부심을 되찾지 않고는 결코 독립운동 지도자가 되지 못했을 간디 이야기를 들려주는데, 대단히 흥미롭다). 그녀는 지배의 물질적, 구체적 차원을 부인하지 않는다(더구나 활동가로 평생을 산 여성이 보여주는 이런 태도는 놀랍다). 그녀는 "자존감이 전부는 아니지만, 그것 없이는 아무것도 없다는 사실을" 결국 이해했다. 조만간 프랑스어로 재출간될 예정인 스타이넘의 이 중대한 작업을 참고하길 권한다.[4] 나는 가정폭력에 관한 증언이나 분석과 관련된 메커니즘을 명백히 밝혀보려 한다. 그런 폭력의 깊은 동기를 연구하면 전반적으로 여성과 남성 간의 상호작용을 더 잘 이해하게 되고, 여성과 남성이 교육받은 차별화된 방식에 문제를 제기할 수밖에 없다. 또 어쩌면 독이 되는 관계를 미리 막거나 무산시키게 될지도 모른다. (이 장을 집필하는 것이 괴로웠던 만큼, 독서하는 것도 힘들 수 있다는 사실을 미리 밝혀둔다.)

나는 이 행보의 한계를 아주 잘 알면서 나아간다. 무엇보다, 사랑과 커플은 아마도 우리가 가장 취약해지는 지점이고, 진보한 페미니스트 의식으로 가장 잘 무장한 이들조차 무장해제될 수 있는 지점이기 때문이다. 2019년 4월, 53세 나이에 반려자에게 살해당한 마리 알리스 디봉의 이야기는 우리에게 겸허를 일러준다. 그녀는 페이스북의 자기 계정에 여성살해 수치를 환기했고, 유독한 관계에 빠진 한 친구에게 마리 프랑스 이리고엔의 책 《보이지 않는 도착적 폭력》을 주면서 언젠가 신문의 사회 면에서 네 이름을 보는 일이 없으면 좋겠다고 말한 적까지 있었다. 그 친구는 그녀가 죽고 난 뒤에 이렇게 한탄했다. "다른 사람들의 일에는 아주 명철했던 친구가 자기 일에는 그렇지 못했지요."[5] 더구나 통찰력만으로는 충분치 않다. 물론, 마리 알리스 디봉과 그녀의 지인들은 그녀가 헤어질 의향을 알리고 나서도 반려자와 동거를 이어가는 위험을 과소평가했다. 그러나 그녀가 더 일찍 떠났더라도 그 남자는 얼마든지 그녀를 찾아냈을 것이다. 그리고 그녀가 필요한 신변 보호 요청을 했더라도 그것을 얻어냈으리라는 보장도 없다. 자비에 르그랑의 픽션 영화 〈아직 끝나지 않았다Jusqu'à la garde〉(2017)에서 폭력적인 남자가 전 부인과 아들의 생명을 위협할 때 여러 이웃과 경찰의 반응이 완벽해서, 끝날 것 같지 않은 시간 동안 여주인공과 어린 꼬마의 공포를 함께 느끼던 관객은 크게 안도한다(여성 관객은 더더욱). 그러나 여주인공이 숨을 몰아쉬며, 살아서 안전하다는 행복을 맛보는 마지막 장면은 현실에서는 너무 많은 여성에게 허락되지 않는 장면이다. 들어온 신고를 가볍게 다루는 경찰이 많기 때문이다.

'자기애 강한 변태'
또는 '가부장제의 건강한 자손'?

이 심각한 유보적 태도들에도 불구하고 가정폭력이 어떻게 번성하는지 더 잘 이해하는 데서 얻을 수 있는 이득은 저해되지 않는다. 에바 일루즈는 오늘날 페미니즘의 영향이 여성에게 "경계하도록", "남성의 행동에서 사소한 지배의 징후까지 해석하도록" 촉구한다고 쓴다. 그래서 막 연애가 시작될 때 "자아는 감정적 거리나 무관심의 징후에 대해 새로운 형태들의 과민함을 드러낸다"[6]고 작가는 말한다. 그녀는 이 태도를 사소한 일에도 절교하도록 개인들을 내모는 현대 나르시시즘의 탓으로 돌리는 듯 보인다. 연애 관계에서 개인들이 점점 더 소비자처럼 처신할 우려가 있는 것은 사실이다. 쥐디트 뒤포르타유는 만남 앱에서 '쇼핑 목록'처럼 프로필 목록이 늘어나는 현상에 주목한다. 찾는 사람이 어떠해야 하고 어떠하지 말아야 하는지 자세히 묘사한 목록 말이다.[7] 같은 사실을 확인하면서 리브 스트룀크비스트는 이러한 태도가 상대를 상품으로 바꿔놓으며, 뜻밖의 상황에 마음을 열지 못하게 가로막고, 한 번의 만남에 동요되거나 변화하지 못하게, 한 인물의 총체적인 모습에 홀리고 매료되지 못하게 가로막는다는 것을 지적한다.[8]

그렇지만 나는 여성에 관해서는 '개인주의 또는 소비자주의의 폐해'라는 해석의 틀을 신중하게 적용해야 한다고 생각한다. 한 친구가 아직 어린아이였을 때부터 청소년이 될 때까지 10년 동안 그의 어머니가 어떤 남자와 복잡한(폭력적이지도 않고 기만적이지도 않지만… 복잡한) 연애를 했다고 내게 이야기했다. 그의 어머니는 그 관계가 어떻게든 이어지게 하려고 많은 노력을 기울였다. 어느 날, 그녀는 여조카가 남녀 사이에 불평등이 존재하지 않는다고 생각한다는 남자친구와 헤어졌다고 단언하는 말을 듣고 격분했다. 젊은 조카에게는 그토록 근본적이고 중대한 사실을 부인하는 누군가와 관계를 이어간다는 것은 생각도 할 수 없는 일이었다. 조카는 말했다. "난 그 이상을 누릴 자격이 있어요." 그러자 내 친구의 어머니는 그 말을 로레알의 유명한 광고 문구 "당신은 소중하니까요"의 메아리로 들었다. 소비자운동가의 변덕스러운 태도로 말이다. 그러나 이것은 잘못된 비난이 아닌가? 흠결 있는 상품을 폐기 처분이라도 하듯이 무고한 작은 결점을 내세워 상대의 명예를 실추시키는 일과, 학대당할까 겁먹게 하는 징후나 깊은 불화를 예고하는 징후를 경계하는 일은 다르다.

게다가 그 여조카가 보인 태도가 내게는 보기 드문 태도로 보인다. 나는 에바 일루즈가 주장하듯이 일반적으로 여성이 "경계 태세를" 하고 있다는 확신이 들지 않는다. 정신의학자 마리 프랑스 이리고엔은 전혀 다른 시각을 내놓는다. "한쪽에서는 어린 여자들에게 백마 탄 왕자를 기다리게 교육하고, 다른 한편에서는 다른 모든 남자를 경계하게 한다. 성숙한 여성이 되어서도 그들은 자신들이 느낀 바를 믿는 법을, 진짜 위험을 걸러내는 법을 배우지 못했다."[9] 그리고 무엇보다 에바 일루즈는 실제로 경계를 게을리하지 않는 모습을 보이는 여성들에게 그럴 만한 온갖 이유가 있다는 사실을 간과했다. 2000년 프랑스에서 실시한 프랑스 여성에 대한 폭력 실태조사Enveff는 모든 계층을 통틀어 열 명 중 한 명의 여성이 폭력에 당했다는 결과를 보여주었다. 이 조사는 성인 여성이 커플 생활 동안 신체적, 심리적, 성적 폭력을 가장 많이 겪는다는 사실도 폭로했다. 국립통계경제연구소Insee가 실시한 '생활환경과 안전Cadre de vie et sécurité'에 관한 조사에 따르면, 2011년부터 2018년까지 18세에서 75세 사이의 29만 5000명이 현재 파트너나 전 파트너에게 육체적, 성적 폭행을 당했다. 이 중 72퍼센트가 여성이었다. 그들 중 14퍼센트만이 소송을 제기했다. 우리는 어떤 징후들이 가해자를 분명히 식별할 수 있게 해주길 바라지만, 항상 식별할 수 있는 것은 아니다. "폭력적인 남성의 종류는 다양하며, 개중에 일부는 남성우월주의자의 특징을 겉으로 전혀 드러내지 않는다."[10]

순전히 심리적인 폭력도 있다. 에마뉘엘 베르코와 뱅상 카셀이 출연한, 마이웬의 자전적인 영화 〈몽 루아〉(2015)는 한 여성이 단 한 번의 타격도 받지 않고도 어떻게 파괴될 수 있는지를 잘 보여준다. 마리 프랑스 이리고엔은 부부 사이의 심리적 공격이 "신체 폭행만큼이나 고통을 안기며, 훨씬 심각한 결과를 낳는다"고 말한다(2010년부터 심리적 공격도 법으로 처벌된다). 심리적 폭력과 신체적 폭력을 떼어놓는 것은 불가능하다. 물리적 폭력은 온갖 복종 시도를 연장하고 강화한다. 지속적인 비방, 굴욕, 냉담, 협박 등 여성을 고립시키고 불안에 빠뜨리는 책략들은 자살로 몰고 갈 수 있는 '정신적 소모'를 야기한다.

"여성들도 폭력적이다. 적어도 심리적으로는." 이것은 부부 사이에서 발생하는 폭력의 젠더적 차원을 부인하기 위해 고전적으로 사용되는 논거다. 이 논거는 희생자들이 감정적으로 반려자를 학대함으로써, 아픈 곳을 찔러 이성을 잃게 만듦으로써 폭력을 자초한다고 암시한다. 하지만 직장을 비롯해 남성이 가혹행위와 수모를 겪을 수 있는 다른 상황들도 존재한다. 그러나 직계 상사나 현장 감독, 혹은 사장이 가한 공격은 사회적 재앙이 아니며, 이러한 공격으로 인해 정기적으로 희생되는 남성살해의 피해자 수를 헤아리지는 않는다. 직업적 상황에서는 제 충동을 억제하는 것이 가능한데, 여성 앞에서는 왜 안 될까? 게다가 더 넓게 보면, 모욕이나 수모를 겪을 때 왜 남성만 자제하지 못할까? 이 고정관념은 냉정하고 심사숙고한 방식으로 가해지는 많은 물리적 폭력의 사례를 보지 못하게 가로막는다. 더구나 여성을 독살스러운 말을 쏟아내고 저주를 거는 등 교활한 방식으로 악을 행할 수 있는 피조물로 그리는 이미지는 내게 마녀사냥이 판치던 시절에 사람들이 여자의 말에 대해 드러내던 경계심을 떠올리게 한다.[11] 어떤 경우라도, 부부 사이에서 대개 여성들이 겪는 억압을 환기한다고 해서 그 여성들이 신체적으로나 심리적으로 폭력을 조금도 행사할 수 없으리라는 의미는 아니다. 그렇지만 여성은 구조적으로 약자의 위치에 있다는 사실, 사회가 남성에게 폭력을 허용하고 두둔하면서 여성들을 좌절시킨다는 사실로 인해 대개 여성의 폭력 행위나 말은 하찮은 정도로 그치고, 근본적으로 반사행동이거나 방어행동으로 남는다.

폭력적인 남성은 종종 자신의 파트너를 그 가족이나 친구들과 차단하려 들고, 병적인 질투심이나 소유욕을 드러내며 추악한 모습을 보여 그들을 멀어지게 할 수 있다. 그렇게 되면 두 주인공은 오직 단둘이 서로를 마주하게 된다. 그런데 감금이나 마찬가지인 이 폐쇄적인 공간 내부에서도 바깥 세계는 두 사람이 제각각 내면화한 가부장제 법칙을 통해 존재하는데, 그 법칙은 가해자에게 유리하며 피해자에게는 불이익을 준다. 마리 프랑스 이리고엔은 이렇게 쓴다. "여성이 부당한 관계에 걸려들 수 있는 것은 그들의 사회적 입지로 인해 이미 열세한 지위에 놓여 있기 때문이다." 반면에 반려자에게 폭력을 당하는 (극소수의) 남성은 자신이 '여성의' 지위에 놓이기 때문에 훨씬 더 큰 수치심을 느낀다. 그렇지만 "그들은 외부에서는 여전히 남자로서 대접받는다".[12]

폭력적인 남성 중 다수가 남편과 아버지의 자격으로 그렇게 행동할 권리가 있다고 여긴다. 마치 그 지위가 그들에게 전권을 부여해주기라도 한 듯이 생각한다. 그들의 눈에는 아내와 자식들이 자신의 소유물로 보인다. 그들은 가정을 가부장제에서 해방하기 위해 최근 몇십 년에 걸쳐 이루어진 법적 진전을 인정하지 않았다(이를테면 '가장'이라는 지위는 1970년에 철폐되었다). 과거에 가정폭력의 피해자였던 아이다는 2006년에 출간된 책에서 자기 이야기를 들려주는데(이 장에서는 이 책[13]을 많이 참조할 것이다), 그녀의 남편이 이렇게 말했다고 전한다. "우리는 결혼했어. 판사의 관점에서 보면 난 당신에게 권리가 있어[이는 물론 사실이 아니다]. 내가 당신이랑 자고 싶으면 자는 거야." (부부 사이의 강간도 1992년부터 법으로 처벌되고 있다.) 심지어 그는 이런 말까지 해서 그녀가 아이 때문에 겁먹곤 했다. "내 아들이야.

내가 죽이고 싶으면 죽이는 거지." 세실의 남편도 "난 내가 원하는 대로 할 수 있어. 내 자식들이니까"라고 메아리처럼 똑같이 말한다.[14]

폭력적인 남성은 일종의 세뇌를 통해 사회에서 여성이 피지배자라는 지위로 인해 겪는 (어느 정도는 개인사로 더 심화된) 자신감 결여를 이용한다. 디안은 남편 스테판에게서 이런 말을 듣는다. "모두가 널 미친 여자로 생각해." 그녀는 남편의 폭력에 대한 책임을 자신에게 돌린다. "성적으로 내가 그 수준에 미치지 못하기 때문이야." "어쩌면 내가 그에게 충분한 사랑을 주지 않아서인지 몰라. 내가 충분히 여자답지 않아서."[15] 쥐디트 뒤포르타유는 자신이 진행하는 팟캐스트 〈미스 패들은 누구일까?〉에서 언급한 (신체 폭력은 없는) 유독한 관계에서 벗어나면서 "문자 그대로 자신감이 하나도 남아 있지 않았다"고 말한다. "더는 나 자신을 믿지 못하고, 나의 모든 생각, 나의 모든 느낌이 의심스럽다. 내가 정말 추운 걸까? 너무 내 말에만 귀 기울이는 걸까? 얌전 빼는 걸까? 저 사람이 내게 성가신 건지 아니면 내가 사람들을 있는 그대로 볼 줄 모르는 건지?" 그녀의 어머니는 딸이 학대받고 있음을 깨달은 것은 딸이 끊임없이 이런 말을 반복하는 것을 듣고서였다고 말한다. "내가 미친 건 아닐까? 내가 하는 말이 괜찮은 건가? 바보 같은 소리를 하는 게 아닐까?"[16]

30대 작가 소피 랑브다는 조종하려는 남자와 자신의 관계를, 그리고 거기서 벗어나는 과정을 이야기하는 만화 《사랑을 포기하더라도》에서 전 반려자가 그녀에게 가한 고통의 책임이 그녀에게 있다고 어떻게 설득했는지 보여준다. 이를테면 이렇게 말하는 것이다. "페이스

북에서 네 전 남자친구의 메시지를 보았어. 그래서 절망해서 직장 여자 동료와 잤어." 또는 "내가 미친 놈처럼 날뛰는 건 다 너 때문에 시작됐어"라고. 그녀는 이렇게 논평한다. "나는 심하게 자책하는 천성이라 그 생각은 결국 내 머릿속에서 싹터서 뿌리를 내리기 시작했다."[17] 우리는 그것이 그녀의 천성일지 의심해볼 수 있다. 그것은 오히려 받은 교육(단지 부모에게 받은 교육만이 아니라 넓은 의미의 교육)으로 인해 수많은 여성이 공유하는 특성이다. 정도는 조금 덜해도, 내 친구 F가 폭군처럼 조종하려 드는 남자와 커플로 지내던 시절에 그 남자가 쏟아낸 불같은 말과 그가 제기한 소송에 대해 전하더니 이내 이렇게 덧붙이는 친구의 말을 듣고 나는 좌절했다. "아냐, 그런데 있잖아, 그 사람이 옳아. 나는 완벽하지 못해. 내게도 결점들이 있어…." 결점은 누구에게나 있지만, 그것이 결코 폭력과 위협, 혹은 위압을 정당화할 수는 없다.

우리는 이런 파괴 작업을 실행하는 남자들에 대해 종종 '자기애 강한 변태'라고 말하지만, 그저 남성 지배가 문제는 아닌지 자문해봐야 한다. 심리치료사 엘리장드 콜라댕은 '자기애 강한 변태'보다 '가부장제의 건강한 자손'이라고 말하길 선호한다(이는 스페인어권 페미니스트 운동에서 빌려온 표현이다). 그녀는 이렇게 쓴다. "이러한 개인의 심리적 특징에 초점을 맞추는 대신, 그들이 편안하게 움직이며 관계에서 관계로 같은 행동을 반복하게 해주는 사회구조로 시선이 쏠렸더라면, 실제 변화를 가져올 수 있을 진정한 교육과 예방 작업이 자리 잡았을 것이다."[18]

어떤 시련 앞에서도 태연자약한

폭력의 피해자인 여성은 무고할 때조차 자신이 죄인이라고 설득당한
다. 그리고 죄지은 남성은 자신에게 무엇이든 할 자격이 있다고 여기
는 데 익숙해져서, 자신이 피해자로 여겨지지 않을 때는 언제나 자신
이 무고하다고 생각한다. 일부 가해자들은 법정에 소환되어서도 종종
반려자를 상대로 소송을 걸어 응수한다. 여성에게 주입된 기계적인
위법성의 감정은 무엇을 하든 자신은 온당한 권리 안에 있다고 느끼
는 남성의 감정과 호응한다. 디안과 자식들을 24시간 동안 집 안에 감
금해두고 칼로 디안을 위협한 죄로 구금된 스테판은 아내가 "단순한
말다툼을 이유로 그를 감옥을 집어넣었다"고 사방에 떠들고 다녔다.
그 후 구금을 경험하고 의기소침해진 그는 공동계좌의 돈으로 컴퓨터
를 한 대 구입한다.[19] 나탈리는 남편이 아침에 시커멓게 멍든 그녀의
눈을 보고 무조건 부인하던 것을 떠올린다. "난 당신한테 그런 짓 못
해." 그러다 그녀가 거듭해서 그가 한 짓이 맞다고 하자 그는 말한다.
"그러니까, 당신이 너무 쉽게 멍이 드는 거야. 내가 살짝 건드렸을 뿐
인데."[20] 세실은 어느 날 남편이 그녀의 얼굴을 향해 주먹을 날렸다고
이야기한다. "제가 재빠르게 머리를 피하자 그의 주먹은 접시를 쳤고,
그로 인해 손가락이 손바닥 중앙까지 완전히 망가졌죠. 그렇게 손가
락을 잃었어요. 그 폭력으로 가해진 충격에 모든 힘줄이 끊어졌기 때
문이죠. 그는 수술을 두 번 받았어요. 그의 손가락은 완전히 뒤틀렸고,
앞으로 다시는 손가락을 온전히 쓸 수 없게 되었지요. 그를 병원에 데

려간 건 저였고, 구박받을 사람도 저였죠."[21] 요컨대, 그는 그녀가 자기 주먹이 날아가는 궤적 속에 얼굴을 가만히 두고 있지 않아서 본인이 저지른 행위의 결과를 피하지 못했다며 그녀를 원망했다.

라디오 기자 마티외 팔랭은 가정폭력에 대한 유죄 선고를 받고 법정 명령에 따라 교육 집단에 참석한 열두 명의 남자 무리에 취재차 끼어들어 그들이 합창하듯 쏟아내는 항의와 부인을 녹음한다. 그들은 저마다 그곳이 자신이 있을 곳이 아니라고 단언한다. 한 남자는 다섯 번이나 유죄 판결을 받고도 여전히 전 부인들이 단결해서 꾸민 음모라고 주장한다. 다른 남자는 "3일 동안 감치를" 당했다며 격분한다. "내가 범죄라도 저지른 줄 알았지 뭐요! 이게 도대체 무슨 말도 안되는 일입니까?" 이어서 그는 주장한다. "대개 자초하는 건 여자예요."[22] 우리는 피해자가 당한 일을 스스로 초래했다는 이 생각을 베르트랑 캉타Bertrand Cantat의 입을 통해 다시 듣는다. '누아르 데지르'[23] 밴드의 보컬인 그는 자신의 애인인 여배우 마리 트랭티냥을 살해했는데, 살해한 지 12일이 지난 2003년 8월, 빌뉴스에서 진행된 공판 때 판사 앞에서 이렇게 말한다. "공격성이 내가 아닌 다른 누군가에게서 비롯되었을 수 있다는 사실은 아무도 고려하지 않았죠." 그리고 그는 덧붙였다. "게다가 분명히 밝히지만, 내 몸에 어떤 흔적이 남았는지는 누구도 쳐다보지 않았고, 처음부터 그걸 확인하려고도 하지 않았어요." 그러더니 역겹게도 자기 소매를 걷어 올렸다. "여기 아직도 혈종이 있어요. 지난 토요일에 일어난 일인데 말이죠!" (부검 보고서에 따르면 마리 트랭티냥은 머리에 아주 격렬한 타격을 스무 차례 입었는데, 이는 타격이 얼마나 지독했는지를 보여준다. 충동적으로 따귀를 두 번 날린 것은 아니었다. 마치 '흔들린 아기'의 경우처럼 시신경은 거의 떨어져 나갔고, 코뼈는 으스러져 있었다. 눈두덩에도 상처가 있었고, 다리, 팔, 등 아래쪽과 배에도 타격의 흔적이 있었다.)[24]

가해자들의 정신적 유폐는 치료를 대단히 어렵게 만든다. 법정에서 유죄 선고를 받은 지 몇 달이 지났지만, 세실의 전남편은 여전히 그녀와 딸들의 삶을 망가뜨렸다. 그녀는 말했다. "문제는 그가 치료를 받지 않는다는 거예요. 치료를 받지 않는 사람은 반드시 다른 사람에게 상처가 되죠." 〈아직 끝나지 않았다〉에서 여주인공은 전남편에게 침착하게 이렇게 말한다. "앙투안, 당신은 치료를 받아야 해." 이는 지켜보는 사람에겐 명명백백한 사실과 같은 진단이다. 그가 외치며 대답했다. "당신이 나한테 그런 말을 해? 치료받아야 할 사람은 당신이라고!" 그리고 교육 치료는 자발적으로 찾는 사람에게는 확실히 아주 유용하지만(아무리 그래도 몇몇은 있다) 어쩔 수 없이 참가하는 사람들에게는 그 유용성이 의심스러울 수 있다. 참석 기간이 하루 또는 이틀 정도에 불과할 때는 더더욱 그렇다. 이런 모임에 하루 동안 참석한 한 젊은 여성은 한 참석자가 겉치레일지라도 책임감을 받아들일 준비가 된 것처럼 보였던 유일한 사례를 이야기한다. 그는 자기 반려자의 상처를 보여주는 사진들 앞에서 마음이 흔들렸다고 말했는데, 다른 참석자가 즉각 그를 말렸다. "그렇지만 그건 그 여자가 당신을 너무 밀어붙였기 때문 아닙니까."[25] 내가 하려는 말은 치료가 불가능하다는 의미가 아니라 치료의 기회를 주고 싶다면 그 어려움을 과소평가하지 않는 편

이 좋겠다는 것이다(특히 이런 판단 오류는 여성과 아이들을 반드시 위험에 빠뜨리게 되기 때문이다).[26]

　미국인 페미니스트 활동가 존 스톨텐버그는 어떤 시련 앞에서도 보이는 남성들의 태연자약함을 설명하기 위해 흥미로운 주장을 펼친다. 그가 말하길, 사회적 젠더는 "행동과 감각을 통해 반복해서 재창조되어야 한다. 우리가 진정으로 한 남성 또는 한 여성이 되는 느낌을 주는 행동을 하고, 이 영역에서 의심의 여지를 남기는 행동을 하지 않으면서 말이다. [⋯] 거의 모든 사람이 다른 사람들의 성 정체성은 자신의 것보다 훨씬 구체적이라고 생각한다. 우리는 거의 모두가 우리보다 남성적이거나 여성적이라고 인식되는 다른 사람들과 비교하며 스스로를 평가한다". 그렇기에 '남자가 된다는 것'은 한 가지 역할을 연기하는 것을 의미하며, 관객이나 다른 주인공들이 무엇을 생각하는지 고민하지 않고 '배우는 납득할 만한 자연스러움에 도달하기 위해 마치 한 인물을 만드는 모든 것을 전적으로 정당화할 수 있는 듯이 연기해야 한다'는 매우 널리 알려진 연기 이론에 부합하게 그 역할을 연기하는 것을 뜻한다. 인물이 더없이 가증스러운 범죄를 저지를지라도 그 인물을 구현하는 배우는 "그 행동이 도덕적으로 정당화되는 믿음 체계를 받아들이고 역할에 준비되어 있어야 한다". 그렇게 폭력적인 남자의 가치 체계 속에서 "어떤 행위는 한 개인이 남성성을 갖추었다는 생각을 구체적으로 보여주는 데 쓰이기 때문에 '선량하고' 또 '올바른' 것으로 간주된다". 물론 무한히 반복되는 가정폭력의 과정 속에는 회개의 단계(소위 '밀월기')가 있어서 그럴 때 가해자는 용서를 구하고 다시는 그러지 않겠다고 약속하며 자신의 사랑을 맹세한다. 그러나 이는 실제적 후회를 표현하는 게 아니다. 피해자가 멀어지는 것을 막을 목적이다. 스톨텐버그는 "남성의 성 정체성에 도달하려고 애쓰는 자들에게는 여성의 복종과 공경의 지지를 지키려는 방식으로 자기 일을 해결하려는 심각한 문제가 항상 제기된다"고 분석한다. 그들에게는 "우리의 남성성을 적절하게 실현하게 하고", "대조를 통해 남성으로 남게 해줄 행동을 할 대상인 여성"[27]이 필요하다.

알렉상드라 랑주가 들려주는 이야기는 폭력적인 남자들이 저들의 생각대로 남성 정체성을 구현하려 한다는 것을 충격적인 방식으로 확인시킨다. 그녀는 열일곱 살에 서른 살의 마르셀로 기유맹을 만났다. 두 사람은 아이를 넷이나 낳았다. 그녀는 12년 동안 욕설과 주먹질이 난무하는 지옥 같은 세월을 보내던 중 2009년 6월 어느 저녁, 그가 그녀의 목을 조르려 하자 두에에 있는 그들의 집 부엌에서 그를 칼로 찔러 죽였다. 그녀는 무죄로 석방되고 나서 출간한 책에 이렇게 썼다. "아주 뒤늦게야 깨달았지만, 내가 보기에 그는 실비[그의 첫째 부인]와도, 그리고 그 후 나와 결혼해서도 '거짓된 삶'을 살았다. 그 거짓된 삶을 껍데기, 칸막이 또는 사회적 알리바이 등 얼마든지 다른 이름으로 부를 수 있을 것이다. 왜냐하면 (오늘날엔 모두가 알듯이) 무엇보다 그는 남자에게 끌렸기 때문이다. 그는 그 사실을 절대 받아들이지 못했다. 그러지 못했다. 어느 집시라도 받아들이지 못했다. 그것은 생각조차 할 수 없는 일이었다. 내가 그의 행동에 설명을 제시해야 한다면 (하지만 절대 이것을 구실로 삼지는 못할 것이다) 바로 이렇게 설명할 수 있을 것이다. 그가 자신이 동성애자라고 느끼고는 깊은 불안감에 번민했고, 주변에 그 사실을 털어놓지 못해서 더더욱 괴로워했으리라는 설명이다." 그들이 동거를 시작한 초기에 그는 그녀를 때리면서도 흔적을 남기지 않으려고 신경 썼다. 그러나 그가 "나가서 엉덩이로나 붙어먹어"라고 내뱉은 날, 그녀는 불행히도 이렇게 대답하고 말았다. "아니, 당신이나 그래…." 그 순간 그는 그녀에게 달려들었다. "남편이 그렇게 폭력적이었던 적은 한 번도 없었다. 그날, 그는 성난 짐승 같았다. 그리고 처음으로 그의 주먹질이 내 몸에 명백한 흔적을 남겼다. 몸 곳곳에 멍이 들었고, 목 졸린 흔적이 생겼으며, 눈두덩 바로 위에는 탁구공처럼 큰 혈종이 남았다."[28] 아마도 그는 그녀가 자신의 말에 응수하며 남색에 대해 환기하자 격분한 모양이었다. 그는 여성을 혐오하고(그는 아내에게 성차별적인 모욕을 퍼부었다), 동시에 자기 내면의 여성성을 지각하는 것을 혐오하기에 자신의 '진짜 남자'라는 정체성을 주먹질로 지키려 한 것이다.

남성의 감정에 대한 우리의 숭배

폭력적인 남자의 딸인 베로니크는 자기 아버지가 끊임없이 "입 닥쳐, 닥치라고"를 반복하던 것을 기억한다. "그는 대화도, 사소한 항변도 견디지 못했지요."[29] 가해자들은 상징적으로 또는 물리적으로 상대를 말살하려 하며, 그들이 살해하는 데까지 이르면 사건이 언론에서 다뤄지면서 그 말살은 연장된다. 1986년에서 1993년까지 두 지역 일간지 《르 프로그레Le Progrès》와 《르 도피네 리베레Le Dauphiné libéré》에 실린 배우자 살해 소송 보고 수백 건을 면밀히 검토한 아닉 우엘, 파트리시아 메르카데르, 엘가 소보타는 종종 이 언론들이 이런 종류의 제목으로 희생자를 사라지게 했음을 확인했다. "바라방 거리의 살인사건: 르네…에게 징역 11년형."[30] 2017년 《레쟁로큅티블Les Inrockuptibles》이 베르트랑 캉타와의 대담을 실었을 때도 아닉 우엘은 거기서 똑같은 방식을 보았다. "마리 트랭티냥은 '빌뉴스'라는 장소의 이름으로 축소되었다."[31]

여성은 사라지고, 남성은 전면을 차지한다. 피해자를 적극적으로 제거하는 현상에 가해자 자아의 팽창이 부합한다. 그것은 자기연민 어린 다변으로 표현된다. 스톨텐버그는 한 여성의 증언을 인용하는데, 그 여성의 남편은 수시로 이런 말을 했다. "아내를 때리는 죄책감 때문에 얼마나 마음이 무거웠던지."[32] 알리사 웬즈의 소설 《너무 사랑해서À trop aimer》에서 여성 화자의 반려자는 그녀에게 소리친다. "왜 당신은 내 말을 안 듣는 거야. 빌어먹을, 내가 이렇게 끔찍하게 살아야 겠냐고!" 그러자 그녀는 자신도 모르게 이런 생각이 든다. "트리스탕, 난 당신 말을 듣고 있어. 당신 말을 듣고 있다고. 내가 하는 건 오직 그 것뿐이야. 난 아무 말도 하지 않아. 내 목소리는 아주 오래전에 잠잠해졌어. 당신 혼자서 자기 말을 가로막는 거야. 난 한낱 귀일 뿐이야. 거대하고 괴기스러운 귀. 너무도 오래전부터 당신은 내 이야기를 묻지 않았고, 난 더는 내 이야길 할 생각조차 하지 않아. 난 그저 당신을 위

해, 당신 이야기를 듣기 위해 살고 있다고." [33]

베르트랑 캉타도 범람하는 자기중심주의의 모든 징후를 보여준다. 2003년 7월 26일과 27일 사이 밤에 마리 트랭티냥에게 치명적인 타격을 가한 뒤 그는 자기 때문에 트랭티냥과 헤어진 그녀의 전남편 사무엘 벤체트리트에게 전화를 걸었고, 역시나 빌뉴스에 있었던 마리의 남동생 뱅상 트랭티냥을 자신의 호텔 방으로 불렀다. 그는 두 사람에게 자기 질투심과 번민을 이야기하고 한참 동안 속마음을 털어놓으며 관심을 끌었다. 그동안 희생자는 그가 누워 있던 침대에 의식을 잃은 채 쓰러져 있었다. 며칠 뒤, 그는 예심 판사 앞에서 말했다. "그 사람 없이는 못 살면서 그 사람을 죽였다는 데 깊은 죄책감을 느끼고 있어요." 기이한 문장이다. 마치 그가 무엇보다 자기 자신에게 죄지은 양, 그의 운명에 연민을 느끼도록 유도하는 그런 문장이다. 그리고 그는 아침에 병원으로 온 뱅상 트랭티냥이 누나의 상태가 절망적이라는 사실을 깨닫고 자신을 밖으로 내쫓은 순간을 이야기하며 흐느끼기 시작했다. 아연실색할 만한 장면이다. 그가 우는 것은 자신의 '내쫓김' 때문이지, 그가 사랑한다고 말하는 여자의 선고된 죽음이나 죄책감 때문이 아니다. 게다가 어떻게 그는 자신이 살해한 여자의 곁에 머물게 해주리라 상상할 수 있었을까? 어쨌든 자기 연민에 매몰된 이 태도를 일부 미디어가 열심히 중계해준다. 특히 2017년 이전인 2013년에 이미 그와 나눈 대담을 펴낸 적 있는 《레쟁로큅티블》이 그렇다. 2017년 10월 11일의 표지는 엄청나게 눈길을 끌었는데, 잡지 전면을 차지한 이 가수의 사진 위에 그가 한 ('감정적으로'라는 단어로 시작되는) 말을 아홉 줄 인용해 실은 것이었다. 남성적 감정과 자아의 과시를, 그것들의 공간 침범을 이보다 잘 보여주기도 어렵다.

마리 트랭티냥의 죽음 이후, 퀘벡의 법학 박사이자 가정폭력의 법제화에 관한 논문의 저자인 뤼실 시프리아니는 온 사회가 폭력적인 남성의 감정과 담론에 대해 보이는 호의적 태도에 주목하고, 그 호의가 희생자를 지워버린다는 사실을 강조했다. 그녀는 그 사실을 남성의 주관성, 안녕, 그리고 감정에 통상적으로 허용되는 우월적 지위를 통해 설명했다. "배우자의 감정적, 정서적, 정신적 상처를 보듬어주고, 그의 자아를 배려하고, 부부의 행복과 화합을 지키는 것은 여성의 몫이다. 여성을 대상으로 쓰인 기사나 책이 얼마나 부부 생활의 성공을 목표로 삼고 있는지만 확인해도 이를 믿게 된다. 여기에 상호성은 아예 없다." "여성이 입은 영혼의 상처를 보듬어주는 것은" 남성의 몫이 아니며, "문화는 가해자들의 담론을 위한 공간을 확보해준다".[34]

1947년, 결혼 생활에 대한 조언을 담은 책에서 한 미국인 의사는 아내들에게 이렇게 말했다. "남편이 일터에서 집으로 돌아올 때 당신의 사소한 문제나 불평으로 남편을 성가시게 하지 마세요. 그의 말에 귀를 기울여주세요. 그가 당신에게 자기 문제를 이야기하게 하세요. 당신의 문제는 상대적으로 하찮아 보일 겁니다. 당신의 가장 중요한 역할은 그의 (일터에서 심히 고생한) 자아를 세우고 유지하는 것이라는 점을 기억하세요."[35] (폭력적인 남성들만이 아니라) 모든 남성의 감정에 부여하는 이 우월적 지위, 그들의 경험에, 그들의 관심사에, 그들에게 동화되려는 이 반사적 행동, 모든 것을 이해하고 용서하는 것이 여성의 역할이라는 이 생각, 우리는 이 모든 것을 깊이 내면화했다. 철학자 케이트 만Kate Manne은 이 현상을 가리키기 위한 용어인 힘패시(himpathy: him과 sympathy의 조합)를 만들어냈다. 파리 출신의 서른 살 여성 세실은 애인에게 얻어맞은 뒤 즉각 그와 헤어졌고 고소를 결심했다. 그런데 그녀의 아버지는 "누구라도 어리석은 짓을 할 때가 있다"[36]고 말하며 그녀를 만류했다. 그러니까 이 아버지는 본능적으로 자기 딸이 아니라 가해자의 입장에 선 것이다. 딸의 얼굴이 망가진 것을 보고도.

여성에게 주입된 남성의 안녕에 대한 염려는 남성이 자신에게 행한 악행을 잊고, 자신의 운명을 등한시하고, 자신의 감정을 잠재우게 할 정도로 여성을 기계적으로 자기 자리에 서도록 이끈다. 여성들 역시 남성이 자신에게 행한 악행을 잊고, 자신의 운명을 등한시하고, 자신의 느낌을 잠재울 정도다. 남학생 친구에게 강간당한 미국인 대학생 메간은 대학교의 심리 상담사의 조언에 따라 그를 고발했다. 조사 끝에 그 남학생은 1년간 정학당했고, 수업을 듣고 있던 학기의 학점은 무효가 되었다. 그녀는 진술했다. "그는 내가 그 일을 그런 식으로 느꼈다니 유감스럽다고만 말했지, 절대 사과하지는 않았어요. 사실, 내가 그에게 사과하지 않도록 나 자신을 제어해야만 했지요. 그가 미웠는데도 참 이상했어요. 그를 가볍게 안아주고 싶고, 이 모든 일을 벌인 데 대해, 그의 인생을 망가뜨린 데 대해 미안하다고 말하고 싶은 마음도 들었으니까요."[37] 베로니크는 반려자가 그녀에게 처음으로 주먹질했을 때, 그가 한 행동에 충격을 받고 자신보다 '그에게 더 미

안하다'고 느꼈다.[38] 마찬가지로, 앞에서 언급한 마리 프랑스 이리고
엔의 환자인 디안은 남편의 폭력이 그의 직업상의 어려움 때문이라
고 설명한다. 그녀는 판사 앞에서 남편을 잘 변호해서 그가 징역형을
피하게 해줬다.[39]

자기 이익조차 지키지 못해

마땅히 취해야 할 입장(단호하게 자기 운명을 받아들이고, 자기 목숨을 구하
고, 우리를 파괴하려는 남자의 이익이 아니라 가장 기본적인 자기 이익을 옹호
하는 것)을 취하면서 느끼는 이 기이한 가책을, 30년이나 학대당하다
가 1990년대 말에 남편을 떠난 마리 클로드 역시 느꼈다. 남편이 곡괭
이를 휘두르며 죽이겠다고 위협했는데도 그녀는 자신이 떠나면 그가
우울증에 빠져 자살할까 걱정했다(그는 자기보다 스무 살이나 어린 여자와
재혼했고, 아이 셋을 더 낳았다). 그녀는 도주를 준비하며 은행으로 갔고,
용기를 내어 개인 계좌를 열었다. 교사 월급과 지방의원 수당으로 받
은 돈이 있었지만, 공동계좌로 들어오는 자신의 수입을 차마 몽땅 빼
지는 못했다. "내 저축계좌에 9만 프랑[1만 8000유로] 정도가 있었지만
5000프랑만 꺼냈어요! 바보 같았죠!" 남편은 그녀가 떠난 것을 알자
마자 서둘러 공동계좌를 비웠다. "그는 은행 여직원과 지점장에게 고
래고래 소리를 쳤다. '당신들이 무슨 권리로 그 사람에게 계좌를 열어
준 거요?'"[40]

폭력적인 배우자를 마침내 떠난 여성들이 떠날 결심을 하게 된 계기를 이야기할 때, 자식들에 대한 걱정을, 혹은 배우자가 아이들도 때리기 시작했다는 사실을 언급하는 것을 종종 본다. 여성들은 오직 어머니로서만 자신을 방어할 권리를 허용하는 사회법을 내면화한 것으로 보인다. 아닉 우엘, 파트리시아 메르카데르, 엘가 소보타는 배우자 살해 소송에 관한 연구에서 이 사실을 지적한다. 이를테면 오랫동안 남편에게 학대당한 릴리안은 딸들이 청소년이 되었을 때 그가 딸들을 대하는 방식을 도무지 견딜 수 없어 그제서야 행동에 옮긴다. 남편이 잠들었을 때 그녀는 저녁에 그가 그녀와 자식들을 위협할 때 쓰고는 평소처럼 잠가놓는 것을 잊은 그 총으로 그를 죽인다. 배심원은 관대한 태도를 보였다. 시몬도 '15년 동안 완전히 굴종한 끝에' 남편을 죽인다. 남들을 시중드는 데 평생을 보낸 그녀는 남편이 자신을 하녀처럼 다루는 것을 더는 견디지 못한다. 그녀는 열두 살에 농부들의 집에서 온갖 잡일을 하는 하녀로, 어느 의사의 집에서는 가사도우미로, 양로원에서는 조무사로 일했다…. 그러나 그녀는 똑같은 관용을 누리지 못했다. 저자들은 "릴리안은 어머니로서 사회적 역할에 부합하는 행동을 했는데, 시몬은 자기방어만 했고, 어머니도 아니었다"라고 해설한다. 이 저자들은 또 다른 사건에서 이런 기사 제목을 발견한다. "한 가정주부의 살해로 고아 넷이 남았다." 오직 모성만이 이 희생자에게 삶을 허락한다. "비극의 힘은 희생자가 죽었다는 사실보다는 네 명의 고아가 남게 되었다는 사실에 있다."[41] 마찬가지로 알렉상드라 랑주의 이야기에서 영감받은 텔레비전 드라마 〈지배L'Emprise〉(2015)에서 피고는 법정에서 남편을 칼로 찌른 것을 해명해보라고 요청받았는데, 살해 당시 그녀는 남편에게 목을 졸리던 상황이었음에도 이렇게 외쳤다. "안 그랬으면 그 사람이 우리 아이들을 죽였을 거예요!"(이 문장은 그녀의 책에는 실려 있지 않다). 마치 자기 생명에 대한 직접적이고 즉각적인 위협으로는 충분치 않다는 듯이. 요컨대, 여성에게는 자신의 이득을 제외하고 지구 전체의 이득을 위해서 행동하는 것만 허락된다.

반대로, 폭력을 겪는 여성은 자식의 안녕을 위한 길이라고 생각하고 체념하기도 한다. 이 여성들은 아이들을 위해 아무리 파괴적인 아버지일지라도 아이들의 아버지가 그들 삶에 남아 있는 편이 낫다고 믿었다. 이들은 겉치레일지라도 가정생활을 이어가길 선호한다. 엘렌은 떠나올 때 느꼈던 죄책감을 떠올린다. 그녀는 자신의 아기를 바라보며 이렇게 생각했다. "내가 네게서 아버지를 박탈했구나"(내심으로는 남편이 그녀를 폭행해서 스스로 제 아이를 박탈했다는 것을 잘 알면서도).[42] 마찬가지로, 발레리는 "[자기] 자식들의 목숨을 구하기" 위해 오랫동안 별거를 고려하지 않았다. "우리는 안정적인 삶을 살았어요. 그럭저럭 흘러갔죠." 어느 날 그녀가 대기업의 간부인 남편에게 얻어맞다가 화장실로 피신하자, 그가 화장실의 문까지 부수고 들어와 폭행을 계속했다는 사실 등 몇 가지 일만 빼면 말이다.[43] 베르트랑 캉타의 아내 크리스티나 라디가 집요하게 남편을 옹호하고 나선 것도 자식들을 보호하기 위해서이기도 한 듯 보였다. 그녀는 2003년 7월 그날 밤 이전에는 그가 아무에게도 폭력적이지 않았다고 단언해 그가 선처를 받는 데 크게 기여했다(그는 2007년 10월에 형량을 반쯤 채우고 석방되었다).

2017년, 누아르 데지르의 옛 멤버 한 사람이 익명을 보장받고 마리 트랭티냥의 죽음 후에 크리스티나가 그와 그의 동료들에게 남편의 폭력적인 과거에 대해 입을 다물어 달라고 요청했다는 사실을 기자에게 털어놓았다. "그녀는 자식들이 아버지가 폭력적인 사람이라는 걸 알기를 원치 않았죠."[44] 이 선택으로 그녀는 미디어에서 캉타의 옹호자들에게 도구처럼 이용되기도 했다. 반페미니즘 성향으로 유명한 기자[45] 뤽 르 바양Luc le Vaillant은 이 가수의 소송 직후, 《리베라시옹》의 지면에 그의 초상화를 실었다. 그리고 가수의 폭력에 대해 이렇게 썼다. "유린당해 복수심에 불타는 어머니 나딘 트랭티냥은 [폭력이] 반복되었다고 주장하며 딸을 대의를 위한 순교자로 재창조한다. 적개심이 덜한 페미니스트 크리스티나는 그 주장이 말뿐이라고 반박한다."[46]

모두가 알다시피, 크리스티나 라디는 2010년 1월 10일에 캉타가 자고 있던 방의 옆방에서 자살했다. 캉타는 감옥에서 나온 뒤 다시 돌아와 그녀와 함께 살았다. 6개월 전, 그녀는 헝가리에 살고 있던 부모의 응답기에 이런 메시지를 남겼다. "베르트랑은 미쳤어요. 어제 저는 이빨 하나를 잃을 뻔했어요. 내 팔꿈치는 퉁퉁 부어올랐어요. 운만 조금 따라주면, 그리고 내게 힘만 있다면, 그리고 너무 늦지 않았다면 다른 나라로 이사할 생각이에요. 그렇게 사라질 거예요. 사라져야 하기 때문이에요." 그렇지만 그녀는 부모에게 프랑스 영사관에 알리지 못하게 했다. 그들은 그러고 싶어 했지만.[47] 마리 트랭티냥이 살해된 이후, 언론에서 많이 보이던 사진에서 크리스티나는 우아하고 기품 있는 모습으로 텁수룩한 남편의 머리에 보호자처럼 든든한 손을 얹고 있었고, 남편은 지독한 번민에 사로잡힌 듯 두 경찰관 사이에서 움츠린 모습이었다. 그 이미지는 다른 여성을 위해 자신을 버린 남자를 구하려고 날아올 만큼 너그럽고 고고한 지혜를 갖춘 여성에 대한 전설을 키웠다. 그러나 진실은 그보다 훨씬 슬펐다. 아이들을 보호하고, 무슨 대가를 치르더라도 아버지의 이미지를 보호하겠다는 명목하에 감춰진 진실이었기에.

주변 사람이 폭력을 꺾을 때 혹은 폭력을 배가할 때

여성이 심리적으로 극도로 약해져 혼란스럽고 고립된 상황에 놓였을 때 주변과 기관의 (직원들의 교육, 지성, 반응의 정도에 달린) 응답은 대단히 중요하다. 알렉상드라 랑주는 "이해받는 습관을 잃어버린 사람에게는 조그만 관심도 강렬한 감정적 충격이 된다"고 증언한다.[48] 죄책감을 느끼고, 조종당하고, 끊임없이 자기 자신을 의심해온 여성이 더는 희생자가 되지 않을 수 있으려면 먼저 그녀가 피해자라는 사실을 분명히 말해줄 필요가 있다. 외부 기관이 폭력적인 남성의 잘못을 확증해야만 한다. 고발해서 자신에게 유리한 법정 결정을 얻어낸 여성들은 그들의 전남편에게 죄가 있다는 사실을 백지에 검은 글씨로 표기된 것으로 보는 일이 얼마나 중요한지 말한다. 어떤 가해자는 반려자의 지인들에게 즉각적인 불신과 혐오감을 불러일으키는가 하면, 다른 가해자는 주변을 완벽하게 속인다. 나탈리의 가족과 친구들은 그녀의 남편을 아주 좋아해서 그녀가 그를 남편으로 만난 것이 얼마나 '운이 좋은 일인지' 거듭 말했다. 어느 날, 그녀는 홍수처럼 쏟아지는 주먹질에 얻어맞다가 이번에는 죽겠구나 싶어 언니 집으로 도망쳤더니, 언니는 "아연실색했다".[49]

많은 피해자가 외부의 개입, 심지어 은밀한 개입이 상황에서 벗어나는 데 결정적인 도움이 되었다고 언급한다. 응급 간호사는 세실이 들려준 이야기(그녀는 넘어지면서 턱뼈가 골절되었다)에 따로 더 묻지 않고 슬며시 이렇게 말했다. "언제든지 다시 오세요. 진단서를 드릴 테니까요." 그리고 경찰관은 이렇게 말했다. "지금 살고 계시는 것처럼 더는 사실 수 없어요. 그 사람은 조만간 당신을 죽일 겁니다."[50] 그러나 2012년 3월 23일, 남편을 살해한 혐의로 기소된 알렉상드르 랑주의 소송에서 당시 두에의 검사였던 뤽 프레미오가 펼친 논고보다 더 큰 상징적 힘의 개입을 상상하기는 어렵다. 그는 그녀가 고난의 12년 동안 감내한 사회의 무능력과 끝없는 고독이 이런 결과로 이끌었다고 평가했고, 이렇게 말했다. "알렉상드라는 언제나 혼자였습니다. 오늘, 저는 이분을 혼자 두고 싶지 않습니다. 이 사회의 변호사로서 여러분께 드리는 말씀입니다. 부인, 당신은 이 중죄재판소에 아무 볼일이 없습니다. 이분을 무죄 석방하세요!"

폭력적인 남성의 옛 반려자도 뒤를 이은 여성의 삶에 매우 중요하다. 이상적인 경우, 그녀가 충분히 일찍 개입해준다면 관계가 시작되지 않게 막아서 다른 여성이 파괴적인 경험을 모면하게 해줄 수 있다. 어쨌든 그녀는 자신의 트라우마 때문에, 혹은 보복에 대한 두려움 때문에 그러지 못할 수도 있다(전적으로 이해할 만하다). 그러나 개입은 다른 외부 사람에게서 올 수도 있다. 내가 아는 한 여성은 어느 날 함께 아는 한 친구를 통해 내게 메시지를 전했다. 그녀가 아주 마음에 드는 한 남자를 만나서 연애를 시작했는데, 예전에 내가 그와 가까이 지낸 것을 알았기에 그에 대해 어떻게 생각하는지 내게 물어온 것이다. 그런데 나는 그가 이전 관계에서 폭력적이었다는 사실을 알고 있었다. 요약하자면 내 대답은 이랬다. "달아나요!" 그녀는 조언을 따랐고, 나는 크게 안도했다. 관계가 자리 잡지 않아야 커플의 외부 사람들의 말이 귀에 들릴 확률이 높다. 폭력적인 남자는 대개 새 반려자에게 전 반려자를 '미친 여자'라고 말하며 비하하려고 든다. 소피 랑브다의 조종자 같은 반려자가 그랬다. 그의 말을 믿었던 이 젊은 여성은 그와 헤어지고 나서야 그의 전 여자친구에게 연락했다. 그 대화로 그녀는 자신이 꿈을 꾼 게 아니라는 것을, 자신들이 '미치지' 않았다는 것을 확인할 수 있었다. 그 후 그녀도 이 남자의 새 여자친구에게 같은 역할을 했다.[51]

반면에 폭력 상황에 대한 부적절한 대응은 파괴적인 결과를 낳는다. 피해자가 이미 어려움에 빠져서 허덕이고 있는 상황에 혼란만 가중하기 때문이다. 나탈리가 전화기로 들었던 거듭된 욕설과 협박을 들려주자 웃으며 이렇게 말한 경찰관이 바로 그렇다. "당신이 어쨌길래 이 사람이 당신을 더러운 창녀로 취급하는 거죠?"[52] 혹은 알렉상드라 랑주가 결혼 초기에 용기 내어 경찰서에 전화를 건 날, 차에서 내리는 수고조차 하지 않았던 경찰관들이 그렇다. 그녀의 얼굴에 남은 폭행의 흔적을 보고도 그들은 "고작 이것 때문이면 저희가 딱히 할 일은 없습니다, 부인. 피도 나지 않네요"라고 말하고는 가버렸다. 그녀는 이렇게 기억한다. "저는 바닥에 쓰러져 있었어요. 아마 경찰들이 오기 한참 전부터였을 겁니다."[53] 많은 전문가가 중재는 잘못의 공유를 가정하기 때문에 절대로 중재에 도움을 구하지 말아야 한다고 강조한다. 일부 가정법원 판사들이 계속 무시하지만 '우리모두#NousToutes' 단체가 지적하듯이[54] 이스탄불 협약에 따라 폭력 상황에서는 중재와 화해가 금지되어 있다. 2011년에 생긴 이 협약은 프랑스에서 법적 구속력을 가진다. 주변 사람들이 폭력적인 남성을 계속 평범한 남편처럼 취급하기 때문에 끔찍한 실수들이 범해졌다. 이를테면 알렉상드라 랑주가 시도한 도주 중 한 번은, 마르셀로 기유맹의 조카가 삼촌에게 그녀가 피신한 곳의 주소를 폭로했다. 조카는 삼촌이 '절망한' 것을 보고 연민을 느낀 것이다. 그리고 알렉상드르 랑주가 엄청나게 용기를 내어 사회복지사 앞에서 자신이 겪은 폭력에 대해 털어놓은 날, 사회복지사는 복도에서 기다리고 있던 기유맹을 들어오게 하고 해명을 요구해서 피해자를 두려움에 떨게 했다. 그때부터 그녀는 극도로 움츠러드는 것 외에 달리 선택의 여지가 없었다.[55]

그러나 앞에서 이미 인용한 파리 출신 30대 여성인 세실이 겪은 경험이야말로 기관의 잘못된 결정이 얼마나 파괴적일 수 있는지 가장 잘 보여주는 것이다. 그녀의 애인이 욕설을 쏟아붓자 그녀는 그에게 따귀 두 대를 날렸고, 이내 후회했다. 그러자 이 남자는 그 따귀에서 무슨 신호라도 보았는지 45분 동안 그녀를 난폭하게 두들겨 팼다. 여자 주변에서는 남자 주인공과의 동화 현상이 발생한다. 그녀의 아버지도 고발하지 말라고 조언했고, 그녀가 상의한 한 남자 친구도 똑같이 주저하는 태도를 보였다. "집행유예를 받을 우려가 있어. 그 사람한텐 심각한 일이지. 그러다가 조금만 잘못해도 감옥에 가게 될 거야." 그녀는 어머니의 지지를 받고 결심을 단념하지 않았지만, 고발장에는 최소한의 사실만 적는다. "내가 친구와 함께 저녁 시간을 보내고 있을 때 그 사람이 들이닥쳐서 모든 것을 때려 부순 건 말하지 않았어요. 내 머리채를 잡고 질질 끌고 갔던 것도 말하지 않았고, 내 얼굴을 밟은 것도 말하지 않았죠." 진단서에는 그녀의 눈에 멍이 들었고, 여러 곳에 혹이 나 있다고 적혀 있다. 육체적 상해로 인한 전노동불능 5일과 정신적 노동불능 10일의 진단이 나왔다. 석 달 뒤 그녀는 전남편도 맞고소했다는 사실을 알게 된다…. 뺨을 두 대 때린 것에 대한 고소였다. 그는 그녀가 자기를 두들겨 팼다고 주장한다. 대질 후에 그녀는 그와 똑같은 자격으로 유죄가 인정되었고, 그와 똑같이 하루 동안 가정폭력 치료 교육을 이수하라는 선고를 받았다. 그녀에게 그것은 '2차 가해'나 마찬가지였다. 그녀는 적어도 가해자와 같은 교육 프로그램을 듣게는 하지 말아 달라고 부탁했다. '여자친구를 폭행한 남자들'과 같은 방에 갇힐 생각에 질겁한 것이다.

교육받은 직후, 세실은 프랑스 퀼튀르France Culture의 방송에서 마티외 팔랭의 마이크에 대고 증언한다. 그녀는 교육받던 날에 먼저 자기소개를 하면서 일어난 일들을 이야기했고, 자신은 그저 방어만 했을 뿐이었다고 단언했다. 그리고 이어 말했다. "하지만 제 말이 다른 스물한 명의 말과 마찬가지로 들린다는 게 문제였죠. 그 때문에 나는 머리가 터질 것만 같았어요. 이런 생각이 들었지요. '따귀 두 대밖에 날리지 않은 내가 저 사람들과 같다니!'" 그녀는 눈물을 쏟았다. "실제로 저는 완전히 뒤집혔죠. 온종일 이 말만 해댔으니까요. '내가 따귀 두 대를 쳤으니 폭력이 맞아.' […] 저 남자들도 본인들 마음속에서는 자신이 피해자야. 그들이 술을 마시지 못하게 막는 저 여자의 피해자들…. 나는 혼잣말을 했어요. '결국 여기서 죄책감을 느끼는 건 나혼자뿐이군. 어쩌면 본인에게도 폭력 문제가 있을지도 모른다고 생각하는 게 나 혼자뿐이야.'" 그녀는 이렇게 결론짓는다. "법정이 내게 이교육을 받으라고 선고한 데는 의미가 있을 테니, 그걸 찾고 있는데, 못찾겠어. 그래서 미치겠어."[56] 기계적으로 스스로 무고하다고 여기는 폭력적인 남자들과 기계적으로 자기 자신을 의심하고 죄책감을 느끼는 경향이 있는 피해자 여성을 같은 방, 같은 프로그램에 모아두다니, 정말이지 '뇌가 폭발할' 만하다.

매니포드 맥클레인의 우화

"그 사람은 내가 놓친 남자야. 내 인생에서 가장 큰 실연의 아픔은 내아이들의 아버지인 내 남편이 떠난 게 아니란다. 매니포드 맥클레인을 제대로 유혹하지 못했다는 거지…." 〈마블러스 미시즈 메이슬〉의 첫 번째 시즌의 한 장면에서 스탠드업 예술가로서 카리스마를 공들여 다듬은 주인공 메이슬은 파티에 모인 친구들을 숨 돌릴 틈도 주지 않고 웃긴다. "그래, 그게 그 사람의 진짜 이름이었지! 그래, 멋졌어. 그는 고등학교 축구팀 주장이었지. 팀의 우두머리. 그 사람의 턱뼈로 당신 누이도 찔러 죽일 수 있을 거야. 정말 잘생긴 남자였는데, 우리 부모님 집으로 저녁 식사에 초대했더니 평소에 '네 정절은 정원 같은 거야. 울타리를 치고 잘 지켜'라고 말하던 우리 어머니가 보자마자 이렇게 말하더라고. '너도 알지? 울타리가 그리 높진 않아. 얼른 뛰어넘어! 기다려 봐, 내가 짧은 사다리를 만들어줄 테니….' 우리는 연말 파티에 함께 갈 뻔했지. 그러다 그의 애인인 사탄이 로드아일랜드에서 돌아왔어. 두 사람은 결혼했고, 아이를 넷이나 낳았고, 오이스터 베이의 바닷가에 집을 한 채 샀지. 그런데 요전 날, 내가 신문을 펼쳤는데 커다란 글씨로 이렇게 쓰인 게 보이더라고. '월스트리트의 골든 보이 Golden boy 매니포드 맥클레인, 자가용 트렁크에 아내의 머리를 실은 채 체포.' 그랬다니까! 그 사람이 자기 아내를 죽였고, 트렁크에 그 머리를 넣고 한 시간을 달리다가 체포되었다는 거야! 나는 그 말을 도무지 믿을 수가 없었지. 틀림없이 다른 매니포드 맥클레인일 거야…. 아니었어, 손목에 수갑을 찬 채로 신문에 실린 건 분명히 그였어. 그리고 내가 생각할 수 있었던 건 이게 전부였지. '오, 세상에! 그는 여전히 눈부시게 멋지네….' 그래, 그래 알아! 내가 용케 그 사람을 피했다고 결론 내려야 할 거야. 그런데 그 대신에 나는 이렇게 생각했지. '음! 그도 자유롭고… 나도 자유로우니….'"

　이 장면은 웃기지만, 훨씬 덜 웃긴 현실을 손가락으로 가리킨다. 살인자들과 거부할 수 없이 그들에게 끌리는 여자들 사이에 맺어지는 연애 이야기들 말이다. 이 현상은 가정폭력 상황에서 작동하는 것과 공통점이 많은 메커니즘으로 보인다. 저지른 범죄가 미디어로 널리 전파된 남자들은 감옥에 있어도 많은 여자 팬을 가지게 되고, 개중 한 여자를 발탁해서 결혼하여 많은 경쟁자에게 실망을 안긴다. 몇몇은 호남형 용모가 내재된 결백의 기호로 여겨져 특별한 인기를 누리며 록스타처럼 편지를 받는다. 하지만 미남이 아닌 사람조차 열광적인 팬들이 있다. 기자인 이자벨 오를랑은 "20세기의 법정 칼럼니스트들에 따르면 11건의 살인[열 명의 여성과 한 명의 남성]으로 1922년에 단두대에서 처형된 앙리 데지레 랑드뤼가 구속 기간 동안 4000통가량의 열정적인 편지를 받았으며, 그중 800건은 청혼으로 간주되었다"고 썼다.[57] 1969년에 로만 폴란스키의 아내로 만삭이었던 배우 샤론 테이트와 그녀의 친구 네 명을 살해하도록 지시한 찰스 맨슨은 2017년에 여든세 살로 사망했다. 죽기 3년 전 그는 스물여섯 살인 팬과 결혼할 뻔했다. 어쨌든 그는 세상에서 가장 여자들에게 인기 많은 살인자라는 지위를 죽기 전에 이미 "몬트리올의 엽기살인마"라고 불리던 루카 로코 매그노타에게 넘겼다. 벨기에에서는 열다섯 살 소녀들이 소아성애자이자 연쇄살인마인 마르크 뒤트루에게 편지를 쓴다. 프랑스에서는 1998년에 일곱 명의 여성을 강간하고 살해한 범죄로 체포된 '파리 동부의 살인자' 기 조르주가 "그의 어머니를 대신하거나 그의 마음을 사로잡길 원하는 여성들에게 수십 통의 편지를 받는다". 텔레비전에서 그를 보고 그의 매력에 빠진 한 법학 전공의 여대생은 수년 동안 면회실로 그를 찾아가기도 했다.

이 모든 것은 선과 악의 모든 개념을 지울 정도로 강력한, 유명인 숭배로 설명될 수 있을 것이다. 그러나 그 반대의 움직임은 확인되지 않는다. 이자벨 오를랑은 미디어로 유명해진 여자 살인자들에 대해 대개 남자들이 대리석처럼 무심하다고 지적한다. 이를테면 캐나다에서 연쇄살인마 폴 버나도와 공모한 여자친구 칼라 호몰카('켄과 바비'라는 별명이 붙은)는 1993년에 함께 체포되었다. 그러나 호몰카는 팬을 둔 적이 없었지만, 버나도는 43건의 강간과 3건의 살인을 저지른 범죄자로 인정되었는데도 '온타리오주의 킹스턴 교도소에서 엄청난 유혹의 편지를 많이 받는 유명인'이 되었다. 달리 말해, 대개 남자들은 여자 살인자를 끔찍한 행동을 저지른 인물로 보고 멀리하는 것이 낫다고 생각한다. 그런 여자는 그들에게 무관심이나 혐오감을 불러일으킨다. 반면에 일부 여자들은 남자 살인자를 거부할 수 없이 끌리는 매혹적인 왕자처럼 본다. 1991년에 이 주제에 관해 첫 연구서를 써낸 미국인 여성 쉴라 아이젠버그의 표현에 따르면, 일단 살인자가 철창에 갇히고 나면 "여성을 끌어당기는 자석"이 된다. 네브라스카주 어느 도시의 경찰서장은 자기 아내에게 총 여덟 발을 쏜 한 남자를 기억한다. "그가 투옥된 첫 주 동안 일곱 명의 여자들이 그를 찾아왔어요."[58]

이러한 난감한 사실은 광기로 치부하고 손등으로 쓸어버리고 싶어진다. "미친 사람은 미친 사람을 끌어당기는 법, 그렇게 단순한 겁니다"라고 변호사 에릭 뒤퐁 모레티Eric Dupond-Moretti는 잘라 말했다.[59] 그러나 살인자들과 그 팬들이 성 역할을 끝까지 밀어붙여, 그 역할들이 차츰 우리의 정상성을 이루게 되는 것은 아닌지 자문해볼 수도 있다. 남성성이 힘과 지배, 폭력의 행사와 연계되어 있다면, 미지메이슬이 매니포드 맥클레인에 관해 내놓는 묘사를 통해 이해한 것처럼 살인자보다 더 남성적인 것이 어디 있을까? 이를테면 마르크 뒤트루에게 편지를 보내는 소녀들은 어쩌면 대개 성인기에 찾아오는 자기 검열과 거리두기 없이 그녀들을 둘러싼 세상의 규범에 너무 동화된 것인지도 모른다. 심리학자 필립 자페Philip Jaffé의 말에 따르면 "이 청소년들의 미성숙은 그들의 눈에 남성성의 정점을 상징하는 것으로 보이는 살인자를 향한 끌림을 어느 정도 설명해준다."[60] "우리의 가부장제 문화 속에서 살인자는 대개 매우 남성적으로 보인다. 살인자는 모든 남성 가운데 가장 마초이고, 가장 힘세고, 가장 폭력적이고 난폭한 자로 간주된다"라고 쉴라 아이젠버그는 말한다. 이 연구자의 말에 따르면, "많은 영화와 시리즈 드라마에서 살인자의(또는 경찰, 밀정, 비밀 공작원의) 폭력적인 신비는 주요한 에로틱 요소이며, 폭력 그 자체가 에로틱하다". 그리고 "남성성 또는 남성우월주의가 과도한 남성과 함께할 때 여성은 스스로를 더 여성적으로 느낀다"[61]라고 한다. 8건의 살인을 자백한 '게인즈빌의 리퍼'(플로리다)라는 별명을 가진 대니 롤링의 약혼녀 손드라 런던도 이렇게 진술했다. "그는 내가 스스로를 여자로 느끼게끔 해주었어요."[62]

팬 또는 애인 들은 대개 분별없는 집착을 드러내며 사랑하는 남자의 무고함을 주장하는데, 때로는 당사자가 자신의 범죄를 큰 소리로 주장할 때조차 그렇다. 그러다 보니 어이없는 장면들이 펼쳐진다. 1989년 셜리 북Shirlee Book은 1970년대 말에 로스앤젤레스의 언덕에서 열두 명의 젊은 여자들을 강간 및 고문하고 목 졸라 죽인 케네스 비안치와 결혼한다. 두 사람이 함께 등장한 텔레비전 방송에서 그녀는 남편을 '다정하고 사랑스러운' 존재로 묘사하는데, 비안치는 "그년들을 죽인"[63] 것을 자랑스레 떠들었다. 쉴라 아이젠버그는 자신의 책을 위해 인터뷰한 여성들, 무명의 살인자나 유명한 살인자를 사랑하는 여자들 가운데 "단 한 명도 자기 남편이나 애인이 사람을 죽였다는 것을 받아들이지 않았다"고 지적한다. 그 남자들은 말하고, 걷고, 미소 짓고, 농담할 줄 아는 평범한 사람들이기도 해서, 그 여자들은 이런 면을 그들이 비난받는 끔찍한 범죄들을 실제로 범했을 리 없다는 증거로 본다. 그러나 아이젠버그의 말에 따르면, 그 여자들은 모두 내심 그들이 살인했다는 것을 **알며**, 그 사실이 그녀들에게는 "극도로 에로틱하게" 받아들여진다는 것이다.

우리는 그 여자들이 남자들이 살인했다는 사실에도 불구하고 숭배하는 것이 아니라, 살인을 했기에 숭배한다고 생각해볼 수 있다. 1979년 마이애미에서 37건의 강간과 살인에 대한 유죄 판결을 받은 (아마도 더 많은 범죄를 저질렀을 것이다) 테드 번디의 세 번째 재판 때 수십 명의 젊은 여자들이 매일 법정에서 앞자리를 차지하려고 다투었다. 몇 년 동안 아무것도 의심하지 못한 채 번디의 동료이자 친구로 지냈고, 법정 공판을 지켜보았던 앤 룰은 이렇게 기억한다. "저들은 자신들이 피고의 희생자들로 추정되는 여자들과 얼마나 닮았는지 알까? 여자들은 그에게서 눈길을 떼지 않았고, 그가 그들을 향해 뒤를 돌아보며 눈부신 미소를 날릴 때마다 얼굴을 붉히고 좋아하며 낄낄댔다."[64] 일부 여자들이 다른 여자를 죽인 남자를 용서할 뿐 아니라, 그것을 매력적이라고 여기고 그가 자신도 죽이리라는 환상을 품을 만큼 세뇌될 정도로 여성혐오를 내면화했을 수 있다는 인상을 지우기 어렵다. 마치 그들 주변에서 확산되어 도처에 존재하는 여성혐오가 가장 기본적인 생존 본능을 그들에게서 박탈해 스스로를 파괴하는 것을 열정적으로 받아들이도록 이끄는 듯하다. 그게 아니면 그 남자가 자신은 살려줄 것이라 믿고서 자신의 행운을 시험해보려는 것인지도 모른다.

물론 1995년에 텍사스에서 사형 선고를 받은 행크 스키너의 경우처럼 사법적 오류에 대한 의심이 폭넓게 공유되는 경우는 상황이 완전히 다르다. 스키너는 그와 결혼한 프랑스 여성 상드린 아조르주 스키너의 지지만이 아니라, 그의 재심 요청을 후원한 국제엠네스티의 지지도 받았다. 프랑스의 권총 강도들인 파트릭 브리스와 미셸 보주르처럼 실제로 범죄는 저질렀으나 유혈 사태를 만들지는 않은 남자들이 발휘하는 매력도 한결 이해할 만하다. 어쨌든 여성의 헌신이라는 요소는 여전하다. 보주르의 부인 나딘은 남편이 1986년 파리의 라상테 감옥에서 헬리콥터를 타고 탈주하도록 도왔고, 나중에 그의 반려자가 된 자밀라 아미디도 1993년에 그의 탈주를 두 번이나 시도했다가 유죄 판결을 받았다.[65] 그러나 살해하는 남자들(그것도 대부분 여자를 살해하는 남자들)의 경우처럼 매혹이라는 요소는 없다. 물론 이런 유형의 (유혈 사태를 낳지는 않은) 범죄자들에게도 속죄나 재활의 권리가 있다고 생각할 수는 있다(미국에서도 사형제 폐지를 위해 활동할 수 있듯이). 하지만 그런 범죄자들을 위해 맹목적으로 나서거나, 자신을 희생하는 사람은 없다.

'그의 엄마가 된 느낌이었죠'

살인자들의 여성 팬들은 가정폭력의 여러 상황에서 관찰되는 여성적 공감과 헌신을 극단적인 형태로 드러내는데, 그로 인해 한 남성이 자신을 포함한 다른 여성에게 행할 수 있었고, 앞으로도 행할 수 있을 악행이 은폐된다. 이 여성들은 살인자에게서 '고통'과 '인간성'만을 본다. 그 관대함이 주로 여성을 또는 여성만을 표적으로 삼은 범죄자를 향할 때는 한층 더 당혹스러워진다. 자신도 여성인데 스스로 희생자들이 아니라 살인자들과 연결되어 있다고 느끼니 말이다. 기 조르주에게 매료된 여학생은 이렇게 말했다. "그는 나를 통해 자신의 끔찍한 과거를 잊게 할 방법을 알아요."[66] 메리 베인이 1987년 맨해튼에서 자기 딸의 학교 친구의 아버지를 사랑하게 되었을 때 그녀가 그에게서 본 것은 자기 아내를 살해한 혐의를 받는다는 사실이 아니라 "그의 재기, 그의 매력, 그의 지성"이었다. 마찬가지로, 설리 북은 케네스 비안치의 재판 때 사진 한 장을 보고 그를 사랑하게 되었는데, 그 사진에서 "그가 외로워 보였다"[67]고 한다. 플로리다에서 세 여성을 살해하고 사형 선고를 받은 오스카 레이 볼린과 1995년에 만난 로잘리 볼린은 이렇게 말한다. "나는 그의 고립을, 고독을 느꼈어요. 그는 내 마음을 움직였죠."[68]

감옥에 갇힌 살인자들은 여성에게 잘 발병하는 구원자 증후군에 강력히 호소한다. 피츠버그 인근의 한 병원에서 근무하는 간호사 힐러리의 이야기는 완벽한 예시다. 당시 40대 이혼녀였던 그녀는 심장발작을 겪고 감옥에서 이송되어 온 루카스를 만났다. 그녀는 침대에 묶인 그 환자를 보고 마음이 흔들린다. 그가 강도 행각을 벌이던 중 공범 세 명과 함께 한 노인을 죽도록 폭행한 죄로 수감되었다는 것은 나중에 알게 된다. 그가 퇴원하기 전에 그녀에게 전화번호를 달라고 하자 그녀는 거절한다. 하지만 그 후에 '조금 모질었던' 것을 자책한다. 몇 달 뒤 그가 다시 입원하면서 그녀에게 두 번째 기회가 주어진다. 그들은 편지를 주고받기 시작하고, 그녀는 자신이 '그를 아주 좋아한다'는 사실을 깨닫는다. 그때부터 그녀는 '무슨 일이 일어나도 그의 곁을 지키리라고' 마음먹는다. 그리고 이렇게 약속한다. "내가 당신을 거기서 꺼내줄 거야." 그녀는 쉴라 아이젠버그에게 자신이 "사람들을 돕는 걸 좋아하기" 때문에 간호사가 되고 싶었다고 설명한다. 그녀는 어머니가 보여준 본보기에 깊이 영향받았는데, 그녀의 어머니는 "모두를 돌보았고", "지금은 분명히 천국에 있을 성녀" 같은 사람이었다. 힐러리의 첫 남편은 술을 너무 많이 마셨다. 그녀는 그와 결혼할 때 그 사실을 알았지만 그를 구할 수 있으리라고 자신했다. 그녀와 네 아이는 지옥 같은 삶을 살았다. 그녀가 총으로 위협해서 결국 그를 바깥으로 내쫓은 날까지. 루카스가 자살 기도 후 정신병원에 수감되자 그녀는 그를 지지하며 찾아간다. "나는 꼭 그의 엄마가 된 느낌이었고, 그를 치유해줄 생각이었죠." 그녀는 그가 감옥에서 나오길 기다리며 자신의 미래를 위해서는 아무런 저축도 하지 않았다. 그녀가 일주일에 60시간씩 일하고 저축한 돈은 전부 루카스가 감옥에서 편안하게 지내게 하는 데 쓰였다. "그 사람에게 텔레비전, 라디오, 옷, 크리스마스 선물을 사주었죠. 그의 전화비도 지불했어요. 최근에는 새 세탁기를 사고 싶었는데, 그가 전화를 걸어서 '추운데 이불이 하나뿐이야'라고 해서…." 그녀와 마찬가지로 다른 여성도 자기 어머니에게 "남자를 있는 그대로 받아들이는 법을, 자신을 희생하려는 욕망"[69]을 배웠다. 이런 돌봄에 대한 강박을 통해 통제 의지가 표현된다는 주장도 수긍할 수 있다. 죄수는 이러한 심리적 인물상을 보이는 여성의 정서적 욕구를 채워주는 완벽한 대상이다. 어쨌든 그들의 헌신이 대단히 구체적인 물질적 효과를 내는 것은 틀림없다. 그것은 한쪽으로는 이득이 되고, 다른 쪽으로는 해가 된다. 루카스는 힐러리에게 완전한 모성애의 환상을 실현하게 해주고 그녀가 제공하는 안락을 향유했다. 반면에 그녀는 그를 위해 죽도록 일하며 가난한 미래를 자초했다.

여자들이 사랑하는 남자의 유죄를 인정하는 희귀한 경우, 그녀들은 그 남자를 어떤 도전으로 보는 듯하다. 그 남자는 남성적 남자의 원형만이 아니라, 속을 알 수 없고, 자기 안에 유폐되어 번민하는 남자의 원형을 극단적으로 구현한다. 몇 달 또는 몇 년 동안 그는 자신만이 아는 내적 욕구에 응하는 끔찍한 범죄들을 은밀히 범하며 이중의 삶을 살았다. 여자들은 그 남자와 맺게 될 강렬한 관계를 이용해 그의 갑옷을 깨뜨릴 여자가 되려는 환상이나 야심을 품는다. 그는 그 여자들에게 지고한 여성성의 수행으로 인도해줄 기회가 된다. 이 여성들은 이해, 지혜, 인내, 관대함으로 트라우마와 범죄 뒤에 바리케이드를 친 감성적 존재를 움직일 줄 아는 여자가 되길 희망한다. 온 사회가 그것을 여성의 역할로 간주하는 듯 보인다. 나는 청소년기에 자주 듣고 좋아했던 노르웨이 밴드 아하A-ha의 노래 중 하나에 문제가 있다는 것을 아주 뒤늦게 깨달았다. 〈난 당신을 잃기만 해요I've Been Losing You〉(1986)는 자신이 사랑하는 여자를 죽이고 나서 그녀에게 도와달라고 애원하는 한 남자의 독백이다. "오, 제발, 이제 / 내게 말해줘 / 날 도와줄 어떤 말이라도 해줘…"[70]

거의 마법 같은 힘을 가진 것으로 여겨지는 여성의 연민, 다정함, 통찰력, 이 모든 것 속에 자리한 믿음은 2001년 기 조르주의 재판 때 명백히 드러났다. 처음 6일 동안의 공판에서 피고는 모든 강간과 살인을 깡그리 부인했는데, 그러다 무너져서 자백하고, 울며 용서를 구했다. 물론 희생자들의 어머니와 자매, 친구 들의 심문이, 또는 그 이전에 이루어진 변호사들의 심문이 그를 자백으로 내몰 수 있었다. 하지만 언론의 보도는 이런 극적인 면을 강조했다. 《엘르》지는 "여자들에게 자백하다"라는 헤드라인을 붙였다(2001년 4월 2일). 중죄재판소 재판장은 기 조르주를 상대로 '전혀 거칠지 않고 침착하게' 말했으며, 이런 그의 태도에는 '여성적'이라는 수식어가 붙었다.[71] 주 변호사인 알렉스 위르술레Alex Ursulet는 동료 여성 변호사 프레데리크 퐁스 Frédérique Pons의 도움을 받았다. 위르술레는 기 조르주처럼 흑인이 었는데, 적어도 어느 정도는 이미지를 고려해서 자기 고객이 백인 여 성의 변호를 받게 하려고 이 동료를 고용했을 수도 있다. 그 작업은 참 으로 성공적이어서 주 변호사인 그는 동업자에게 완전히 가려졌다. 프레데리크 퐁스가 기 조르주 곁에 모습을 드러낼 때마다 그녀의 마 돈나 같은 얼굴과 파란 눈, 도자기 같은 피붓결은 "괴물"의 어두운 피 부색과 괄목할 정도로 대비를 이루었다. 그들의 병렬은 흰 피부를 선 과 순수함, 검은 피부를 악과 연계 짓는 케케묵은 인종차별적인 상상 을 일깨우고, 〈미녀와 야수〉 유형의 시각적 대조를 이루었다. 그러나 무엇보다 야만을 이기는 여성적 감수성이라는 서사적 도식은 거부할 수 없을 만큼 매혹적으로 보였다. 프레데리크 퐁스가 긴장이 고조된 순간에 흘린 눈물은 엄청난 파장을 낳았다. 《르 파리지엥Le Parisien》 은 그녀에게 이런 제목의 초상을 할애했다. "기 조르주를 자백시킨 여 성"(2001년 4월 1일). 그녀는 판결 후에 이렇게 말했다. "어떤 다른 존 재가 그에게서 나오려 한다는 느낌이 들었죠."[72]

그렇지만⋯ 공판 보고서를 믿는다면, 기 조르주는 알렉스 위르술레 로부터 자기 죄에 대한 질문을 끊임없이 받고 대답하면서 마침내 '아 니요'에서 '예'로 건너갔다. 이전 날들의 개입이 미리 땅을 다져 놓았 을지라도 어쨌든 그의 자백을 초래한 것은 다른 남자가 내세운 논거 였던 것으로 보인다. 그의 변호사는 이렇게 애원했다. "당신의 가족을 위해, 어디에 있는지 모르지만 당신의 아버지를 위해, 그들이 당신을 용서할 수 있도록, 당신이 [폭행과] 연관된 게 있다면 말해야 합니다. 그녀에게 폭행을 가했습니까?" 그러자 살인자는 처음으로 한숨을 내쉬며 말했다. "네." 그러고는 그의 변호사가 열거하는 이름마다 "네"라고 반복했다.[73] 더구나 피해자 중 한 사람의 어머니는 위르술레 씨에게 경의를 표했다. "그는 기 조르주를 자백으로 이끌면서 품격을 보여주었어요."[74] 살인자는 그의 마음을 뒤흔든 세 여성의 증언을 언급하고 이렇게 말을 마무리 지었다. "제 변호사도 있죠. 나머지는 그분이 한 것 같아요."[75] 그러나 외관상 다른 남자의 인간성에 호소하는 한 남자(흑인)의 시나리오는 우리의 선입견을 만족시키지 못한다. '파리 동부의 살인마'에 대한 수사에서 영감을 받은 프레데릭 텔리에의 (상당히 나쁜) 영화 〈에스케이원L'Affaire SK1〉(2014)에 알렉스 위르술레는 이름조차 없다. 그를 연기하는 배우는 자막에 그저 "기 조르주의 변호사"라고 표기되었다. 반면에 나탈리 베이가 배역을 맡은 프레데리크 퐁스는 스타처럼 부각되어, 기적을 일으키는 여성성이라는 환상을 눈에 띄게 부각한다. 우리는 그녀가 의뢰인이 자백하도록 부추겨야 한다고 자기 동료를 설득하는 것을 본다. 그녀는 말한다. "그와는 누구도 제 역할을 다하지 않았어요. 부모도, 다스Ddass[76]도. 그는 처음 투옥되었을 때 감옥에서 정신과 의사를 만나게 해달라고 청했지만 거절당했어요. 나는 남은 생애를 감옥에서 보내게 될 이 사람이 여기서든 저기서든 조금이나마 빛을 보길 바랍니다. 사건을 다르게 접근해야 해요. 우리는 모두 자기 해명을 할 필요가 있어요. 나는 그가 모두에게 미움받고 이해받지 못하는, 그저 괴물로 여겨지지 않기를 바랍니다. 그게 제 일입니다." 그녀에게 경찰이 "제가 7년 동안 괴물을 쫓은 사람입니다"라고 말하자 그녀는 이렇게 응수한다. "저는 괴물 뒤에 있는 사람을 쫓는 사람입니다."

재판 후에 한 정신과 의사는 기 조르주가 어머니에게 버림받았기에 자신이 여자들의 관심의 대상이 될 수 있으리라고 생각하지 않았다고 설명했다. "그가 범한 강간과 살인이 거기서 비롯됩니다." 그러니 재판이 벌어지는 동안 그에게 자백하라고 촉구하는 여성들의 호소는 그의 내면에 각별한 울림을 낳았을 것이다. "남성만 개입했더라면 그의 침묵은 더 강화되었을 겁니다."[77] 이 주장이 얼마나 유효한지는 알지 못하지만 내가 보기에는 사람들이 그런 힘을 여성에게 부여함으로써 여성을 전쟁터로 내보내는 것 같다. 오늘날 루카 로코 매그노타의 머리맡으로 몰려가는 팬들에 대해 이자벨 오를랑은 이렇게 쓴다. "모든 여자들이 그가 회복되도록 돕는 여자가 되고 싶어 한다."[78] 그것은 무모한 도박이다. 살인자가 다시 자유를 되찾지 못하게 될 경우, 그가 불러일으키는 소명의 결과는 제한되겠지만, 항상 그런 것은 아니다. 카롤 스파도니는 자기 아내를 살해한 죄로 수감 중이던 필립 칼 자블론스키와 결혼했다. 1990년 그의 석방이 가까워지자 그녀는 보호관찰관에게 자신의 두려움을 털어놓았으나, 그는 그 말을 제대로 경청하지 않았다.[79] 그녀의 남편은 풀려났고, 그녀와 함께 캘리포니아의 작은 마을에 정착한다. 1991년 그는 그녀를 칼로 찌르고, 장모를 강간하고 죽인다. 그리고 다른 두 여자도 강간하고 살해한다. 감옥으로 돌아간 그는 결혼 광고를 내는데, 그 광고에 자신을 "상냥한 거인"으로 묘사하고, "촛불 밝힌 저녁 식사와 해변을 거니는 낭만적인 산책, 벽난로 앞에서 나누는 포옹"[80]을 꿈꾼다고 쓴다.

'완벽한 애인'

살인자를 향한 이끌림을 설명할 다른 요소들도 있다. 그 요소들은 수많은 여성의 통상적인 운명에 대해 은연중에 많은 것을 이야기해준다. 쉴라 아이젠버그가 만난 여성 모두가 학대와 성폭행, 가정폭력으로 물든 삶을 살았고, 그 후 결혼 생활에서는 하녀처럼 취급당하며 살았다. 사랑과 폭력은 그들의 이야기에 깊이 뒤얽혀 있었다. 일부 여성은 그들이 살면서 겪은 고통을 생각해볼 때 아마도 살인에 대해 환상만 품고 있었을 터여서 그것을 실행에 옮긴 남자를 보며 감탄하기까지 했다. 게다가 역설적이게도 죄수와 맺는 관계가 그들에게는 안정감을 안겼다. 왜냐하면 항상 감시받으며 갇혀 있는 남자는 그들에게 못된 짓을 할 수 없기 때문이다. 그런 관계는 대개 정신적이어서, 일부 여성은 성행위의 의무에서 해방된 것에 안도했다고도 말한다. 그들은 외모에 대한 압박에서 벗어나는 것도 좋아했다. 미국의 죄수와의 만남 전문 사이트에 가입한 한 프랑스인 여성은 "사형수들은 편지 상대의 허리둘레에 대해서는 신경 쓰지 않죠"라고 말한다.[81] 이 여성들은 자신이 약혼자나 남편의 삶에서 중심을 차지한다고 확신하고, 상대가 그들의 구명보트나 마찬가지인 자신을 배려해주리라고 굳게 믿고 있다. 반려자가 바람을 피워 배신당할 위험도 아주 없지는 않겠지만 자유로운 남자의 경우보다는 훨씬 적다. 그녀들은 스스로 자유롭게 돌아다니면서, 그에게 설명할 일도 없고, 둘을 위해 해야 할 집안일도 없고, 매 순간 그가 어디에 있는지를 안다. 요컨대, 그는 '완벽한 애인'[82]인 것이다.

이 여성들은 모두 사랑에 대해 엄청난 갈증을 드러낸다. 사랑에 빠지려는 마음이 너무도 커서 텔레비전 화면에서 낯선 남자의 이미지만 보고도 자극받을 수 있는데(그것이 살인자의 이미지라는 사실을 말하지 않더라도), 이러한 성향에 대해서는 나중에 다시 말해야 할 것이다. 그것은 어떻게 여자들이 강박적으로 사랑을 꿈꾸며, 그녀들이 눈독 들이는 남자에게 가장 득이 되게끔 그 사랑을 자기 정체성과 실존적 탐구의 중심으로 삼도록 조종되었는지 잘 보여준다. 살인자들의 애인들은 대부분이 평생 사랑과 관심을 받는 삶을 살지 못했는데, 그런데 갑자기 온종일 그녀들을 사랑하고 그녀들을 생각하는 것 말고는 달리 할 일이 없는 누군가가 나타난 것이다. 오스카 레이 볼랭을 만났을 때 로잘리 볼랭은 유명한 변호사와 결혼해서 큰 저택에서 남편과 네 딸과 함께 살고 있었다. 그녀는 1996년에 볼랭과 결혼하기 위해 이 모든 것을 버린다(볼랭은 2016년에 처형된다).[83] 그녀는 그가 그녀에게 쓴 편지들을 감탄하며 보여주었다. 그녀에게는 그것이 자신이 그를 위해 포기한 온갖 물질적 부와 안락보다 훨씬 중요해 보였다.[84] 또 다른 살인자인 대니 롤링에 대한 경악스러운 한 장면이 있다. 그는 법정에서 판사가 덧붙일 말이 있냐고 묻자 오렌지색 죄수복 차림에 수갑을 찬 채 약혼녀 손드라 런던을 향해 돌아서서는 아연실색한 청중 앞에서 세레나데를 부르기 시작한다. 여학생들의 집에 들어가 강간하고 칼로 찌르고 목을 자른 뒤 외설적인 자세로 시신을 버려두었던 남자가 노래를 부르기 시작한 것이다. "당신을 만나서 사랑한다고 말한 그날이 기억나요…." 이는 거의 우리 사회에 대한 음산한 풍자 같다. 해골들이 가부장제의 벽장 속에서 덜거덕거리는 동안 우리는 로맨틱 코미디에 심취하는 꼴이다.

게다가 쉴라 아이젠버그는 이 살인자들이 범죄 행각을 벌이거나 수감 생활하는 동안에도 살아남기 위해 관찰과 조종 능력을 길렀다고 힘주어 말한다. 그들은 "세계 최고의 심리학자들"이다. 그래서 여자가 듣고 싶어 하는 것을 정확히 말해줄 줄 안다. 이는 어쩌면 살인자들을 인터뷰한 사람들이 그들에 대해 묘사할 때 '감수성 예민한'이라는 말이 자주 등장하는 이유를 설명해준다. 그들이 범한 범죄에 대한 부인에 이런 능력까지 더해지면서 살인자들은 애인이나 배우자가 자신의 환상을 투사할 백지가 된다. 이 여성들은 드니 드 루즈몽이 트리스탄과 이졸데 신화를 가지고 묘사한 낭만적 사랑을 경험한다. 쉴라 아이젠버그는 이런 사랑을 끊임없이 방해받고 "충족되지 않는 열망들"로 가득 찬 사랑이라고 말한다. 그 사랑 속에서 상대는 현실적 존재라기보다는 신기루고 이상적인 형상이다. 이 여성들은 우여곡절에, 수감자와의 관계가 초래하는 희망과 실망의 교차에 중독되었다. 이들은 트리스탄과 이졸데처럼 이 현세를 위한 것이 아닌 사랑을 추구한다. 아이젠버그는 이들이 **삶보다 큰**bigger than life 남자를 원한다고 말한다. 이들 중 한 여성은 이런 의미심장한 말도 했다고 한다. "어쩌면 우리는 **현실 세계에서는** 서로에게 호감조차 느끼지 않았을 겁니다."

"나는 사랑에 등을 돌릴 수가 없었어요." 메리 베인은 남편과 딸을 포함해 가진 모든 것을 버리고, 자기 아내를 살해한 혐의를 받는 조셉 피쿨과 결혼한 뒤 이렇게 말했다. 그녀는 그의 재판이 진행되는 동안 몇 달을 그와 함께 살며 자신이 믿고 싶었던 것과 반대로 그가 전 부인을 분명히 살해했으며, 따라서 자기 삶이 위험에 처했다는 것을 깨닫게 되었다. 그는 그들의 집 주변 숲속으로 그녀를 뒤쫓으며 그녀를 위한 무덤을 파두었다고 외치곤 했다. 그녀는 여러 차례 경찰을 불러야만 했다. 결국 그는 자신에 대한 선고가 내려지기 전에 에이즈로 사망했다. 그는 동성애자였는데 그녀에게는 그 사실을 끝내 말하지 않았다. 그녀는 이렇게 결론짓는다. "이 남자가 나를 제대로 엿 먹였다는 느낌이 드네." 하지만 이렇게 덧붙인다. "나는 누군가를 사랑하게 되었고… 여전히 내가 나쁜 선택을 한 건 아니라고 생각해." 우리는 낭만적 사랑에 대한 믿음이 너무 큰 사회에 살고 있다. 그런 사회에서 특히 여성들은 극단으로 내몰릴 수 있다. 자신의 온 삶을 완전한 환상을 위해 바치는 것이다. 쉴라 아이젠버그는 말한다. "우리 문화는 사랑에 대해 중독적인 태도를 만들어낸다."[85]

대중은 대개 살인자에게 열성 팬이 존재한다는 사실에 아연실색한다. 그 살인자들의 범죄가 미디어로 널리 알려졌을 때는 더더욱 그렇다. 마찬가지로 정도의 차이는 있을지라도 가정폭력의 피해자들을 측은한 눈길로 내려다본다. 이 여성들은 모두 쉽게 믿고, 판단력 결핍으로 괴로워하는 불쌍한 피조물로 간주된다. 가부장제 문화를 만든 것도, 남성적 매력과 폭력을 연계한 것도 이 여성들이 아니다. 단지 이 여성들은 우리 모두가 젖어 있는 숭고하고 좌절된 사랑의 가치를 되풀이하는 데 그칠 뿐이다. 그럼에도 우리는 여성의 헌신과 희생, 타인에 대한 배려를 (그리고 은연중에 그들 자신의 망각까지) 강조하는 말로 여성에게 찬사를 보낸다. '항상 미소 짓고', '마음이 너그럽고', '자식들을 위해 언제나 준비된'… 이러한 모든 자질이 우리의 여성성 개념에 깊이 내포되어 있어 우리는 생각지도 않고 그런 말을 내뱉는다. 반면에 너그러움을 절제하고, 자기 욕구에 귀 기울이고, 인류의 4분의 3에 해당하는 사람들의 안녕에 대해 직접적인 책임이 자신에게 있다고 느끼지 않는 여성은 즉각 차갑고 이기적인 존재로 인식된다. 그렇기에 우리는 우리도 모르게 그런 기대에 부합하는 여성들을 만들고 있다.

세상은 너무 여성의 헌신에 기대어 돌아가고, 너무 많은 사람이 그것을 남용한다. 이제는 헌신이라는 자질이 더 잘 배분되어야 한다. 어쩌면 소년에게서 다정과 친절의 가치를 부각하고, 소녀에게는 자신의 안녕에 관심을 기울이고 그것을 옹호하도록 독려하는 일부터 시작해야 할 것이다(소녀에게 **천사**가 되는 법이 아니라, 타인에게 합당하게 주의를 기울이는 친절한 사람이 되는 법을 가르쳐야 한다). 알렉상드라 랑주의 이야기를 드라마로 만든 〈지배〉에서 아직 청소년인 여주인공이 마르셀로 기유맹을 만나서 자기 이름을 말하자 그는 이렇게 대답한다. "지금 내 삶엔 천사가 필요해." 그리고 오스카 레이 볼린을 처음 만난 로잘리 마르티네즈는 이렇게 말한다. "저는 당신의 천사예요. 당신의 생명을 구해주고 싶어요."[86] 조종자와의 관계에서 벗어나 자신을 성찰하는 과정을 그린 만화에서 소피 랑브다는 이렇게 자문한다. "정말이지 나는 누구에게 열중했던 걸까? 그렇게 억압당한 사람을 구하고 싶었던 걸까? 나 자신에게 미칠 결과는 생각지도 않고 타인들의 모든 흠결을 받아들이려 한 걸까? 그건 그저 나의 자아와 나르시시즘을 닦아 다듬는 또 하나의 방식이었다. 사실, 나는 나 자신을 다쳐서 길가에 떨어진 새를 무조건 구하고 보는 그런 여자로 보았던 것이다." 그녀는 자신이 천사의 모습으로 등장하는 자조적인 기념물을 그린다.[87] 여기서도 나는 그녀가 여성으로서 자신의 사회화보다는 자신의 '나르시시즘'를 문제 삼으며 자책하는 것은 잘못이라고 생각한다.

심리학자 필립 자페는 살인자를 숭배하는 여성들의 동기를 설명하기 위해 이렇게 말한다. "그런 너그러운 여성들은 대개 기독교 교육을 받았다. 심각한 죄를 저지른 사람도 용서받을 수 있다고 교육받은 것이다."[88] 쉴라 아이젠버그가 인터뷰한 여성들 중 상당수가 가톨릭 신자로 자랐다. 마찬가지로 앞에서 언급한 가정폭력의 피해자였던 마리 클로드(남편을 떠나면서 자신의 몫인 돈을 가져가는 것조차 힘들어했던 여성)는 부모가 걱정하며 그 남자와 결혼하는 것을 만류했다고 말했다. 그녀는 부모의 말을 귀 기울여 듣지 않았다. "나는 선량한 가톨릭 신자로서 생각했죠. '저 남자를 내가 구해줄 거야.'"[89] 어쨌든 우리는 이 모든 경우에 가톨릭이 세속적 형태로도 넘치도록 존재하는, 여성 교육과 연계된 보편적 경향을 악화시키기만 한 것은 아닌지 자문해볼 수 있다. 알리사 웬즈의 소설 속 화자는 반려자와 함께 살았던 지옥에서 마침내 빠져나와 자기 경험에 대해 생각한다. "여자는 남는다. 어째서일까. 무기를 가지고 있지 않아서가 아니다. 무기는 가지고 있다. 그녀는 읽었고, 생각했다. 하지만 그녀는 어쩌면 사랑하는 것이, 무엇보다 사랑하는 것이 자신의 의무이자 힘이라고 여전히 믿고 있을지 모른다. 그녀는 사랑이 불행을 보상해주리라 믿는다. 그녀는 율리시스가 돌아오기를 기다리는 페넬로페의 이야기를 읽었고, 테세우스에게 실뭉치를 건네어 미궁에서 빠져나오게 해주는 아리아드네의 이야기도 읽었다. 그녀는 인내심, 다정함, 내조는 변치 않는 덕목이라고 생각한다. 그리고 털어놓지는 않지만, 여성은 그런 덕목에 재능을 타고났다고 생각한다(심지어 그녀는 여성이 그러도록 만들어졌다고 생각하는지도 모른다). 하지만 그녀의 생각은 틀렸다. 그녀는 자신이 케케묵은 도식에 빠져 있다는 것을 보지 못한다. 그녀에게 한계를 지우고, 그녀를 소멸시킬 수도 있을 도식이다. 그녀는 자신이 자신의 붕괴에 빠져드는 걸 보지 못하는 것이다."[90]

상냥하고 헌신적이며 이해심 많은 여성과 그녀가 구하려는 고문당한 남성 또는 고문당하고 폭력적인 남성 간의 관계의 배경에는 대개 의식적으로 《미녀와 야수》의 모델이 있다. 심리치료사 로빈 노우드는 이 동화가 "여성이 헌신적으로 남성을 사랑하기만 한다면 여성에겐 남성을 변화시킬 힘이 있다는 믿음을 영속시키는 매개 수단"이 된 것처럼 보인다고 말한다. 그러나 그 믿음은 오해다. 동화 속에서 미녀는 야수를 바꿀 욕구가 전혀 없다. "그녀는 괴물을 왕자로 바꾸려고 애쓰지 않는다. 이를테면 '그가 동물이 아니라면 난 행복할 텐데'라는 말을 하지 않는다." 그녀는 이미 행복하다. 그는 상냥하고, 선량하며, 성품도 좋아서 그녀는 있는 그대로의 그를 사랑한다. 그를 통제할 의도가 전혀 없다. 바로 그렇기에 그는 자유롭게 달라져서 왕자로 변할 수 있다. 요컨대, 오히려《미녀와 야수》는 우리에게 누군가를 바꿀 힘이 없다는(적어도 고의로 바꿀 힘은 없다는) 사실을 환기하는 것으로 보아야 한다. 노우드는 이렇게 결론짓는다. "행복해지길 원하는 것은 아무 문제가 되지 않지만, 그 행복의 원천을 우리 자신의 밖에, 다른 누군가의 손에 두는 것은 자신의 삶을 더 낫게 바꿀 수 있는 우리의 능력과 책임감을 회피하게 만든다."[91] 베를린의 여러 클럽의 여자 화장실에 그려진 낙서를 찍어 인스타그램 계정에 올린 사진 중 하나에서 우리는 파란 바탕에 형광 분홍색으로 쓴 "그를 바꾸려 하지 말라Don't try to fix him"[92]라는 문구를 읽을 수 있다. 분홍색 형광 잉크가 이렇게 잘 사용된 경우는 보기 드물다.

사랑과 죽음, 클리셰의 번창

그러나 무엇보다 우리 문화가 남성이 여성에게 행할 수 있는 악행을 사랑의 증거로 줄곧 내세우는 마당에 가정폭력의 피해자들이나 살인자의 팬들이 보이는 행동에 격분하는 것은 상당히 위선적이다. 사랑에 대한 우리의 관점은 죽음의 문화에 젖어 있다. 그것은 드니 드 루즈몽이 분석한 바대로, 비극적이고 불가능한 열정에 끌리는 우리의 취향이 낳은 결과 중 하나다. 그것은 마치 상품을 밀반입하듯이 여성혐오적 폭력에 덮개를 씌워 그것을 은폐하고 정당화한다. '여성살해'라는 말을 쓰게 하려는 페미니스트들의 투쟁 덕에 '치정 범죄crime passionnel'라는 용어는 언론에서 사라지기 시작했다. 게다가 이 용어는 언론의 범주이지 어떤 경우에도 법적 범주의 용어는 되지 못한다. 아닉 우엘, 파트리시아 메르카데르, 엘가 소보타는 이 역설을 강조한다. "사랑은 1791년까지는 정상참작의 사유로 인정받았지만, 여론에 치정 범죄라는 개념이 출현하면서 법전에서 사라졌다." 언론은 법의 변화를 따르기를 거부하고, 이전에 입법자가 보여준 관용을 존속시키는 일을 떠안았다. 언론은 19세기 내내 '치정 범죄'라는 개념을 세우고 정착시켰다. 그것은 가정의 포근함을 둘러싼 선전이 한창 펼쳐지던 시대에 여성에게 가정의 위험성을 부인하게 내몰았다. 이 여성 저자들은 긍정적인 가치를 부여하든 부정적인 가치를 부여하든 열정은 우리가 맞서지 못하는 힘으로 인식되기에, 이런 유형의 범죄를 불가피한 숙명처럼 생각하게 된다고 설명한다. 기자들에 의해 사랑의 증언처럼 위장된 폭력은 때때로 희화화되기도 한다. 한 남자가 이혼을 피할 수 없게 되자 자기 아내를 죽이고 자살한 사건을 언급하면서 한 기자는 살인이 '밸런타인데이 11일 전에', 진열창에 '당신을 이만큼 열렬히 사랑해'라고 적힌 하트 모양의 빨간 풍선을 게시한 상점에서 두 걸음 떨어진 지점에서 일어났다는 점을 강조한다. 게다가 자살이 뒤따른 살인을 동반자살처럼 다뤘다. 어느 신문은 "사랑의 마지막 밤"이라는 제목을 달았다. 그리고 리포터는 이렇게 썼다. "그들은《주군의 여인》의 연인처럼 새벽에는 모든 것이 끝나 있으리라는 것을 알았다."[93]

2003년, 마리 트랭티냥의 죽음에 언론은 '사랑'과 '열정'을 쏟아냈다.《파리 마치》(2003년 8월 7일)는 "괴물 같은 사랑"이라는 헤드라인을 달았다.《레쟁로큅티블》(2003년 8월 6일)에서 "치정 과실 살인"을 운운한 아르노 비비앙은 이렇게 썼다. "록 밴드 리타 미츠코[94]는 이미 오래전에 우리에게 예고했다. '사랑 이야기는 대개 안 좋게 끝난다'라고." 심지어 그의 기사 제목도 〈A의 이야기들〉이었다. 그는 이 두 사람이 "자주 부딪쳤다"라고 단언했다. 왜냐하면 "오늘이 어제보다 사랑하기가 훨씬 어렵기" 때문이다. 아마도 "자본주의" 때문에. 그리고 그는 장 루이 뮈라Jean-Louis Murat를 인용한다. "오, 이건 우리를 삼키고 지나가는 사랑이다." 앙투안 드 베크Antoine de Baecque는《리베라시옹》(2003년 8월 1일)에서 "지나칠 정도로 난폭하게 각자의 감정을 경험하는 열정의 존재들"과 "사랑과 죽음이 지탱하는 관계"를 환기했다. 그는 프랑수아 트뤼포의 〈이웃집 여인〉에서 파니 아르당이 연인을 죽이고 자살하면서 말한 대사를 떠올렸다. "함께하지도 못하고, 떨어지지도 못할." 그리고 그는 이렇게 결론 내렸다. "이것은 마리 트랭티냥이 무엇보다 사랑한 영화, 너무 강렬하고 이루어질 수 없는 사랑에 대한 영화였다." 피해자의 영화 취향을 통해 살인을 정당화하는 것은 언제나 우아하다. 여기서도 이 방식은 마리 트랭티냥에게서 개체성을, 제 고유의 의지를 박탈함으로써 캉타가 둘이서 함께 세운 계획을 실행했다는 인상을 준다. 아나키스트 연극인 아르망 가티, 감독 엘

렌 샤틀랭과 작가 클로드 파베르가 쓴 한심한 사설에서 우리는 이런 내용을 읽을 수 있었다. "이제 역사는 마리와 베르트랑이 그 어느 때보다 끈끈하게 이어져 있다는 사실을 기억할 것이다. 떨어뜨릴 수 없게 하나가 되었다는 것을. 다만 그녀는 죽었고, 그는 살아 있지만."[95] 그런 것은 중요치 않은 사실이다.

당시 《레쟁로큅티블》의 기자 넬리 카프리엘리앙은 친구들과 동료들의 몰지각에 격노했다. "프랑스에서 낭만주의는 모든 것을 용서한다. 상대의 말이 고통의 원천이 될 때 상대와 상대의 말을 상징적으로 파기하려는 무의식적 욕망이 낳는 폭력까지도 용서한다(그러나 이 고통은 조금도 낭만적이거나 사랑스럽지 않다)."[96] 그러나 한 번은 관습이 아니다. 발레리 토라니앙은 《엘르》지에 꼭 필요한 말을 썼다. "마리 트랭티냑은 사랑과 열정의 희생자로 죽은 것이 아니다. 그런 말은 현실에 대한, 참을 수 없는 치장이다. […] 그녀는 심하게 구타당한 여성이다. 한 남자가 악의에 사로잡혀 제 고뇌를 폭력으로밖에 해결하지 못했기 때문이다. 끔찍한 사회면 기사다. 범죄다. 프랑스에서 매년 수십 건씩 일어나는 범죄. 비극의 주인공들이 유명한 예술가라도 달라지는 것은 없다. […] 주먹을 휘두르는 자들에게 사랑의 증서 같은 것은 없다. 사랑은 삶을 초월하고 전복한다. 사랑은 때로 사람의 마음은 꺾어도 몸을 꺾지는 않는다. 여전히 사랑은 우리가 권해야 할 최고의 것이다. 최악이 아니라."[97] (크리스티나 라디는 7년 뒤 부모의 자동응답기에 대고 "그가 사랑이라고 부르는 것은 악몽"이라 말했다.) 토라니앙[98]은 우파 여성으로 애초에 캉타에 대해 반감을 품고 있었을 것이다. 우리

는 그녀가 한 말을 좌파 인사들과 기자들의 펜 아래에서 찾았으나 헛
수고만 했다. 그들은 대안세계화주의자이자 랭보 추종자 같은 그들
의 친구를 위해 월계관을 짜느라 바빴다. 당시 프랑스 퀼튀르에서 소
설 부장을 맡고 있던 작가 베르나르 코망은 마리 트랭티냥에게 두 마
디로 의례를 표한 뒤(그랬다, 그녀는 멋졌다) 캉타에 대해서는 두 단이나
할애해 (여전히 《레쟁로큅티블》에서) "힘을 제어하는 데 마음을 쓰는
이 다정한 존재"라며 찬사를 늘어놓았다. 그리고 지나가며 말하듯 "단
순한 영혼의 논설위원[토라니앙]이 분석을 가장하고 구타당하는 여성
들의 비극을 흔들어댄다고 한탄했다…".[99] 아, 참으로 단순한 이 여자
들은 항상 천박한 고정관념을 다시 끄집어내며 감히 '거인'을 교양 없
는 프롤레타리아와 같은 자루에 집어넣고 마는 것이다.[100]

　아닉 우엘, 파트리시아 메르카데르, 엘가 소보타는 여성살해의 장
본인들에 대해 기자들이 보이는 관용을 아주 단순하게 설명한다. 그
기사들이 "남성 자아의 관점에서" 쓰였다는 것이다. 그 기사들을 쓴
기자들은 스스로 질투심에 사로잡히고, 배반당하거나 버림받았다고
상상한다. 이를테면, 넬리라는 여성이 전 남자친구에게 납치되어 시
골의 어느 외딴 장소로 끌려가 강간당한 뒤 목 졸려 죽을 뻔한 사건의
기사 제목을 어떤 신문이 이렇게 붙일 수 있는 것이다. "붙잡을 수 없
는 넬리."[101] 캉타 사건 때, 그 시절 페미니스트 사상에 닥친 영향력
의 쇠퇴와 상실과 더불어, 우리가 젖어 있는 남성의 지배가 만든 문화
(물론 일부 여성도 동조하고, 그런가 하면 일부 남성은 반대한다)는 거의 제약
없이, 진지한 반박을 만날 일 없이 표출된다. 사방에서 과시되는 사이

비 낭만주의적 관점 속에서 (앙투안 드 베크의 표현을 빌리자면) "열정의 존재들"은 서로를 망가뜨림으로써 자기 영혼의 폭을 보여주는 것으로 추정되었고(우리는 둘 중 어느 쪽이 더 자주 상대를 망가뜨리는지 안다), 그게 아니라면 아무런 관심도 끌 수 없는 부르주아 커플의 비참한 이야기에 불과했다. 여기서 우리는 서문에서 언급한 좌절된 사랑, 이루어질 수 없거나 비극적으로 끝나는 사랑 이야기에 대한 지나친 가치 부여를 다시 만난다. 그 시절에는 어둠에 끌리는 값싼 취향, 미성숙과 여성혐오 성향이 미셸 우엘벡 같은 작가(《레쟁로큅티블》에서 데뷔 때부터 적극적으로 홍보한 작가)[102]를 격찬하도록 부추겼다.

고뇌하는 예술가의 과도한 권리

이 지배 문화는 사랑의 이름으로 여성에게 가해지는 폭력을 고상하게 포장할 뿐 아니라 남성 예술가나 작가를 우리가 절대적 존경심을 보여야 할 천재로 격상했다. 그들의 창작 과정은 측근들만이 아니라 그의 영향권에 드는 익명의 사람들에게 미치는 최악의 행위들마저 정당화한다. 리브 스트룀크비스트는 자기 책에 여성들을 학대하고 착취한 유명 예술가들을 상당수 등장시켰다. 에드바르 뭉크, 파블로 피카소, 잭슨 폴록, 잉마르 베리만[103] 등…. 프랑스에서 로만 폴란스키 감독에게 바친 오마주가 논란을 불러일으켰을 때, 그리고 특히 그에게 쏠린 여러 건의 강간 혐의에도 불구하고 2020년 2월 세자르 영화제에서 그에게 감독상이 수여되었을 때 '사람과 예술가를 구분해야' 한다는 말이 많았다. 우리는 그런 구분의 실현 가능성에 대해 의문을 품을 수 있으며, 그런 제안의 위선에도 주목해보아야 한다. 우리 사회에서 예술가라는 지위는 엄청난 특권을 제공하고, 더없이 압제적인 행동도 정당화한다. 넬리 카프리엘리앙은 빌뉴스에서 이루어진 심문 때 캉타가 드러낸 "비장한 유아적 성향"을 기사에서 언급했다.[104] 실제로 그 이미지들은 예술가의 아우라와 명성 아래 오랫동안 감춰졌던 현실을 폭로했다.

미국인 작가 엘리자베스 길버트는 고뇌하는 예술가의 얼굴이 표현하는 재앙에 관해 명철한 글을 썼다. "당신이 고뇌하는 예술가라면 당신의 연애 파트너들에게, 당신의 자식들에게, 세상 모든 사람에게 잘못 행동해도 핑계가 있다. 당신은 까다롭고, 오만하고, 무례하고, 잔인하고, 반사회적이고, 거드름을 피우고, 걸핏하면 화를 내고, 성격장애자고, 조종자고, 무책임하고, 이기적이어도 된다. 당신이 수위나 약사로 그렇게 행동한다면 사람들은 당신을 한심한 멍청이로 여길 것이다. 하지만 고뇌하는 예술가라면 통행증을 가질 자격이 있다. 당신은 예외이기 때문이다. 당신은 감수성이 예민하고 창의적이기 때문이다. 당신은 작고 예쁜 것들을 창조할 때도 있기 때문이다."[105] 실제로 알리사 웬즈의 화자는 파리의 샤틀레 극장에서 열린 어느 음악회 때 사진작가인 그녀의 반려자가 싸움을 걸었을 때 느낀 두려움을 애써 눌렀다. "나는 속으로 생각했지요. 아폴리네르인지 보들레르인지 그들도 대중 앞에서 이상한 행동을 하지 않았던가? 약간의 광기는 비범한 인물들의 징표가 아니던가? 나는 샤틀레 극장에서 약혼녀 품에 안긴 반 고흐를 상상했다. 고흐도 **살짝 돌지** 않았던가?"[106]

엘리자베스 길버트가 보기에 우리는 반대로 "창의적 삶을 영위하면서도 훌륭한 사람이 되려는 노력을 기울일" 수 있다. 그녀는 영국인 정신분석학자 애덤 필립스Adam Philips를 인용한다. "예술이 잔인성을 정당화한다면 나는 예술이 가치가 없다고 평가하겠다." 그녀는 자신의 창작 활동과 고통을 혼동해서 스스로를 돌보거나 자기 문제를 해결하는 것을 거부하는, 그래서 가까운 지인들을 지옥에서 살게 하는 예술가가 많다는 데 놀랐다. 그녀는 그 분야에 대해서라면 경험이 많은 작가인 레이먼드 카버의 말을 빌려 "모든 알코올중독자 예술가는 중독에도 불구하고 예술가인 것이지 중독 덕에 예술가인 건 아니다"라는 사실을 환기한다. 그녀 자신도 불안과 우울의 시기를 지나왔고, 여전히 지나고 있지만, 특별히 그것을 즐기지 않는다고 말한다. 그런 시간에는 글을 쓰지 못하기 때문이다. "감정적 고통은 내게서 모든 깊이를 앗아간다. 내 삶은 좁아지고, 빈곤해지고, 고독해진다. 고통은 그 거대하고 열정적인 세계를 잠식해 보잘것없는 내 머리 크기로 축소한다."[107] 그녀는 자기 삶과 작품을 고통의 기호 아래에 두기보다는 사랑의 기호 아래에 두기로 선택한다. 이런 담론을 마주하고 지배 문화에 길든 우리의 습관은 우리가 달콤한 감상이나 도덕주의에 빠질까 두려워하도록 이끈다. 이 문화는 유일한 문화인 양 자처하기를 좋아한다. 그 문화 밖에서 가치 있는 것은 아무것도 존재할 수 없다고 믿도록 부추긴다. 그런데 이것은 거짓이다. 인간의 감정과 현실의 스펙트럼 전체를 다루는 작품, 강력하고, 풍부하고, 미묘한 차이를 드러내며 복잡하고, 혼란스럽고, 재미있는 작품은 완전히 다른 토대 위에서 펼쳐질 수 있다.

15년 전, 내가 가정폭력에 관한 연구[108]를 처음 시작하던 시절에 타리타 테리파이아가 말론 브랜도와 함께 산 삶을 이야기하는 회고록이 막 출간되었다. 그 책에서 그녀는 그가 고집스레 '타히티 아이'를 가지겠다고 주장한 뒤 막상 그녀가 임신했을 때는 더는 그럴 마음이 없다며 강제로 낙태를 시도했다고 회상했다. 그는 두 차례나 그녀를 죽도록 때렸다. 심지어 그녀의 뺨에 총을 대고 방아쇠에 두 손가락을 걸기까지 했다. 《파리 마치》는 그 일에 관해 "괴물 같은 사랑"이라는 제목(마리 트랭티냥의 살해 때와 같은 제목)으로 여러 페이지를 게재했고(2005년 1월 27일), 《엘르》는 "브랜도와 나의 미친 사랑"이라는 제목을 달았다(2005년 1월 31일). 나는 여러 잡지를 35년째 읽어오면서 '사랑'이 주먹질과 가혹행위, 억압과 짝을 이루는 이 문학을 놀랍도록 많이 집어삼켰다. 2020년 봄, 내가 이 장을 쓰고 있을 때 《엘르》는 "전설의 커플들"에 관한 시리즈를 내놓고 있다. 그중 두 커플의 이야기는 슬프게도 친근한 울림을 준다. 먼저 할리우드 배우들인 알리 맥그로우와 스티브 맥퀸은 "광적이고 파괴적인 열정"을 살았다(누구에게 파괴적이었을까? 알아맞혀 보시라). 《엘르》는 제사(題詞, 책의 첫머리에 그 책과 관계되는 노래나 시 따위를 적은 글)로 맥그로우의 이 인용문을 실었다. "나는 그가 위험을 발산하는 방식을 사랑했다." 그들은 어느 촬영 때 만났고, 그녀는 그를 위해 이혼했다. 그는 그녀를 집에만 머물게 하고,

영화를 계속하지 못하게 막았고, 폭행했다. "곧 맥퀸의 집에서는 누구도 견뎌내지 못해서 알리는 집안일과 장보기를 직접 해야만 했다. 그녀의 가족은 그녀의 몸을 뒤덮은 혈종을 보고 질겁했다." 그녀는 4년 뒤에 달아났다. 그리고 더는 돌아가지 않았다.

그리고, 마일스 데이비스와 댄서 프랜시스 테일러가 있다. 훨씬 더 열정적인 것은 분명하지만 어쨌든 젊은 여성을 혹독한 시련에 내몬 이야기다. 데이비스는 편집광적인 발작을 일으켜 "손에 식칼을 들고 가상의 침입자를 찾아서 벽장이나 침대 밑을 샅샅이 뒤지며 건물 안에서 뛰어다녔다". 그는 아내를 폭행하지 않고 존중했지만, 댄서 일은 그만두게 했다. 그를 위해 테일러는 브로드웨이에서 공연하는 〈웨스트사이드 스토리〉의 주역마저 거절했다. "그녀의 재능을 표현할 곳은 부엌밖에 남지 않았다." 별거 후 그녀는 캘리포니아의 한 레스토랑에서 안내 직원으로 일했다. 두 기사는 속은 여성들의 사랑에 대한 맹세로 끝맺는다. 알리 맥그로우는 스티브 맥퀸이 죽기 전에 다시 보지 못한 것을 아쉬워한다. "그 모든 일에도 불구하고 그녀는 여전히 그를 그녀의 인생의 남자로 생각한다."[109] 그리고 프랜시스 테일러는 마일스 데이비스에 대해 이렇게 말하곤 했다. "그는 언제나 나의 왕자님이에요."[110] 그럼에도 이 시리즈의 다른 기사들은 외견상 감정의 변동에도 불구하고 서로에게 상처 입히지 않고 계속 사랑한 커플들의 초상도 제시한다. 배우 루니 마라와 호아킨 피닉스, 예술가 니키 드 생 팔과 장 팅겔리, 화가 데이비드 호크니와 피터 슐레진저. 그리고 믿거나 말거나 이 커플들에 대해서도 이야기할 거리가 많다. 하지만 우습게도 우리에게는 그런 습관이 없다.

따라서 앞으로 수십 년 동안 "전설의 커플들"이나 무명의 커플들이 똑같은 음산한 파랑돌 춤[111]을 끊임없이 추지 않게 하려면, 어쩌면 우리는 사랑을 온갖 행동을 허용하는 단순한 감정으로 생각하지 말고, 행위의 집합으로 생각해야 한다는 벨 훅스의 권고를 따라야 할지도 모르겠다. 이러한 영감은 자기계발 저자 스콧 펙Scott Peck에게서 왔다. 그는 사랑을 "자신과 상대의 영적 성장을 함양할 목적으로 자아를 펼치려는 의지"로, 자신의 성숙과 상대의 성숙을 동시에 꾀하려는 의지로 정의한다. 벨 훅스는 그렇게 되면 "우리가 유해하거나 폭력적인 것을 사랑한다고 주장할 수 없다"고 지적한다. 우리는 자기 자식과 아내를 두들겨 패고 길모퉁이 술집에서 자기가 그들을 얼마나 사랑하는지 외치는 남자를 진지하게 받아들일 수 없다. 폭력적인 남자와 함께 사는 딸을 둔 어머니처럼 이렇게 말할 수는 없는 것이다. "그 사람이 성격은 까다롭지만 참아야지 어쩌겠니. 중요한 건 그 사람이 너를 사랑한다는 거야."[112] 마찬가지로, 사랑에 대한 새 정의는 '치정 범죄'의 신화를 씻어버리기에 충분하다. 드니 드 루즈몽도 열정에 대한 서양인의 병적인 취향을 분석하면서 이렇게 말했다. "사랑에 빠진다는 것이 반드시 사랑한다는 의미는 아니다. 사랑에 빠지는 것은 하나의 상태고, 사랑하는 것은 하나의 행위다."[113] 이 스위스 철학자는 상대가 하나의 구실이고 허상일 뿐인 열정에, 상대를 있는 그대로 받아들이고 상대의 안녕을 위해 마음을 쓰는 사랑을 맞세웠다.

그렇지만, 이는 자식들을 신체적으로 또는 정신적으로 학대하는 부모가 자식들에게 사랑과 폭력의 공존을, 혹은 폭력을 사랑의 표현으로 가르칠 때 아주 일찍부터 자리 잡는 메커니즘을 깨뜨리는 결과를 낳는다. 벨 훅스는 그녀의 아버지가 자식들을 때리면서 이게 다 "너희들을 위해서"라거나 또는 "너희들을 사랑하기 때문"이라고 말했을 때 그들이 느꼈던 혼란을 떠올린다. 그녀는 자신이 제안하는 사랑의 정의를 받아들이기가 어렵다는 것을 안다. 그 정의가 우리를 자신의 결핍과 과실 앞에 맞세우기 때문이다. 그것은 우리가 사랑할 줄 몰랐다는 사실을, 또는 타인들이 우리를 사랑할 줄 몰랐다는 사실을 직면하게 한다. 그러나 그녀는 우리가 그것을 받아들이고 따를 용기를 내야 한다고 믿는다. "정의는 상상을 위해 거쳐야 할 필수적인 출발점이다. 그리고 우리가 상상할 수 없는 것은 현실이 될 수 없다."[114] 이 정의는 아주 단순해 보이지만 이를 적용한다면 (유독한 관계에 빠진 남녀만이 아니라) 우리 가운데 많은 이들이 삶을 근본적으로 재편성할 수 있을 것이다.

3장

사원을 지키는 여자들
사랑은 여성의 일인가?

"나는 시계를 차지 않았고, 그는 시계를 차고 있었다."

내가 보기에는 《단순한 열정》에서 아니 에르노가 연인인 A와의 만남에 관해 내놓은 이 세밀한 정보 속에 남녀가 사랑을 생각하는 법을 배우는 방식 속에 표현되는 모든 불균형, 그들이 사랑에서 기대하는 것, 그들에게 중요한 것, 그들이 사랑에 할애할 준비가 된 시간과 관심 등 모든 것이 있다. 이 경우에는, A가 시간을 잊지 못하는 것은 그가 결혼했기에 자신의 시간 활용을 책임져야 하기 때문이다. 하지만 화자에게는 그들의 이야기 바깥에 삶이 있고, 책무가 있다. 그녀는 글을 쓰고, 가르치고, 아들이 둘 있다…. 다만 그녀의 경우에 열정은 편집증으로 변하고, 모든 것을 일소하고 세상 밖으로 달아나고 싶은 무모한 욕구를 부추긴다. "나는 완전한 무위를 갈망했다. 상사가 요구하는 시간 외 근무를 단호히 거부했다. 전화기에 대고 거의 욕설까지 내뱉으며. 나는 내 열정이 불러일으키는 상상의 이야기와 느낌에 한계 없이 몰두하도록 나를 가로막는 것에 맞설 권리가 있다고 생각했다." A와 만나기 전 그녀의 삶을 이루던 모든 것이 그녀에게는 밋밋하고, 초라하고, 슬퍼 보였다. 전화벨이 울렸는데 그가 아닐 때면, 그녀는 전화기 반대편의 사람이 '미워졌다'. 그가 삼사일 후에 오겠다고 알릴 때면, 그녀는 그를 보게 될 순간까지 그와 그녀를 갈라놓는 모든 것을 생각하며 우울해졌다. 그것이 자기 일이든, 아니면 친구들과의 식사든 간에. 그녀는 독립하려는 마음을 품고 억지로 혼자서 피렌체로 휴가를 떠나, 여행 내내 "일주일 뒤에는 이제 파리를 향해 돌아가는 기차 속"에 있을 거라고 상상하며 지낸다. 그녀는 A가 그들의 관계를 조금도 같은 방식으로 경험하지 않으리라고 짐작한다. "그 사람도 내 머릿속에서 그가 아침부터 저녁까지 떠나지 않는다는 사실을 알게 되면 깜짝 놀랄 것이다." 그와 헤어지고 나서 그녀는 그에게 엽서를 보낼 기회가 있다는 이유만으로 코펜하겐에서 열리는 세미나에 참석하는 것을 받아들이기도 했다.[1]

아니 에르노는 이 책에서 그녀가 사랑과 맺는 관계를 형성한 문화적 환경을 언급한다. 그녀는 텔레비전, 잡지, '향수나 전자레인지' 광고에서 그녀를 에워싸는 모든 표상이 "오직 남자를 기다리는 여자를 보여줄 뿐"이라는 사실에 주목한다. 그리고 자신에게 영향을 주었고 '오이디푸스 콤플렉스'만큼이나 한 인물의 형성에 결정적이기도 한 "감정의 문화적 표본들"을 떠올린다. 〈페드르〉, 〈바람과 함께 사라지다〉, 에디트 피아프의 노래들… 만약 나도 그와 같은 표본을 떠올려

본다면, 다소 잊긴 했지만, 〈페드르〉, 〈바람과 함께 사라지다〉, 《주군의 여인》, 쥘리앵 그린의 《머나먼 나라Les Pays lointains》, 달리다의 노래(〈난 아파요Je suis malade〉, 〈기다리겠어요J'attendrai〉, 〈그에 대해 말해줘요Parlez-moi de lui〉, 〈한 남자를 위해Pour un homme〉)… 그리고 1991년에 나오자마자 읽은 《단순한 열정》을 꼽을 것이다. 당시 나는 열여덟 살이었고, 영화와 소설을 실컷 읽었으며, 머리 가득 사랑의 꿈을 품고 있었다. 사춘기 때 내 침실의 벽에는 1985년에 나온 시드니 폴락의 영화 〈아웃 오브 아프리카〉의 황금빛 가득한 포스터가 걸렸고, 포스터에서는 메릴 스트립과 로버트 레드포드가 케냐의 풀밭에 앉아 호소력 있는 눈길을 주고받고 있었다.

나는 감정생활에서 끔찍이도 잘못 처신했지만 그것은 다른 이야기다. 아니, 어쩌면 그렇지 않을지도 모른다. 다른 이야기가 아니거나, 혹은 완전히 다른 것은 아닌지도 모른다. 이 서사적 비율의 재앙을 설명해줄 수 있는 다양한 매혹적인 이유 중에는 이런 이유도 있었다. 사랑에 대한 나의 절대적 관점에는 정신이 건전한 어떤 남자라도 달아나게 할 만한 점이 있었다는 것이다. 살짝 고양된 나의 천성, 나를 둘러싼 문화적 메시지를 과잉으로 내면화하고 그 메시지들을 **너무 잘** 받아들이는 기질과 더불어 나는 사랑에 기대했다… 모든 것을. 내 경우도 아니 에르노의 경우처럼 1982년에 사회학자 소냐 다양 에르즈브렁이 쓴 내용을 아주 잘 예시했다. "대부분의 여성이 아주 어린 시절부터 길러진 조건, 그들이 듣거나 읽는 담론들, 그들이 보는 이미지들 등이 누가 그들을 사랑할지 기대하게 하고(위대한 사랑, 백마 탄 왕자), 그 기대가 그들의 삶에 리듬을 붙이고, 그 기적 같은 남자의 사랑에서 (언제나) 자신의 정체성, 인격체로서의 정체성, 여성으로서의 정체성을 기대하도록 이끈다."[2] 플로베르의 엠마 보바리가 나를 그토록 사로잡았던 사실도 놀랍지 않다.[3] 나는 어린 보바리 부인이었다. 다만 나의 권태, 인내, 낭만적 꿈은 시골 마을 의사 아내의 삶이 아니라 여고생의 삶에서 탄생했을 뿐이다.

《단순한 열정》이 완벽하게 예시하는 여성의 사랑 방식은 이미 내게 아주 친근했다. 지금 그 방식은 나를 겁에 질리게 하지만, 그 시절의 나에게는 숭고하게 여겨졌다. 나는 아니 에르노가 매우 잘 묘사하고 있는 이러한 퇴색에서, 사랑받는 존재와 관계된 것이 아닌 모든 것에 대한 이런 포기에서 문제를 보지 못했다. 한 남자를 사랑하면서 그와 관계되지 않은 모든 것, 그의 호의와 관계되지 않은 모든 것을 싫어하는 일이 자연스럽고, 심지어 부러운 일처럼 보였다. 나는 평범하고 음울한 현실을 마법처럼 사라지게 해줄, 있을 법하지 않은 구원자를 기다리는 일 대신, 내 삶의 모든 면면에 색을 입히고, 그것들을 길들이고, 사랑하는 것이 다른 누구도 아닌 나의 몫임을 알지 못했다. 나는 나를 건설하는 것이 내가 할 일임을 알지 못했다. 어떤 영화, 어떤 소설도 내게 그것을 말해주지 않았다. 아니면 내가 듣지 못했거나.

오늘《주군의 여인》을 다시 읽으면서 나는 페미니즘이 얼마나 내게 통찰력을 안겼는지 가늠해본다. 그 시절에는 남자 주인공 솔랄의 남성우월주의나 조종자 같고 가학적인 그의 태도뿐 아니라 여주인공 아리안의 놀랍도록 바보 같은 측면에, 명백히 종교적인 순종에도 화가

나지 않았다는 것에 지금은 놀란다(이러한 순종은 제목에서 이미 예고되었는데, 그녀의 연인은 그녀의 '주군'이다). 그 부유한 한량 인물들이 나는 역겹다. 그들은 그저 사랑하는 연인일 뿐 그들 삶에는 달리 아무것도 없다. 솔랄의 옛 애인이었던 이졸데는 그가 그녀를 보러 올지 알지 못한 채 수년 동안 매일 그를 위해 몸단장을 했고, 그에게 더욱 기분 좋은 사람이 되려고 마사지 수업을 들었으며, 그가 더는 그녀를 갈망하지 않게 되었을 때, 왜냐하면 마흔다섯 살의 그녀는 당연히 돌이킬 수 없이 '시들었기에', 그녀에겐 죽는 길밖에 남지 않았다.[4]

소냐 다양 에르즈브링은 여성에게 주입되는 사랑에 대한 유독한 시각과 여성을 달래주는 고통효용주의와 환상이 뒤섞인 시각을 꼼꼼히 분석한다. "사람들이 사랑을 노래하게 하면 여성은 대개 수동성, 탄식, 기다림의 형태로('밤이고 낮이고 기다릴 거예요. 언제나 당신이 돌아오길 기다릴 거예요…'), 심지어 '피학성 쾌락'의 형태로 노래한다. 따라서, 여성에게 한편으로는 사랑의 기다림과 고통이 그들의 공통된 운명처럼 제시되고, 다른 한편으로는 그 자체로 충족되고 영원에 바쳐진 완벽한 사랑의 행복을 꿈꾸게 한다. 이 두 측면은 겉보기로만 모순된다. 행복에 대한 희망만이 현재의 고통을 견디게 해주기 때문이다."[5]

그렇지만 청소년기의 나는 단지 사랑만 꿈꾸지는 않았다. 나는 기자가 되겠다는 명확하고 고집스러운 야망을 품은 우등생이었다. 나중에 내가 일할 것이며, 한 남자에게 재정적으로 기대지 않으리라는 것은 내게 당연한 일이었다. 안락한 환경에서 자란 나는 이 자립 모델에 쉽게 이를 수 있었다. 그리고 조금씩 더 건전하게 사랑하는 방법을 찾았다. 그러나 이 낭만적이고 열정적인 세뇌는 흔적을 남겼다(추정컨대 이 책의 서문이 그것을 증언해줄 것이다). 나는 사랑에 대한 이러한 취향을 받아들이고 주장한다. 이제 이러한 취향은 과잉과 과실을 벗어버렸다(적어도 내 희망은 그렇다). 나는 그것이 대체로 내가 여성으로서 겪은 사회화의 결과라는 것을, 일정한 유형의 문학과 영화, 저널리즘 산문 등에 내가 노출된 결과라는 것을 알지만, 그저 어느 정도만 그것을 다시 문제 삼을 수 있다. 그것은 한 삶에서 전통적 여성성이라는 작은 섬을 이루는데, 삶은 그 섬과 동떨어지지만, 나는 괜찮다.

정신 이상과 지혜

내 머릿속에서 사랑은 **해볼 만한** 것이다. 그것에 자리, 시간, 관심을 할애할 만하고, 그것은 남성보다는 여성에게 더 널리 퍼진 성향인 것으로 보인다. 6세에서 10세 사이의 아이들에게서 보이는 사랑의 표상에 관한 논문의 저자인 케빈 디터Kevin Diter는 2017년에 빅투아르 튀아이용Victoire Tuaillon의 마이크에 대고 우리가 아주 어려서부터 사랑을 어떻게 "남자아이의 일"이 아니라 "여자아이의 일"이라고 배우는지 설명했다. 이 연구자는 "남자아이가 사랑에 너무 관심을 보이면(그들은 그걸 아주 잘 의식하고 있다) '남자'로서의 자기 정의와 평판을 도마에 올릴 위험이 있고, 지배자로서의 지위를 상실할 위험이 있다"고 단언했다. 그들은 '아기', '계집애', '호모' 취급을 받을 위험에 노출된다.

디터는 현장에서 연구하는 동안 일부 학교들의 교장들에게 종종 소아
성애자로 의심받았다고 이야기했다. 그만큼 남자가 사랑과 감정에 진
지하게 관심을 가질 수 있다는 것이 있음직하지 않은 것이다…[6] 사랑
에 대한 취향과 관심을 내세우기가 불가능한 것은 성인 나이까지 이어
진다. 나의 친구 F는 사회심리학과에서 했던 작업을 떠올린다. 거기서
그는 동료들과 함께 보편적 가치들을 중요성의 순서대로 분류하는 일
을 맡았다. 그는 내게 썼다. "나는 아무 망설임도 없이 사랑을 1번으로
분류한 몇 안 되는 사람 중 한 명이었어(열 명의 청년 가운데 유일한 사람
일지도?). 우정을 으뜸으로 꼽은 한 남학생의 조롱 섞인 놀란 표정이 기
억나. 외향적이고 매력적이어서 나로선 부러운 사람이었지."

사랑을 경멸하는 이 조건은 남성에게 그들의 경험과 생각 사이의
격차를 낳을 수 있다. 앙드레 고르스가 도린과 58년을 함께 살고 나
서《D에게 보낸 편지》를 쓰면서 한 말이 바로 그랬다. 그는 두 사람의
관계가 표상하는 보물을 과소평가함으로써 자신이 범한 실수를 만회
하고 싶어 했다. 아내에게 편지를 쓰면서 그는 자문했다. "내 인생에
서 가장 중요한 것이 우리의 인연이었는데도 당신은 왜 내가 쓴 글 속
에 이리도 적게 등장할까?" 자신이 예전에 쓴 책들 가운데 하나를 다
시 읽으면서 그는 자신이 아내에 대해 "약점을 말하듯이, 변명조로, 마
치 사는 것을 변명이라도 해야 하는 듯이"[7] 말했다는 사실을 깨달았
다. 그의 '남성적'(여기서는 좌파 지식인들 특유의 각별한 남성성) 사회화는
그에게 그의 삶을 읽는 하나의 틀을 가지게 해주었다. 그것은 사랑이
중앙 자리를 차지하는 것이 배제된 삶이었다. '진지한' 남자에게 여자

와 사랑은 무시해도 좋은 존재일 뿐이었다. 따라서 두 사람이 함께 자살하기 1년 전에야 그는 그 편견을 바로잡고, 자신이 살아왔고, 여전히 살고 있던 삶이 어떤 것인지 온전히 인정할 수 있었다. 내가 이 책 도입부에서 언급한 다른 부부와는 전적으로 대비된다. 바로 세르주 레즈바니는 자신을 사랑에 빠진 남자로 체험하고 소개하는 데 아무런 어려움을 겪지 않았다. 오히려 그는 룰라와 함께 숲속으로 은둔하면서 사랑에 몰두할 방법을 스스로 찾아냈고, 아주 일찍부터 사랑을 그의 작품의 중심 주제로 삼았다.

왜 여성은 사랑에 그런 가치를 부여하는 경향이 있을까? 이제 그것을 이해해보려고 시도할 텐데, 가능한 여러 이유 가운데 우선 하나를 제시해보려 한다. 우리가 옳기 때문이라는 이유다. 나는 우리가 사랑을 과대평가한다면 남자들은 사랑을 과소평가한다고 생각한다. 셰어 하이트에게 증언한 여성 중 한 명은 이렇게 말한다. "남자들은 아주 강한 조건화를 겪는 것 같아요. 그들 대부분은 사랑에 빠진다는 사실에 영향받지 않아야 한다고 배우죠. 많은 남자가 직업을 더 중요하다고 생각해요. 그들은 사랑 관계를 실제로 체험하는 것보다 일종의 안정에 (아내를 두는 일, 집에 의지할 누군가를 두는 일에) 더 관심을 가져요."[8] 어쩌면 이런 말을 하는 것이 나 자신의 조건화 때문일 수도 있고, 아닐 수도 있다. 미용, 패션, 외모와 같은 여성의 전형적인 관심사에 대해 글[9]을 쓸 때 나는 그 관심사들이 정신적 의존을 초래하고, 불안감을 심고, 여성을 종속의 자리에 세움으로써 약하게 만드는 방식을 부각하고 싶었다. 하지만 '여성의 경박함'에 대한 성차별적인 비판을 되풀이하고 싶지도 않았다. 또한 아름다움에 대한 욕망을 정당한 가치로 옹호하고 싶은 마음도 있었다. 그 욕망에서 파괴적인 면모와 무절제만 제거한다면 말이다. 나에게는 세대에서 세대로 전해진 문화의 결실인 그 욕망이 지배적인 가치들에 도전할 만해 보였다. 어쨌든 나 역시 이 미학적 문화에 영향을 너무 깊이 받아서 통째로 그것을 부인할 수는 없었다. 사랑에 대해서도 정확히 똑같은 말을 할 수 있고, 똑같은 양면적 감정을 털어놓을 수 있다. 그것은 역시 본질적으로 여성의 일이지만, 내가 보기에는 정신 이상과 지혜를 동시에 품고 있는 것처럼 보인다.

많은 여성이 자신을 성찰하는데, 이성애자 여성의 경우는 남성과의 관계에 대해 성찰하는 경향이 더 크다. 많은 여성이 자기 삶, 그리고 사랑 관계, 가족 관계, 우정 관계에 대한 의문들의 대답을 자기계발서들에서 찾는다. 이 탐색은 그들에게 엄청난 멸시를 안긴다. 최근 몇 년 동안 출간된 많은 저서[10]가 '개인주의'와 '자유주의'를 실어 나르는 자기계발서를 송두리째 규탄하고 그것에 철학을 맞세운다. 인간을 도를 넘어선 행복 찾기로 내모는 것이 아니라 인간에게 제 운명의 참상을 의연히 응시할 용기와 지혜를 주는 것으로 추정되는, 훨씬 고귀한 철학을 말이다. 물론 '자기계발'이라는 팻말 아래 모인 대단히 다양한 저서에는 온갖 것이 다 있다. 다양한 치료법이 내놓는 제안들 속에 온갖 것이 있듯이. 돌팔이 약장수들이 넘쳐나고, 실제로 성공을 거둔 많은 작가가 처참한 말들을 쏟아낸다. 그 말들은 여성을 체념과 복종에 가두거나, 사회적 또는 정치적 문제들의 책임을 개인에게 지운다(어느 여성잡지에서 〈내가 사무실에서 울었는데, 이게 심각한 일일까?〉라는 제목의 '심리' 기사를 읽었다. 이는 직장에서 겪는 고통에 대한 괄목할 만한 탈정치화다).
그러나 모두의 경우가 그런 것은 아니다.

일부 페미니스트들은 자기 손에 떨어진 문학의 이데올로기적 내용
에는 경계를 게을리하지 않는데 자기계발서는 경멸하지 않는다. 벨
훅스는 그런 책을 "몇 톤쯤 샀지만 단 몇 권만이 [그녀의] 삶을 정말 달
라지게 했다"[11]고 말한다. 프랑스의 저널리스트 빅투아르 뛰아이용
역시 자기계발은 "나쁘지 않다"[12]고 평가한다. 내 경우에는 몇 년 전
에 멜로디 비에티의 베스트셀러《공동의존자 더 이상은 없다》[13] 덕에
한 가지 영감을 얻게 되었다. 한 친구가 추천해서 그 책을 샀는데, 처
음 몇 쪽을 읽는 둥 마는 둥 하다가 독서를 포기했다. 그러다 어느 날,
아마도 그때가 적기였던 것인지, 별안간 그 책을 당장 읽고 싶은 욕구
가 생겼다. 그때 나는 집에 있지 않기에 전자책 리더기로 영어판을
다시 구매했고, 거의 숨 돌릴 틈 없이 읽었다(눈 깜짝할 새에 흘러간 기차
여행이 떠오른다). 이 책은 나를 바꿔놓았다. 나는 이 책이 어떤 점에서
정치적으로 위험한지 열심히 찾아보았지만 결국 찾지 못했다. 멜로디
비에티는 알코올이나 마약 중독으로 고통받는 사람의 지인들이 만나
는 문제들을 들여다보며, 그리고 우리의 관계 전체에 대한 성찰을 펼
치며 의문들을 제기하고, 내가 다른 어디에서도 보지 못한 본질적인
대답을 내놓는다.

가끔은 살짝 독단적인 태도로 '개인주의'를 맹렬히 비판하는 반자
유주의적 교리가 놓치는 것이 한 가지 있다. 우리 가운데 많은 이들이
복잡한 유산을 물려받았다는 사실이다. 우리는 매끈한 개인이 아니

며, 이기적이고 버릇없으며 평온하고 배부른 소비자가 아니다(또는 단지 그런 것만은 아니다). 우리는 우리를 구속하고, 우리에게 고통을 안기고, 우리가 원하는 대로 사랑하는 것을 가로막는, 어느 정도 심각한 문제들을 붙들고 버둥댄다. 그 문제들이 모두 자본주의에서 기인하는 것은 아니다. 폭력(폭행, 친족 성폭력, 정신적 학대) 피해자들의 유산은 말할 것도 없고, 스위스의 정신분석학자 알리스 밀러가 매우 잘 탐구한 흔한 교육적 결함들은(그녀는 이것을 '검은 교육pédagogie noire'이라 불렀다) 우리의 가족사에 흔히 존재한다. 때때로 비극적 죽음들이 우리의 계보를 뒤흔들었다. 벨 훅스는 친구들이나 지인들과 '자기애'에 대해 이야기할 때 그들이 "마치 자기애가 과도한 나르시시즘이나 자기중심주의를 끌어들이기라도 하는 듯이"[14] 그 개념에 혼란스러워하는 것을 보고 놀란다. 자기혐오가 그토록 널리 퍼진 현상이 아니었다면 아마 그러지 않았을 것이다. 그것을 보지 않으려면 오랜 억압적 교육 전통이 물려준 엄격주의와 스스로에 대한 적의의 제국 아래 여전히 머무르고 있어야 한다. 게다가 특히 여성이라면, 우리가 일상적으로 흡수하는 자기혐오의 정도를 고려할 때, 기자이자 작가인 쥐디트 뒤포르타유가 힘주어 말하듯이[15], "자기 자신을 사랑하는 것은 펑크적이고, 혁명적이며, 급진적인 것이다".

우리는 우리가 이해하고 매듭을 풀 필요가 있는 지형과 실랑이를 한다. 그러기 위해 도움을 구해야 한다. 그리고 도움을 구하는 일은(친구, 정신과 의사, 아니면 다른 유형의 치료법의 도움을 구하든, 아니면 책 속에서 도움을 구하든) 언제나 조종의 위험을 내포하고 있다. 그것이 신뢰를 끌어들이면서 자신을 취약하게 만들기 때문이다. 선동가와 사기꾼을 멀리하며 비판적 정신을 절대적으로 발휘해야 하지만, 완전히 사절해야 할까? 마이 후아Mai Hua가 자신의 영화 〈강Les Rivières〉(2020)에서 그린 여정이 내게는 많은 여성이 용감하게 덤벼들어 자신의 이야기를 살 때 보여주는 용기와 활력의 본보기처럼 보인다. 마이 후아가 막 이혼했을 때 그녀의 삼촌은 그녀가 사랑에서 불행해지도록 선고받은 "저주받은 여자들의 계보"에 속한다고 말했다. 그녀는 정말 그런 것인지 확인해보기로 마음먹고, 일종의 탐사, 여행, 가족 고고학 같은 영화를 만들었다. 그것이 그녀를 변화시켰고, 그녀 주변의 모든 이를 변화시켰다.[16] 내 주변의 많은 여성이 그녀처럼 개인적 탐색이나 혁명에 뛰어드는데, 그것은 협잡꾼들에게 속아 넘어가는 자기중심적이고 갈피 잃은 가련한 여자의 잘난 체하는 클리셰에 거의 부합하지 않는다. 어쩌면 그것이 불러일으키는 신랄한 비난에는 일종의 도덕적·공황 panique morale이 있을 수 있다.

'그늘과 익명에서 벗어나라'

아니다, 여성들이 사랑하듯이 대담함과 용기를 품고 사랑하는 것은 잘못이 아니다. 그렇지만 사랑을 대하는 여성과 남성의 태도가 드러내는 오늘날의 불균형은 여전히 많은 문제를 야기한다. 사회학자 마리카르멩 가르시아의 은밀한 이성애 커플에 관한 조사가 그걸 잘 보여준다. 각자가 따로 결혼한 경우, 대개 새로운 관계를 공식화하길 바라는 것은 여자들이고, 그들의 연인은 주저하는 태도를 보인다. 여성은 자신의 삶을 칸막이를 쳐서 분리하는 것을 남성보다 어려워한다. "남성의 성적 사회화가 여성의 인물상을 적어도 두 가지로 제시하는('엄마'와 '창녀') 것과 달리, 여성은 성과 애정의 모든 기능을 채워줄 오직 한 남성을 찾도록 사회화된다." 여성은 "자기 자신과 일관되기를, 다시 말해 자신이 성별 사회화 과정에 동화된 규범들과" 일관되기를 바란다. 반면에 이 사회학자의 지적에 따르면, 남자 연인은 가장이라는 자신의 지위에 깊은 애착을 드러내고, 자신의 책임을 지는 일에 명예를 건다(적어도 겉보기에는 그렇다. 혼외 관계에서는 '남성의 친권 규범'이 '여성의 사랑 규범'과 갈등하게 되는데, 후자가 승리하는 경우는 드물다).

이를테면 안Anne은 은밀하고 열정적인 관계를 4년 동안 이어오다가 이혼했다. "저녁마다 딸을 끌어안으며 마치 아무 일도 없는 것처럼 처신하는 것을 더는 견디지 못했기" 때문이다. 그녀는 연인 로랑이 그녀와 같은 선택을 하기를 희망했지만, 그는 아무 행동도 하지 않았다. 그는 결코 그녀처럼 단호한 입장을 취할 것 같지 않았다. 그의 수동성에 그녀는 화가 치밀었다. "한때 그는 우리가 함께 살 수 있을지 알고 싶어서 점쟁이를 찾아갔다더군요! 마치 결정이 자기 일이 아닌 것처럼 말이지요!" 또 다른 남성인 크리스토프는 사회학자에게 이렇게 설명한다. "난 이제 스무 살이 아니에요. 내가 원하는 것만 할 수는 없어요. 남자로서 나는 그렇게 배웠어요. 자신이 한 약속을 지키는 건 중요하고, 함께 살겠다고 맹세한 아내를 버려서도 안 되죠. 내가 나의 성기로 하는 일도 오직 내 문제이고, 내 마음으로 하는 일도 오직 내 문제이죠. 하지만 약속은 지킵니다." 게다가 유부남을 사랑하는 미혼 여성들은 남자가 그의 아내를 떠나기를 희망하며 평생 그를 기다릴 수 있는데, 남성은 덜 희생적인 태도를 보인다. 장 자크는 34년(!) 동안 스테파니와 밀애 관계를 유지해왔다. 그들의 연애가 시작되었을 때 스테파니는 이미 결혼한 상태였는데, 그녀는 남편을 떠나기를 원치 않았다. 어느 날, 연애 초기에 장 자크는 다른 여자를 만났으며 그녀와 결혼할 예정이라고 알렸다. 그리고 스테파니와의 관계도 정리하지 않았다. 그는 자신이 아버지가 되고 가정을 꾸리는 것을 포기해야 할 이유를 찾지 못했다. 스테파니는 "아연했다". "그녀는 그가 첫 아이의 탄생을 알리려고 가장 먼저 전화를 건 상대가 자신이라는 사실에도 극도로 놀란다."[17]

여성의 조건화는 사랑에 어떤 기능을 할까? 다시 한번, 나는 이성애가 가부장제의 계략을 압축해 보여준다고 생각하지는 않지만, 소녀들과 여성들에게 로맨스를 쏟아붓고, 한 남자의 존재가 그들의 삶에서 차지하는 매력과 중요성을 떠들어대면서 그들이 돌봄의 제공자라는 전통적인 역할을 받아들이도록 부추긴다는 것은 부인할 수 없는 사실로 보인다. 또한 우리는 여성을 감정생활에서 약자의 위치에 세운다. 관계의 존재와 발전성이 남성보다 여성에게 더 중요하다면 어떤 주제에서든 불협화음이 생길 경우, 양보하고 타협하거나 희생하게 되는 것도 여성이다. 여성은 주는 기계가 되도록 교육받고, 남성은 받는 기계가 되도록 교육받는다. 제인 워드가 지적하듯이 대중문화는 여성을 두 사람이 함께하는 삶의 정신적 세계 속에 가두면서, 남성은 정확히 그 반대를 꿈꾸도록 부추긴다. 여가활동을 하는 동안 부부의 반경에서 은밀히 달아나는 것을 꿈꾸도록 말이다. 대중문화는 남성에게 독신에 대한 향수를, 남자들끼리의 여가활동을, 더 젊은 여자들과 생식과 무관한 성관계를 꿈꿀 욕망에 불을 지핀다. 《플레이보이》의 창립자인 휴 헤프너의 캘리포니아 저택, 유혹적인 발가벗은 여자들이 그득한 쾌락주의적이고 호화로운 영지가 완벽하게 통합해서 보여주는 환상세계에 불을 지피는 것이다.[18]

여성들이 떠밀려서 사랑에 부여하는 가치가 그들에게 일종의 '사랑의 덤핑'[19]을 하도록, 다시 말해 관계에서 경쟁하는 잠재적 다른 파트너들과 비교해 요구(관심, 배려, 개인적 투자, 일의 배분에서 상호성 요구)를 낮추고, 그로 인한 대가를 스스로 부담하면서 한 남자에게 그들의 사랑을 제공하도록 부추길 수 있다. 이 메커니즘은 그녀들에게 일시적으로는 개인적인 이점을 제공하지만, 길게 보면 피해를 주고, 이성애자 여성 전체를 약화시키는 결과를 낳는다. 남성은 소홀하거나 학대하는 행동의 결과를 감내하지 않도록 허용된다. 따라서 그들은 교육이 자신들의 자리와 권리에 대해 주입한 전제들을 재검토해야 할 처지에 놓이지 않는다. 그들은 관계의 양태들을 규정할 수 있어서, 만약 한 여자가 자신을 떠나도 자신의 조건을 받아들일 다른 여자를 찾으리라고 확신한다. 심리적 힘의 자리에 경제적 힘의 자리까지 겹쳐지면 확신은 더 확실해진다(이런 경우가 흔한데, 전반적으로 남성이 여성보다 밥벌이에 유리하고, 더 많은 재산을 상속받아 소유하기 때문이다).[20] 만약 여성이 자신의 욕구 존중을 고집한다면, 여성이 그럴 물질적 수단을 갖추고 있다면 우리의 사랑의 풍경이 어떻게 그려질지 상상해보는 것은 내가 키울 수 있는 가장 흡족한 환상 가운데 하나다.

여성이 연애 관계에 쏟는 더 강력하고 더 전적인 투자에 관해 종종 제시되는 다른 설명이 있다. 바로 모성의 욕구다. 이를테면 에바 일루즈는 이성애자 여성의 "더 큰 참여 열의"와 "배타적인 성 전략"을 여성이 "생식이라는 관점에서 더 동기를 부여받는다는" 사실 때문이라고 간주한다.[21] 그런데, 이미 보았듯이 마리카르멩 가르시아가 만난 여자들은 연인과 당당히 살 수 있도록 이혼하고, 따라서 자녀들의 아버지와 헤어질 준비가 남자들보다 더 되어 있다. 사랑에 빠진 여자로서의 그들의 정체성은 어머니로서의 정체성보다 우위에 있다. 마찬가지로, 이전 장에서 언급했듯이, 살인자에게 반하는 여자들 가운데 일부는 선택의 귀로에 섰을 때 그 관계를 이어갈 수 있도록 가정을 버렸다. 그 설명이 어느 정도는 진실을 내포하고 있을지라도 모든 것을 해명하기에는 충분하지 않다는 것은 나의 개인적 경우만 봐도 알 수 있다. 나는 대단히 감상적인 여자이면서도 자식을 갖지 않겠다는 데는 언제나 단호했으니 말이다.

1982년에 이미 소냐 다양 에르즈브링은 "여성들이 오직 아이를 갖기 위해 결혼하기를, 혹은 안정적인 커플로 살기를 바란다고 주장하는 게 합당한가? 그것은 전혀 개연성 없는 말이다"라고 평가했다. 그녀는 그것에 대적할 흥미로운 설명을 제시했다. "모성은 아주 오랫동안 여성이 사회적 실존을 인정받는 조건이 되었고, 그 후엔 사랑이 그들에게 하나의 이야기, 혹은 역사를 누릴 권리를 내주었다. 성녀들과 여왕들의 시대가 지나고 나자 여성들은 사랑받거나 사랑에 빠진 존재로서 이야기되거나 그들 삶이 이야기의 대상이 될 권리를 획득한다. 이 현상은 소설과 더불어 나타난다. 소설은 여성들을 창작자와 여주인공으로 만든다. 그들의 삶을 위험에 빠뜨리게 될지라도. 왜냐하면 소설의 여주인공은 오페라의 여주인공처럼 죽을 운명은 아니더라도 대개 비극적으로 끝나기 때문이다. 게다가 소설은 여성적 문학 장르로 여겨진다. 일부 소설이 남성의 이야기를 하고, 소설을 읽는 남자 독자들이 있을지라도. 그러니 소설이 사랑의 결혼이라는 규범과 마찬가지로 부르주아 계층에서 발달한 것은 놀랍지 않다. 고통을 무릅쓰며 사랑하는 것은 그늘과 익명에서 벗어나는 일이고, 우리가 이야기를 읽은 여주인공과 동화될 가능성을 갖는 일이다. 사진 소설이 고상한 소설의 뒤를 이어받고, 사회 전체에 그 효과를 퍼뜨린다."[22] 나는 이 책의 서문에서 사랑의 충동과 서사의 충동 사이에 평행선을 본능적으로 세우면서 이 주장이 상당히 설득력 있다고 생각했다. 게다가 '달콤한 감상' 문학에 관한 민속적 연구는 여성 독자들이 그런 문학을 좋아한다는 사실을 보여주었다. 그 문학이 그들에게 "자기 부정과 타인들에 대한 배려 속에 묻혀 버린 그들의 일상적 삶과 대조적으로 **누군가**가 되는"[23] 환상을 제공해주기 때문이다.

마지막으로, 아마도 가장 묵직하고, 가장 본질적인 마지막 설명이 제시된다. 여성들이 사랑에 더 큰 강도로 투자하는 것은 오랫동안 그들의 전유물이었던 완전한 의존의 흔적을 보여준다는 것이다. 수 세기 동안 여성이 자신의 사회적, 경제적 지위를, 자신의 정체성을 정립한 것은 오직 결혼에서, 한 남자와의 관계에서였다. 그것이 여성의 운명을 형성한 주된 힘이었으며, 여성이 그 힘에서 해방되었을 때조차 그런 생각의 습관은 그리 쉽게 지워지지 않는다. 에바 일루즈는 남성이 자신의 성에 열중하지 않을 수 있는 건 그것을 다른 물질적 또는 사회적 수단을 얻기 위한 교환 화폐로 사용하지 않아도 되었기 때문이다. "성에 대한 여성적 접근이 훨씬 감정적인 것은 그것이 훨씬 경제적이기 때문이다."[24] 게다가 이 의존은 여전히 유효하다. 여기서 시간제 노동에 관한 통계를 환기할 필요가 있다. 프랑스에서 그 수치는 30년 만에 3배가 되었고, 2018년에는 시간제 일자리를 가진 남성이 8퍼센트인데 반해, 여성은 30퍼센트나 되었다.[25] 더구나 2011년에는 20세부터 59세까지 학생이 아니면서 일자리 없이 커플로 사는 여성이 210만 명에 달했다.[26]

'의존의 씨앗'

이론상으로는 여성이 경제적 독립을 확보하는 데, 따라서 대등한 입장에서 연애관계를 확립하는 데 남성과 정확히 동일한 기회를 가진 것처럼 보일지라도 은밀한 메커니즘이 그러지 못하게 가로막는다. 도로시 C. 홀랜드와 마거릿 A. 아이젠하트가 1980년대 초에 주도한 연구가 그 사실을 명료하게 보여준다. 두 사회학자는 몇 년 동안 미국 남부의 두 대학, 학생 대부분이 흑인인 한 대학과 학생 대부분이 백인인 다른 대학에서 중산층 출신 여학생 집단을 추적했다.[27] 처음에 그들의 소명은 왜 과학자나 수학자가 되는 여성이 그렇게 적은지를 이해해보려는 것이었다. 두 저자는 사랑과 관계된 관심사들이 여학생들의 시간과 에너지의 상당한 부분을 집어삼키는 것을 발견하고는 놀랐다. 모든 여학생이 '또래 문화'에 붙들려 있었는데, 그 문화는 일종의 보조 학업 과정처럼 되었고, 실제로 중요한 유일한 학업 과정이었다. (이성애 추정이 절대적으로 보이는) 그 문화 속에서 그들의 가치는 오직 육체적, 성적 매력의 정도에 따라 규정되었다. 반면에 남성의 가치는 그들의 육체와 다른 분야(지성, 스포츠…)에서 그들이 이루어낸 성취에 달렸다. 이 준거에 따라 그들의 동료들과 그들 자신에 대해 이루어지는 평가는 젊은 여성들이 나누는 대화의 중심을 차지했다. 여자들은 다이어트하고, 운동하고, 옷을 갈아입으면서 자신의 유혹 자본을 늘리려 애썼다. 그들의 모든 외출(수영장, 축제, 술집으로의 외출)에 동기를 부여하는 것은 사랑의 만남에 대한 희망이었다. 어떤 과목을 공부하는지 묻는 물음에 여학생 중 한 명이 대답했다. "남자요." 그 대답은 거의 농담이 아니었다. 여학생들이 남자 동료들을 위해 요리하거나 그들의 방을 청소해주는 일도 있었다. 커플이 된 여학생들은 자기 시간을 남자친구에 맞추어 짜기 시작했다. 그들은 남학생들의 우애 속에서 '여동생'처럼 시중들기 위해 자신의 활동을 포기했다. 그것이 '그를 위해 참으로 중요했기' 때문이다. 그게 아니면 여학생들은 남자친구와 함께 긴 주말을 보낼 수 있도록 자기 수업을 주중의 첫 나흘로 몰았다. 그리고 두 사람의 미래를 위한 중요한 결정은 그가 내리게 했다. 여학생 중 한 사람은 약혼자와 같은 커리큘럼을 따르는 것을 포기했다. 그가 만류했기 때문이다. "나한테는 안 맞을 거라고 그가 말했어. 길게 보면, 어쩌면 나도 그걸 좋아하지 않을지 몰라."

사회학자들은 대학이 이런 상황을 마주하고 여학생들을 '포기했다'고 평가한다. 한 여학생은 한 남자 교수가 그들이 사용하는 교과서에서 오류를 지적할 때마다 이렇게 단언했다고 이야기한다. "이건 여자가 썼기 때문이야." 또 다른 여학생은 어느 날 교실에서 친구들 앞에 서 있을 때 한 남자 교수가 노골적으로 정욕을 드러내는 눈빛으로 그녀를 바라보았다고 전한다. 또 다른 한 교수는 어느 여학생에게 교과에 해당하는 어느 책에 관해 토론하기 위해 만나자고 제안했다. 처음에 여학생은 칭찬이라도 받은 것처럼 기분이 좋았는데, 사실은 교수가 애인이 되고 싶어 한다는 것을 깨달았다(그녀가 거절하자 그는 그녀가 성적으로 억압되어 있다고 비난했다. 그는 만약 그녀가 진정한 지성인이었다면 정신이 열려 있을 테고, 그가 유부남이어도 아랑곳하지 않았을 것이라고 주장했다). 두 사회학자는 이 모든 것에서 여학생들이 여성으로서 무능하거나 단순히 성적 대상으로 고려되었다는 결론을 도출한다(그리고 직업의 세계에서도 마찬가지일 거라고 짐작한다). 그러나 그 사실에 여학생들이 그리 엄청나게 속상해하지는 않는다고, 홀랜드와 아이젠하트는 덧붙인다. 어쨌든 여학생들은 '또래 문화'에 빠져서 교수들에게는 그다지 관심을 기울이지 않았기 때문이다.

그들에게는 커플이 최후의 수단으로, 최상의 선택으로 보인다. "내

경력의 목표는 차라리 그의 경력과 관계된 것이에요"라고 한 젊은 약혼녀는 웅변조로 말한다. 그렇지만 이 여학생들은 큰 열광 없이, 실용적이고 미망에서 깨어난 방식으로 사랑을 경험한다. 일부 여학생은 가능한 한 약혼 날짜를 미루려고 애쓴다. 몇 년 뒤 사회학자들이 그들을 다시 만났을 때 많은 여학생이 이혼한 상태였다. 그들은 아주 일찍부터 학대당하는 것을 체념하고 받아들였다. 개중 한 명에게 그런 행동을 하는데도 어째서 남자친구와 함께 있는지 묻자 이렇게 대답한다. "이게 사랑일 테니까요." 사회학자들이 백인 여학생과 흑인 여학생 사이에서 관찰한 눈에 띄는 하나의 차이점은 적어도 후자는 자신과 같은 피부색의 남자와 결혼하면 남편에게 부양받으려는 꿈이 실현되는 것을 볼 희망을 덜 품었다는 점이다. 당시 흑인 남성들이 실업과 대량 구금을 경험하기 시작했기 때문이다.

그렇다, 우리는 경제적 의존의 표본에서 쉽게 벗어나지 못한다. 또한 경제적 의존이 초래하고, 그것을 초월하는 다른 모든 유형의 의존에서도 벗어나지 못한다. 미국의 페미니스트 에세이 작가 콜레트 다울링은 1981년에 모든 차원에서 **부양받으려는** 이 열망을, 우리 자신에 대한 책임으로부터 우리를 해방해줄 외적 개입에 대한 기대를 가장 먼저 규명한 인물이었다. 그녀는 그것을 "신데렐라 콤플렉스complexe de Cendrillon"[28]라고 이름 붙였다. 실제로 아주 어린 시절부터 여성에게 들려주는 그 모든 백마 탄 왕자 이야기가 아무 흔적도 남기지 않는다면 놀랄 일일 것이다. 다울링은 우리가 교육을 통해 아주 일찍 여성에게 '의존의 씨앗'을 심어놓는다고 주장한다. 그때부터 우리가 우리의 자유를 획득하길 원한다면 평등을 위한 구체적 투쟁에 '내적 해방'의 작업을 보태야 한다. 그러기 위해, 우선 자기 내면에서 이러한 성향이 느껴진다면 부끄러워하지 말고 그것을 인정해야 한다. 용기 내어 "취약하다는 것을 용감하게" 보여주어야 한다. 다울링은 이렇게 말한다. "여성이 무엇보다 먼저 명확히 밝혀야 하는 것은 두려움이 어느 정도로 자신의 삶을 지배하는가이다." 그녀는 뉴욕의 예술가 미리엄 샤피로를 인용한다. 이 예술가는 "무력한 아이가 자기 속에 깃들어 있다고 항상 느끼며 살았다"고 말했다. 그녀는 오직 그림을 통해서만 자기 존재를 드러내고, 생생하게 살아 있다고 느꼈다.

이 문제를 환기하는 데는 몇 가지 위험이 있다. 어떤 이들은 여성이 직업이나 정치, 혹은 예술의 분야에서 자기 자리를 온전히 차지하지 못하는 것은 그들이 겪은 성차별과, 집안일이나 교육에서 제 몫을 책임지려 하지 않는 배우자의 거부 때문이 아니라 자신들의 심리적 억압, 위축되어 뒤로 물러서려는 완강한 성향 때문이라고 서둘러 결론 내릴 것이다. 그렇지만 나는 우리에게 작용하는 이 케케묵은 힘이 실질적이며, 그 힘을 탓자에 올리는 것도 피할 수 없다고 생각한다. 다울링을 이런 성찰로 이끈 것은 그녀가 걸어온 행보다. 프리랜서 작가인 그녀는 이혼 후에 혼자서 세 아이의 생활비를 책임져야 했다. 그녀의 전남편은 정신병원을 자주 들락거렸다. 그녀는 궁지에서 잘 빠져나왔지만, "무의식적으로 은밀히 마음 한쪽에서는 누군가 [그녀를] 곤경에서 꺼내주기를 기대했다"고 한다. 4년 후, 그녀는 그녀처럼 작가인 다른 남자를 만났고, 1975년에 두 사람은 뉴욕을 떠나 시골로 가서 큰 집에서 살았다.

이때부터 그녀의 삶은 달라진다. 첫 몇 달 동안 그녀는 집안일에 몰두했다. 집을 관리하고, 정원을 가꾸고, 불을 지피고, 호화로운 식사를 준비했다. 드물게 책상에 자리할 때도 그녀는 '그저 자료를 이리저리 뒤적이기만' 했다. 그녀는 어린 시절의 세계와 가까운 세계를, '애플파이와 누비이불, 새로 다린 여름 원피스의 세계를' 다시 만났다. 저녁마다 그녀는 반려자의 원고를 타자했다. "나는 뒷걸음질 쳤다(아니 정확히 말하자면 따끈한 욕조 속에 자리한 것처럼 다시 꾸물대기 시작했다). 그게 훨씬 쉬운 일이었으니까. 화단을 가꾸고, 장을 볼 목록을 쓰고, 좋은 '파트너'가 되는(부양받는) 편이 성인의 세계에 던져져 홀로 헤쳐나가야 하는 것보다 불안을 적게 안기기 때문이다."

그녀는 그 전통적 역할 속으로 안도하며 빠져들었다. 그리고 자신이 직업의 경기장으로 돌아가면 "[자신의] 여성성을 잃을까" 겁냈다는 것을 나중에 깨닫게 된다. 그런데 결국에는 자신의 반려자를 원망하게 되고, 자신보다 사회적 안락과 보증을 더 많이 보유한 그를 미워하게 된다. 주먹으로 탁자를 내리친 쪽은 그였다. 이건 합의했던 게 아니잖아, 그가 그녀에게 말했다. 그가 혼자서 모든 비용을 부담하는 것은 당치 않은 일이다. 그는 그녀를 부양하길 거부하고, 그러자 그녀는 끔찍한 분노에 사로잡힌다. 그녀는 자신이 맡아온 온갖 집안일을 생각하며 그의 배은망덕함을 원망한다(그녀가 집안 재정의 균형을 바로잡았을 때 그가 자기 몫의 집안일을 맡았는지를 밝히지 않은 것은 안타까운 일이다). 그러다 그녀는 고심한다. 자신의 반사적 행동을, 은밀한 갈망을, 두려움을 의식한다. 그리고 이런 제목의 글을 써낸다. "해방 너머, 의존적인 여성의 고백." 이 글은 어느 잡지의 1면에 실리면서 엄청난 반향을 일으킨다. "매일 우체부가 한 꾸러미의 편지를 가져왔고, 나는 그걸 집 뒤의 작은 카페로 가져가 읽으며 울었다."

가난한 여성의 거부할 수 없는 역할

콜레트 다울링은 1938년에 태어났다. 의존이 1970년대에 페미니스트 투쟁을 이끌어온 여성들만의 문제일까? 그렇다고 확신하지는 못하겠다. 이 문제는 여전히 우리의 상상계를 사로잡고 있다. 12년 전에 나는 그저 재미 삼아, 출간할 의도 없이 소설 한 권을 썼는데, 그 소설에서 30대 여성 작가는 레지던스 입주 작가 자격으로 어느 40대 부자 후원자의 소유지에 머물렀다. 두 사람은 서로 마음에 들었지만 아무 일도 일어나지 않았다. 그러다 체류가 끝날 무렵 그는 그녀에게 한 가지 제안을 했다. 그녀가 조금 특별한 계약을 받아들이기만 하면 그 소유지에 자기 공간을 가질 수 있고, 매달 거주 수당도 받을 수 있으리라는 것이었다. 소설을 끝내고 얼마 후 '마미 포르노mommy porn' 경향을 예시하는 것으로 추정되는 어느 책의 엄청난 성공에 대한 소문이 들려왔다. 그 책의 요약을 읽고(젊고 매력적인 억만장자 남자가 한 여대생에게 성 계약을 제안한다) 나는 생각했다. **오 이런**…. 내가《그레이의 50가지 그림자》를 알지도 못한 채 이 로맨스 소설의 지적인 버전을 썼던 것이다.[29] (그렇다, 우리는 자신을 시몬 드 보부아르로 꿈꾸지만 깨어보면 E. L. 제임스의 분신이다. 그렇게 냉정을 되찾는다.) 21세기 초에 당신에게 새로운 성적 지평선을 발견하게 해주면서 당신을 욕구에서 완전히 안전한 지대에 있게 해줄 수 있을 남자(마리카르멩 가르시아가 말하는 '모든 것을 가진' 남자[30])에 대한 환상, 요컨대 당신에게 안전과 흥분을 동시에 안겨줄 수 있는 남자에 대한 환상은 세상에서 적어도 동시에 두 여성을 글쓰기로 내몰 수 있을 만큼(그중 한 여성은 우리가 물었다면 자신을 페미니스트로 규정했을 것이다), 그리고《그레이의 50가지 그림자》같은 엄청난 전 지구적인 히트작을 낳을 만큼 강력하다. 1990년에 게리 마샬의 신화적인 영화 〈프리티 우먼〉에서 한 매춘부(줄리아 로버츠)는 매력적인 부자 사업가(리처드 기어)를 길에서 마주치는데, 그 남자는 그녀에게 사랑의 행복을 안기며 그녀를 사치와 풍요로움의 세계 속으로 밀어 넣는다. 이 영화의 성공도 대략 같은 서사적 힘 덕이다.

커플로 살았던 시절을 다시 돌아보면 먼저 나는 아직 내 환상 속에 자리하고 있는 의존이 나의 실제 삶에는 부재했다고 생각할 수 있다. 우리는 둘 다 기자였는데, 나는 내 밥벌이를 했고, 책도 썼다…. 그러나 그 후, 상당히 오랜 기간 동안, 내가 프리랜서 기자였을 때 나의 반려자가 혼자서 집세를 냈다. 만약 필요했다면 그 후 나는 기꺼이 그를 위해 똑같이 했을 것이다. 하지만 그런 기회는 오지 않았는데, 그것이 우연인지 나는 확신할 수 없었다. 그리고 무엇보다 나의 감정적 의존이 있었는데, 그에 대해서는 뒤늦게야 깨달았다. 나는 불안했고, 자신이 없었다. 그런데 내가 만난 것은 세상에서 가장 너그러운 남자였기에 그는 나를 안심시키고, 늘 용기를 북돋아 주었다. 그가 내게 던지는 눈길에서, 그의 신중한 조언에서, 그가 내게 불어넣는 신뢰에서 나는 이론의 여지가 없는 귀한 특혜를 입었다. 하지만 나는 끊임없이 그를 향해 돌아보고, 그가 내게 힘을 주도록 나의 사소한 의혹까지 그와 나누는 버릇이 들었다. 우리는 각자의 역할 속에 자리 잡았는데, 길게 보면 개인에게도 커플에게도 그게 좋은 것은 아니었다. 그와 헤어진 뒤 나는 한 남자와 연애를 경험했다. 그 남자는 온갖 이유로 내게 할애할 시간을 거의 내지 못했다. 나는 극단에서 극단으로 건너왔고, 그 충격은 혹독했다. 하지만 이 새로운 관계를 뛰어넘어, 이제는 혼자 산다는 사실 때문에 나는 나의 의존을 대면하고, 그것을 치유하고, 자립을 배우지 않을 수 없었다. 그리고 솔직히 말해 이제는 그럴 시간이었다. (《마녀》 집필에 몰두했을 때 나는 처음 다섯 권의 책을 쓰는 동안 나를 지지해준 전 남자친구가 곁에 없으면 해내지 못하리라는 두려움을 한 친구에게 털어놓았다. 책 판매가 5000부의 문턱을 넘어섰을 때 친구는 놀리는 듯한 말투로 내게 말했다. "그래, 네가 혼자서도 책을 쓸 수 있다는 걸 이젠 믿겠어?")

엉겁결에 나는 가난하고 의지할 데 없는 여성의 역할 속에 눌러앉았다. 페넬로프 러시아노프의 말을 빌리자면 그 태도는 "언제나 감탄스럽고 심지어 매혹적이기도 한 여성의 속성처럼 생각되었고, 오늘날에도 그렇게 생각되기"에 그만큼 쉽게 빠져들 수 있었다. 나는 이 미국인 심리치료사를 《마녀》에서 언급한 폴 마주르스키의 영화 〈독신녀 에리카〉에서 알게 되었다. 주인공은 남편과 헤어진 뒤 이 심리치료사를 만나러 간다. 나는 그녀가 진짜 치료사인지 알지 못한 채 정형적이지 않은 그녀의 미모와 존재감에 충격받았다. 이 영화가 촬영되고 몇 년 뒤 그녀는 여성의 감정적 의존 문제에 관한 책을 한 권 썼다. 그녀가 실전에서 늘 접하는 문제였다. 그녀는 그 책에서 어린 시절의 한 장면을 이야기한다. 어느 날, 그녀가 부모님과 언니와 함께 살고 있던 집으로 박쥐 한 마리가 들어왔다. 아버지가 밖에 계셨기에 어머니는 아버지에게 도움을 청했다. "아버지는 겁먹은 동물을 밖으로 내쫓았고, 우리도 그만큼 겁먹은 채 떨었다. 우리의 영웅이 박쥐를 무찔렀다. 그리고 어머니는 아버지에게 무척 고마워하셨다. 언니와 나는 어머니의 본보기를 따라 존경하는 얼굴로 아버지를 끌어안았고 찬사를 쏟아냈다." 그렇지만 그녀는 알았다. 만약 아버지가 없었더라면 어머니도 혼자서 그 동물을 치울 수 있었으리라는 것을. "하지만 그녀는 아주 일찍부터, 내가 어머니에게 배웠듯이, 그리고 나의 여자 환자들이(아주 어린 나이의 환자조차) 그들 주변의 여자들에게 배웠듯이, 남자가 있을 때는 다른 여자들이나 혼자 있을 때와는 전혀 다른 방식으로 행동해야 한다는 것을 배웠다."[31] 아마 나도 나약함과 무력함을 연기하는 것이 (나약함과 무력함을 실제로 기르게 될 위험을 무릅쓰고) 한 남자에게 사랑을 표현하는 적절한 방식이라는 생각을 내면화했을 것이다.

엘리자 로하스의 소설 《미스터 T와 나Mister T. et moi》에서 화자의 한 여자친구는 화자에게 사랑하는 남자를 유혹하는 방법과 관련해 이런 조언을 한다.

"남자들은 많아. 사실 그들이 원하는 건… 그건 네가… 새끼 고양이처럼 구는 거야."

"뭐?"

"새끼 고양이!"

"그런데, 그게 무슨 뜻이야? 야옹 소리라도 내라는 거야?"

"그 말은, 보호해주고 싶고, 조금은 장난꾸러기 같은 여자, 남자를 필요로 하는 그런 여자가 되라는 거야."

엘리자는 아연실색했다.

"속여야 한다고? 어떻게 그럴 수 있는지 난 모르겠어! 난 그러지 못할 뿐 아니라 그러고 싶지도 않아. 그건 거짓 광고 같은 거야. 난 도움이 필요한 '나약한 작은 물건'이 아니라고. T도 그걸 알고 있어. 게다가 저런 꼴로 어떤 유형의 남자를 잡을 수 있겠어? 동물을 고문하길 좋아하는 남자?"[32]

나는 고백한다. 엘리자 로하스와는 반대로 나는 자주 새끼 고양이처럼 굴었다.

그렇지만 한 가지 중요한 사실이 있다(페넬로프 러시아노프도 그렇게 말한다). 우리 모두가 어느 정도는 다른 사람들에게 의존한다는 사실이다. 궁극적 목표가 누구도 필요로 하지 않는 상태라고 주장하려는 것이 아니다. 사랑하는 존재가 우리 삶에서 떠날 때 우리에게 야기되는 고통, 그 떠남이 이별로 초래된 것이든[33], 아니면 죽음으로 초래된 것이든 그 고통은 그 사람이 우리에게 가져다준 행복에 비례한다. 두 삶의 긴밀한 뒤얽힘이, 사랑의 관계가(또는 우정이나 혈연이) 표상할 수 있는 풍요로움은 소중히 여겨야 할 기적이다. 2019년 브뤼셀에서 진행된 저자와의 만남 때 한 젊은 여성은 내가 《마녀》에서 펼쳐 보인 여성의 자립 개념에 대해 자신이 느낀 당혹감을 내게 털어놓았다. 자신은 혼자가 되고 싶은 마음이 없었다고 말했다. 그런데 무인도로 은둔하는 것과 '남자 없이는 아무것도 아니다'라고 생각하는 것 사이에는 천지 차이가 있다. 그렇지만 그것은 러시아노프가 많은 여성 환자에게서 발견한 믿음이다. 그 여성들이 부인할지라도. 그들 중 한 사람은 한숨을 쉬며 자신이 이상적인 남자를 만났더라면 치료를 받을 필요가 없었을 거라고 말했다. 결혼한 여자들은 남편의 관심사와 여가활동을 받아들여서 남편 없이 외출하는 법이 없었다. 자립을 얻는다는 것은 관계를 맺지 않고 지낸다는 의미가 아니라(물론 우리가 그것을 바랄 경우만 빼고) 관계를 맺는 올바른 출발 지점을 찾는다는 의미다.

내면의 질서를 되찾다

나의 자립을 되찾는 순간에 나는 내가 모든 것을 뒤섞었다는 사실을 깨달았다. 불안이 엄습해올 때 나는 (질병이나 초상 같은) 혹독한 시련이 닥치면 내가 어떻게 될지 자문하고는 했다. 그러나 그런 순간, 내가 사랑한 모든 사람과 마찬가지로 나는 아주 잘 지냈다. 내가 다시 비탄에 빠지면, 2020년에 격리 후유증으로 공황 발작이 일어났을 때 확인할 수 있었듯이, 내 곁에는 전 남자친구를 포함해 사람들이 있을 것이다. 그때까지 나는 대부분의 시간 동안 나 자신을 돌볼 수 있었다. 나는 무력한 작은 존재가 아니었다. 일상의 장애물을 혼자서 뛰어넘을 수 있었다. 우리는 독자적으로 살아가는 우리 삶의 표층을 가능한 한 넓게 펼치려고 애쓸 수 있다. 실제적인 혹은 심리적인 차원에서, 사랑의 만남이 주는 대체 불가능한 충격을 조금도 훼손하지 않은 채. 훼손은커녕 심지어 그 반대일 수 있다. 나는 캐나다 시인 루피 카우르의 이 말을 생각한다. "나는 나의 빈 부분을 채우려고 / 너를 원하는 게 아니다 / 나 자신으로 충만하고 싶다 / 나는 충만하고 싶다 / 온 도시 전체를 환히 밝힐 수 있도록 / 그러고 나서 내 안에 너를 원한다 / 둘이서 함께 / 거기에 불을 피울 수 있을 테니."[34]

칼 융의 신봉자인 미국인 정신분석학자 로버트 A. 존슨은 1985년에 출간된 그의 책《We》에서 열정에 관한 드니 드 루즈몽의 주장을 계승했다. 그에게 열정이란 삶에서 여전히 우리가 종교적 또는 영적 충동이 표현되도록 남겨두는 유일한 장소다. "성스러운 것과 병적인 것의 기이한 혼합인 이 낭만적 사랑은 기본적으로 우리가 우리의 자아라는 제국에서 배제된 모든 것, 우리의 무의식에 속하는 모든 것(신성하고, 헤아릴 수 없고, 경이로운 모든 것, 우리에게 존경을 불러일으키는 모든 것)을 담으려고 애쓰는 내부 공간이 되었다."[35] 살인자나 폭력적인 남자를 사랑하는 여성과 소설의 여주인공들이 (엠마 보바리나《주군의 여인》에서 하느님의 이름을 솔랄의 이름으로 바꿔서 시편을 읽는 아리안처럼) 종교적 배경을 둔 경우가 잦다는 것을 생각할 때 이 주장은 꽤 설득력이 있다. 혹은 종교적 충동을 자신의 감정생활 속으로 끌어들이는 것은 맹목적인 복종의 태도 속에 자신을 가두는 일일 뿐 아니라 우리가 사랑한다고 주장하는 사람에게 불가능을 요구하는 일이기도 하다. 존슨의 말대로라면, 우리는 그 충동을 그것이 잘 표출될 수 있는 유일한 곳, 우리 내면으로 돌려보내야 할 것이다. 그리고 창조적 혹은 영적 활동을 펼쳐서 우리의 내적 삶을 함양하는 데 몰두해야 할 것이다. 그렇게 우리의 연애 관계를 완전히 다르게 고려해야 할 것이다.

존슨은 어느 30대 남자 환자가 꾼 꿈을 전하며 우리가 실행해야 할 변화를 예시한다. 그의 눈에는 그 꿈의 영향력이 개인적 경우를 넘어선 듯 보인 것이다. 그 청년은 이렇게 이야기한다. "내가 예전에 성모 마리아의 것이었던 종을 바실리카 대성당으로 옮기고 있는데, 그 성당은 종을 되찾게 되면 보관하려고 수 세기 전에 세워진 곳이었죠. 종의 형태는 이미 알려져 있었고, 종 크기에 정확히 맞춘 종각이 제단 위에 마련되어 있었죠. 한 사제가 종을 받으려고 불철주야 기다리고 있었어요. 나는 성당 안으로 걸어 들어갔고, 중앙홀을 가로질러 가서 기다리고 있는 사제에게 종을 내보였어요. 우리는 함께 종을 들어 올려 종각 속 고리에 걸었어요. 제자리에 완벽하게 걸렸죠." 존슨의 말에 따르면 우리는 이 이야기에서 보상의 몸짓에 대한 상징적 묘사를 볼 수 있는데, 그 몸짓을 통해, 그와 드니 드 루즈몽이 묘사한 서양의 열정 모델, 충동이 자리를 잘못 잡은 결과인 서양의 열정 모델은 마침내 우리 삶에서 유린을 멈출 수 있을 것이다. 무엇보다 거기서 우리는 **기적적인** 남성의 구원을 기다리도록 많은 여성을 내모는 의존에 대한 해결책을 볼 수 있다.

그러므로 자립적인 존재가 된다는 것은 성이나 사랑의 삶을 완전히 거부하는 게 아니라(결코 아니다) 자기 안의 질서를 바로잡는 것을 의미한다. 어쩌면 한 가지 경우만 예외다. 우리가 실제 욕망 때문이 아니라 남자들에게 중독되어서, 순응주의 때문에, '그래야' 하기 때문에, 혹은 혼자가 되는 것이 겁나서 남자들과 일회적이거나 지속적인 관계를 유지하는 경우 말이다. 어떤 여성들은 그런 관계를 완전히 없애고 지내는 법을 배워야 한다고 판단한다. 자립의 토대를 세우고 나서 다시 돌아가려는 것이다. 글로리아 스타이넘은 《셀프 혁명》에서 자신이 아는 한 여성 연주자를 언급한다. 티나라는 이름의 이 연주자는 남자가 관심을 보이기만 하면 하고 있던 모든 것을 놓아버리는 버릇이 있었다. 그녀는 결국 극단적인 방법을 취한다. "5년 동안 작곡하고, 여행하고, 혼자 살며, 친구들을 만나면서 남자의 유혹은 모두 거부한 것이다. 그녀는 자기 집을 수리하고, 낯선 곳에서 휴가를 보냈으며, 작곡을 가르쳤다. 그렇게 충만한 삶을 살았지만, 섹스도 로맨스도 빠진 삶이었다." 처음에는 힘들었다. "한 남자의 눈을 통해 자신을 바라보지 않고는 존재한다는 확신조차 들지 않았다. 하지만 점차 그녀는 홀로 깨어났고, 자기 고양이와 이야기하고, 파티장에서도 떠나고 싶을 때 떠나는 데서 기쁨을 맛보기 시작했다. 처음으로 그녀는 자신의 '중심'이 남성에서 자기 내면의 새로운 곳으로 옮겨가는 것을 느꼈다." 5년 뒤, 그녀는 예전에 자신이 매력을 느꼈던, 그리고 그런 그녀에게 끌렸던 남자들과는 아주 다른 남자를 만났고, 그와 결혼했다.[36]

주입된 생각의 습관에서 훨씬 더 크게 뒷걸음치는 사람들도 있다. 1970년대에 에블린 르 가렉이 인터뷰한 여성들 가운데 서른여덟 살의 기자 플로라가 있다. 그녀는 이렇게 말했다. "한 가지를 발견했어요. 우리가 아주 쉽게 남자 없이 지낼 수 있다는 사실이에요. 어쩌면 내가 늙는 건지도 모르겠네요…. 사실 나는 늘 남자 없이 아주 잘 지냈어요. 하지만 내가 받은 교육은 항상 이렇게 말했죠. 성관계를 해야 한다. 성관계를 해야 한다…."[37] 결연한 성적 금욕의 시기를 이야기하는, 소피 퐁타넬의 소설 《욕망L'Envie》에서 화자는 한 의사가 라디오에서 "성관계를 많이 할수록 그 개인은 모든 영역에서 나아진다"라고 하는 말을 듣는다. "나는 웃음을 터뜨렸다."[38] 성행위를 해야 한다는 명령은 남녀 모두를 향한 것이지만 여성에게는 남성의 몸과의 정기적 접촉이 일종의 성스러운 일을 의미하는 만큼 더 큰 압박이 된다. 그것은 사회적 지위와 신체적 균형의 담보처럼 여겨진다. 그렇지만 그것이 언제나 쾌락과 동의어는 아니다. 루베에서 직물 공장 노동자로 일하는 스물일곱 살의 마리엘은 이혼 소송을 진행하는 동안 한 유부남을 만나서 사귀었다. 그녀는 행여 그가 어느 날 자기 부인과 헤어지겠다고 말하면 그 부인에 대한 연민으로 반대할 것이라고 분명히 말했다. 그리고 그녀는 덧붙여 말했다. "게다가 나는 그 사람을 사랑하지 않아요. 그와 관계를 갖는 데서 전혀 쾌락을 누리지 못해요. 그래서 관계를 갖지 못하는 날이 오히려 아주 만족스러워요."[39] 마찬가지로, 페넬로프 러시아노프의 환자 제인은 하룻밤의 만남을 치과 가는 일에 비유한다. "나는 그걸 그리 좋아하지 않지만 해야 해요. 이해하시죠? 그래야 건강을 유지하니까요."

어느 날, 제인은 감기가 걸려 며칠 동안 외출하지 못했고, 그러면서 이런 생각을 하게 된다. "그런 만남에서 내가 뭘 얻을 수 있는지 자문해보았는데 대답은 이랬습니다. 아무것도 없다. 대개는 순간적인 만족조차 없었어요. 차라리 텔레비전을 보면 훨씬 풍요로워졌을 것입니다." 그래서 그녀는 몇 달 동안 금욕을 결심한다. "나는 진짜 독신 생활을 했는데, 그렇게 해도 병들거나 미치지 않는다는 걸 알게 되었죠. 나의 질은 녹슬지 않았어요." 소피 퐁타넬도 성적 접촉의 부재가 돌이킬 수 없는 신체적 쇠퇴를 초래할 것이라는 편견을 반박한다. 그녀는 성관계를 그만두기로 결정한 직후의 기간을 이런 말로 환기한다. "일단 산山의 효용이 사라졌지만, 나는 이 얼굴을 유지했을 뿐 아니라, 광채도 도드라졌다. 사진에서 나는 내가 빛나고 있음을 발견한다. 어떤 만남이 나를 이렇게 빛나게 했던가? 어떤 만남에서 내가 자신감으로 빛나는 눈과 자유로운 여자의 반짝이는 피부를 얻었던가?"[40] 육체적 성숙의 비밀은 성교하는 것도, 성교하지 않는 것도 아니고, 우리에게 맞는 대로 사는 것이 아닐까? 제인은 덧붙였다. "이제 저는 필요해서가 아니라 원해서 데이트를 합니다. 제가 남자와 잘 때는 예전보다 많은 걸 얻어요. 제 건강에 필요하다고 생각해서나 고독을 덜기 위해 또는 인증받는다고 느끼기 위해서가 아니라 실제로 욕구를 느껴서 하는 것이기 때문이죠."[41]

'인증', 이것이 어쩌면 키워드인지 모른다. 사미아 미스키나는 '부담 없는 섹스 문화'를 다루는 팟캐스트 〈섹시 클럽〉의 한 일화에서 자신이 연애를 늘려가던 시기를 돌아본다. "나는 그런 관계들을 이어가는 것이 좋고, 자유롭게 느낀다고 스스로에게 말했죠. 완전히 거짓은 아니었어요. 대부분의 관계에서 실제로 기쁨을 맛보았으니까요. 하지만 돌아보면 매번 만날 때마다 내가 인증을 구했다는 걸 깨닫게 됩니다. 물론 남자들에게 받는 인증이죠. 내가 예쁘고, 욕망할 만하고, 정사를 나눌 만하다는 걸 입증해주는 인증이죠. 내가 누군가를 집으로 데려올 때마다 그건 작은 승리였죠." 쥐디트 뒤포르타유는 틴더 앱을 "인증 마약"이라고 말한다. 그녀는 타인들이 "네게 존재할 권리를 인증해주는 존재들이 아니라 길동무, 또는 인생 동무가"[42] 되게 하려면 어떻게 해야 하는지 자문한다.

남성도 '성관계를 해야 한다'는 압박을 받지만, 그들은 거기서 횟수나 축적의 성과를 건지기를 희망한다. 하지만 나는 여성의 정체성이 남성의 시선으로 만들어진 것처럼 남성의 정체성이 온전히 여성의 시선으로 만들어진 것이라고는 생각하지 않는다. 페넬로프 러시아노프는 여자 환자들의 눈에는 오직 한 남자와의 섹스만이 정당한 권리를 가진다는 것을 확인하고 종종 놀랐다. 그녀가 그들에게 자위에 대해 말하면 그들은 난감해했다. 그들은 그것을 타락으로 보았기에 스스로 허용하기를 거부했다. 나는 소피 퐁타넬이 묘사하는 관능적인 자율성 안에서 나를 전적으로 인정한다. "이 휴식기의 첫 몇 달 동안 나는 언제 더 행복했을까? 나는 라벤더 입욕제를 풀고 자주 목욕했다. 일본에서 파는 향기 나는 목욕 분말이 있는데, 그걸 풀면 물이 하얗게 변한다. 나는 봉투에 든 내용물을 욕조에 풀면서 그 부드러움을 즐겼고, 욕조 안에 들어가면서 내가 알지 못하는 어떤 신이 나를 위해 기뻐한다는 느낌이 들었다."[43] 한 가지 굳건한 사실이 있다. 파트너가 부재하면 성교의 요란한 행복은 우리에게 실현 불가능하다는 사실이다. 그렇다고 우리의 쾌락 능력이 남성의 존재라는 조건에 맞추어진 자물쇠로 채워졌다는 뜻이 아니다. 다른 많은 활동도 강렬한 쾌락의 원천이 될 수 있다. 내게는 글을 쓰고, 책을 읽고, 소설에 빠져들고, 걷고, 먹고, 잠자고, 수영하고, 춤추고, 환상을 품고, 크림과 오일을 몸에 바르는 일이 그렇다…. 연애 경험이 많은 여자친구들 앞에 서면 나는 상반된 감정이 들었다. 한편으로는 그들의 대담함이 부러웠다. 그러나 다른 한편으로는 그들이 에너지를 탕진하고, 큰 근심거리를 견디고, 때로는 그다지 마음에 들지도 않는 남자들과의 관계에서 깊이 상처 입는 것을 보면서 당혹스러웠다. 상처 입을 위험 정도는 나도 기꺼이 부담할 수 있다. 그럴 가치가 있는 사람을 위해서라면. 때로 나는 그들의 강도 높은 성생활에서 실제 욕망의 몫과 인증 필요의 몫이 어느 정도일까 생각해본다. 결과적으로 나는 그런 친구들보다 평온을 잘 지킨다. 어느 날, 그 친구들 중 한 명이 한 남자가 그녀에게 보낸 이별 메시지를 읽고 내 의견을 말해달라고 부탁했다. 그녀는 다른 친구에게도 그것을 이미 보여주었다. 나는 뭉클한 메시지라고 생각한다고 진솔하게 말했는데, 다른 친구는 "개새끼잖아!"라고 대답했다. 그러자 내 친구는 내게 이런 결론을 내렸다. "너는 우리보다 화가 적네."

228

다른 여자들, 궁여지책인가 경쟁 상대인가

남성에게 완전히 의존했던 수 세기에 걸쳐 여성의 정신에 남겨진 흔적 가운데 다른 여성들과의 일정한 유형의 관계도 있다. 1980년대 초 미국의 두 대학에서 행해진 조사 때 도로시 C. 홀랜드와 마거릿 A. 아이젠하트는 여학생들에게 여자 동료들은 '주변적인' 존재일 뿐이라는 사실에 주목했다. 여자친구들은 약혼자 찾기에서 '지지 집단'의 역할을 하는 것이 유일한 쓸모였다. 그들이 무리 지어 외출할 때는 언제나 '흥미로운 누군가'를 만날 희망을 품고서였다. 그 누군가란 물론 남자다. 남자의 존재가 갖는 마법만이 그들이 빠져 있는 비참하고 보잘것없는 한나절이나 저녁 시간을 구해줄 수 있었다. 그들이 파티를 연 어느 날, 그들 중 한 명이 남자들이 오지 않았다고 한탄한다. 결국 남자 몇 명이 도착하자 그녀는 외친다. "드디어 활기가 좀 도네!" 다른 여자와의 관계가 그 자체로 가치 있을 수 있다고 생각하는 여학생은 거의 없었다. 다른 여자가 사랑의 계획에 도움을 줄 수 없다면 그 여자는 그저 궁여지책일 뿐이다.[44] 페넬로프 러시아노프의 어느 젊은 독신 여성 환자는 한 명 또는 여러 명의 여자친구와 함께 외출하는 것을 무조건 삼간다(어쨌든 그녀는 여자와의 우정을 한 번도 맺어본 적이 없다). 아마도 그 때문에 남자가 그녀에게 다가와 말 걸기를 포기할까 봐 혹은 그녀가 다른 여자들 틈에 '빠져' 있으면 눈에 띄지 않을까 봐 겁냈을 것이다. 또한 비장한 이미지를 안기게 될까 봐 겁내기도 했다. "사람들은 둘 또는 셋, 또는 네 여자가 함께 다니면 종종 전형적인 노처녀처럼 보죠. 당신이 비서들 무리에서 가장 인기 많은들 사람들이 당신을 가련하게 바라본다는 느낌은 어쩔 수가 없어요. 당신이 꿈꾸는 남자가 당신을 가련하게 바라보는 사람들 틈에 있으면 어떡해요? 그가 당신을 보았는데, 당신이 그 모든 여자와 함께 있는 걸 보고 당신에게 문제가 있다고 생각할지도 모르잖아요?"45

무시해도 될 존재처럼, 혹은 가치 없는 동행처럼 (그것이 수반하는 자기혐오와 함께) 간주되는 다른 여자들은 위협처럼 보인다. 여성혐오적 묘사에 의해 여성의 타고난 옹졸함 탓으로 간주되는 경쟁심은 여성이 언제나 들어앉은 종속관계에서, 그들의 이야기에서 곧장 태어난다. 그것은 우리의 온 운명이 다른 모든 여자를 배제하고 절대적이면서 동시에 변덕스러운 권력에 간택받는 능력에 달려 있던 (아마도 그리 오래되지 않은) 시대가 낳은 결과다(특히 여배우들은 아직 그 체제 속에서 살고 있다). 더 폭넓게는, 여성의 경쟁과 그것이 남성에게 부여하는 권력의 연출은 서양 문화에서 일반적인 경향이다. 1972년 BBC를 위해 제작된 다큐멘터리 〈다른 방식으로 보기〉에서 작가이자 예술 평론가인 존 버거는 유럽 회화에서 아주 높이 평가되는 테마인 '파리스의 심판'이 여자들을 바라보고 자기 취향에 따라 여자들을 판별하는 남성의 전통을 어떻게 영속시키고 있는지 보여주었다. 트로이의 왕자는 아프로디테, 아테나, 헤라 여신들 가운데 가장 아름다운 여신을 지목해 '불화의 사과'를 건네야 한다. 파리스는 아프로디테를 선택한다. 그녀가 세상에서 가장 아름다운 여자의 사랑을 그에게 주겠다고 약속했기 때문이다. 그 여자는 메넬라오스의 왕비 헬레나였고, 파리스가 그녀를 납치하면서 트로이 전쟁이 시작된다. 버거는 관측한다. "이런 맥락에서 아름다움은 경쟁적인 것이 된다. 파리스의 심판은 미인 선발대회를 낳게 된다."[46] (4~5세기가 지난 뒤, 한 명의 독신남이 여러 후보 가운데 한 명의 반려자를 선택하도록 촉구받고, 여성 후보들은 차례차례 제거되는 리얼리티쇼 〈배첼러〉도 똑같은 장치를 되풀이한다.) 기이한 액자 구조로 보여주는 〈다른 방식으로 보기〉의 이 일화는 존 버거와 소그룹 여성과의 토론으로 마무리되는데(그 무리 속에는 당시 화가의 반려자인 애나 보스톡 버거도 자리하고 있었다), 그 여성들에게 그는 여성 누드의 전통에 관해 이야기하고 그에 대한 반응을 끌어낸다. 나는 그 여성들이 그 멋지고 카리스마 있는 남성의 관심을 붙들기 위해 자기 매력으로, 말의 타당성으로 서로 경쟁한다고 느끼지 않았을까 자문하지 않을 수 없다….

이 유산, 그리고 우리가 우리 자신에 대해, 우리의 가치, 우리의 매력에 대해 간직해온 불안은 파괴적인 행동을 낳을 수 있다. 나는 마치 우리 모두를 위한 자리가 충분하지 않다는 듯이 인류의 절반과 '저 여자야, 아니면 나야'와 같은 식으로 관계를 맺는 것처럼 보이는 여자들을 종종 만났다. 그럴 때면 쪼그라들어 미미한 작은 잿더미로 전락한 느낌이 들었다. 특히 초기에 그랬는데, 내게 무슨 일이 일어난 것인지 전혀 이해하지 못했기 때문이다. 처음에는 나의 고통이 그저 나의 객관적 무가치를 인식한 데서 온다고 추정했다. 한결같이 아름답고 똑똑한 다른 여성들은 내게 그런 공허하고 분쇄된 느낌을 전혀 안기지 않았다는 것을 깨닫기 전까지는 그랬다. 그 후, 때때로 교언과 아첨의 옷을 입기도 하는 그 숨겨진 공격성을 마주하게 될 때마다 온갖 종류의 경계 신호가 내 안에 켜진다. 나는 공격성이 뿜어져 나오는 사람과는 거리를 두려고 애쓴다. 하지만 그것이 어떤 깊은 불안에서 나오는지 안다. 그것이 우리가 배출하는 파괴성이라는 것도 안다. 우리는 실존적 위협에 맞서 자기방어를 한다고 느끼는 것이다. 내가 이것을 아는 것은 그 불안을 나 역시 느끼기 때문이다. 대개 나는 다른 여성의 재능과 성공을 증언하기를 좋아하고, 거기서 기쁨과 영감, 자극을 얻는다. 하지만 가려지는 데 대한 오래된 불안, 타인들의 장점이 나의 장점을 뒤덮는 데 대한 두려움이 고개를 빳빳이 들 때도 있다.

미국인 저자 제니 팅후이 장은 친구 중 한 명이 열한 살 또는 열두 살에 그녀의 신체에 대해 멸시하는 말을 해서 처음으로 그녀가 자신에 대해 의심하게 되었으며, 이어지는 세월 동안 그런 경험이 종종 거듭되었다는 것을 어느 칼럼에서 밝혔다. 그녀는 남자들이 지배하는 분야에서 직업 활동을 시작하고서야 서로 돕는 여자들에게 둘러싸이게 된다. 거기서 그녀는 처음으로 다른 여성들의 호의적인 동행에서 오는 '온기와 빛의 느낌'을 경험했다. "그 후 나는 종종 그 느낌을 접했다. [도널드 트럼프가] 당선되던 날 드러그스토어에서 젊은 여자 손님과 슬픈 미소를 나누었을 때. 나의 여자 상사가 남자 동료들에 맞서서 나를 옹호했을 때. 혹은 그저 낯선 여자가 길거리에서 나의 옷차림이나 머리 모양, 혹은 귀고리에 대해 칭찬했을 때. 이런 순간들은 피상적이지 않다. 내가 보기엔 상호적 이해와 힘의 전달로 빛나는 순간들이다. 단순한 찬사를 통해 전해지는 메시지는 이것이다. "그렇게 계속해요."[47] 여성 연대는 현실, 아주 아름다운 현실이다. 하지만 그것은 때로 자신이 가려지고, 자리를 빼앗기고, 내쫓긴 모습을 보는 집요한 두려움 때문에 가로막히거나 어려워지기도 한다. 자신이 평범하고, 특별할 게 아무것도 없는(제인 버킨이 썼듯이 "무한히 잊힐 만한"[48]) 존재라는 것을 발견할 두려움 때문에, '저 여자야, 아니면 나야'라는 논리 때문에.

우리는 여자로서 자기 자신과 동시에 다른 여성에게 가차 없는 눈길을, 지독히 비판적인(사실은 증오 어린) 눈길을 던지도록 내몰린다. 마치 항상 경쟁 상대를 평가하듯이, 불안과 공격성이 뒤섞인 심정으로 남자의 관심을(혹은 그저 관심을) 끌기 위한 큰 경쟁 속에서 자기 자리를 끊임없이 재평가하듯이 말이다. 이 조건이 우리의 더없이 멋진 연대 충동을 잠식할 수 있다. 시리즈 드라마 〈크레이지 엑스 걸프렌드〉에서 넝쿨 식물처럼 유연한 몸의 소유자인 도도한 요가 선생 발렌시아 페레즈가 기타를 들고 길거리에서 도무지 믿기지 않는 연대의 노래 〈여성들은 단결해야 해Women Gotta Stick Together〉를 부르기 시작하는 막간극이 있다. 지나가던 여자 행인들이 합류한다. 열정적인 새 합창단원이 나타날 때마다 발렌시아는 그녀에 대한 악의적인 평가를 노래에 끌어들여 열정에 찬물을 끼얹는다. "여자들에겐 변화를 가져올 힘이 있어 / 이를테면 이 여자는 눈썹 정리를 해야 하고, 저 여자는 청바지를 바꿔야 하지(더 큰 사이즈가 필요하니까) / 이 여자는 소시지 냄새를 풍기지만 뭐 문제 될 건 없어 / 여자들은 서로 팔짱을 껴야 해 / 도저히 좋아할 수 없는 여자, 데니스 마르티네즈만 빼고 말이지(오, 안녕,

데니스) / 변화는 애슐리가 무릎 꿇는 데 걸리는 시간보다 더 빨리 일어나지 / 우린 함께 모든 장애물을 넘어설 수 있어 / 키가 1미터 20인 마리사만 빼고 / 우리는 어떤 산도 오를 수 있어 / 밧줄이 할리의 무게를 견딜 수만 있다면…."[49]

우리가 물려받은, 다른 여성에 대한 이 경계심을 극복할 기회를 확보하려면 아마도 정직하게 그것에 맞서야 할 것이다. 우리의 너그러움이나 개인적 기품이 문제가 아니라는(혹은 그것만이 문제가 아니라는!) 사실을 알고서. 문제는 우리 삶의 모든 영역에서 제기된다. 사랑, 직업, 군대… 우리가 무엇을 하든 보아하니 우리는 언제나 우리 자신을 '파리스의 심판'을 받을 여신들처럼, 혹은 유곽의 여주인이 손님이 고를 수 있도록 줄 세우는 여자들처럼 지각한다. 남자들의 경쟁도 존재하지만, 그것은 합법적 감정에서, 관심이나 어떤 우위를 요구하면서 제 권리를 누린다는 확신에서 탄생하는 것처럼 보인다. 이 경쟁은 똑같이 근본적인 불안정에 토대를 두고 있지 않다. 그리고 무엇보다 그것은 같은 방식으로 외부에서 자극받는 것이 아니다. 여성들을 서로 맞세우는 것은 (때로는 깨닫지도 못한 채) 남성에게나 여성에게나 하나의 반사적 행동이고, 저항할 수 없는 시도다. 2020년에 글로리아 스타이넘과 같은 세대의 또 다른 미국인 페미니스트 활동가인 엘리너 스밀Eleanor Smeal, 두 여성은 드라마 〈미세스 아메리카〉가 제시하는 이야기의 편향된 관점에 맞서 항의했다. 이 미니시리즈는 1970년대 미국 헌법에 성평등 원칙을 등재할 목적의 성평등 헌법 수정안 ERA(Equal Rights Amendment)을 둘러싸고 전개된 투쟁을 그리려 했다. 스타이넘, 스밀, 그 밖의 다른 페미니스트들은 그 수정안이 표결되게 하려고 투쟁했다. 반면에 보수주의 활동가 필리스 슐래플리는 그 수정안에 반대하도록 공화당 쪽 여자들을 동원했다. 스밀과 스타이넘은 이 시리즈가 그런 방식으로 두 진영을 소개하면서 그 투쟁을 "머리끄덩이 싸움"으로 깎아내렸다고 공동 논단에서 고발했다. 여론조사에 따르면 미국인 여성 대부분이 성평등 헌법 수정안에 항상 우호적이었다. 그녀들은 이 시리즈가 법안에 반대하는 다양한 로비의 강렬하고 결정적인 활동을 묵과했다고 비난했다. 특히 보험업자들은 성평등 헌법 수정안이 가결되었더라면 "여성들에게 보험 혜택은 적은데 더 비싼 보험료를 물리는 일을 그만두었을" 것이다. 두 활동가는 필리스 슐래플리와 그 뒤를 이은 여성들이 그저 경제 분야의 이 권력자들의 이득에 "방패막이"가 되었을 뿐이라고 말했다. 그리고 이렇게 물었다. "시민권 운동의 실패를 마틴 루터 킹 주니어의 지지자들과 말콤 엑스의 지지자들 사이의 경쟁 관계 때문이라고 할 수 있을까?"[50]

2021년 겨울, 루피 카우르는 인스타그램에서 자신의 시집《홈 보디Home Body》[51]에서 여자들의 경쟁 관계에 관한 시에 대해 해설하며 이 시가 "결핍 정신"에서 영감받았다고 설명했다. 다시 말해 삶을 케이크처럼 보는 사람들의 정신 말이다. 그들은 누군가가 케이크의 큰 조각을 취하면 다른 사람들에게 돌아갈 몫이 적다는 것을 의미한다고 믿는데, 그것은 '바보 같은 생각'이다. 그녀가 책 홍보 순회 때 만난 많은 젊은 여성이 그렇게 생각하도록 교육받았다고 그녀에게 털어놓았다. 그들은 '식탁에 오직 한 여자를 위한' 자리밖에 없다는 생각을 떨쳐버리고 싶어 했다. 그들은 "서로 맞서기를 거부하고, 다른 사람의 성공이 그들에게서 무언가를 박탈한다고 생각하기를" 거부했다. 그녀는 말한다. 한 여자 관객이 일어나 "우리 가운데 누군가가 승격하면, 우리 모두가 승격하는 겁니다!"라고 외치는 일이 여러 차례 있었고, 그러자 "객석 전체가 박수갈채로 응답했다".[52]

아주 올바른 말이지만, 사랑 영역에서 '결핍 정신'을 타개하기란 훨씬 더 어려운 일이다. 이 영역에서는 대개 실제로 하나뿐인 자리를 차지하는 것이 관건이기 때문이다. 그렇지만 사랑받는 남자가 다른 여자를 선택할 때, 어쩌면 우리는 적어도 우리의 온 존재를 의심하지 않고 우리를 덮쳐오는 슬픔의 범람을 느끼려고 시도할 수 있을 것이다. 나는 도스토옙스키의 《백치》를 읽었을 때의 당혹감이 기억난다. 같은 여자를 사랑하는 두 남자가 경쟁 때문에 서로를 죽일 듯하면서 동시에 서로를 형제처럼 사랑하다니…. 두 여자가 영원한 우정과, 같은 남자를 향한 사랑 사이에서 가슴 아파하는 비극적인 이야기로 초가집에서 울게 할 생각을 누가 할까? 그런 전형적인 사례가 있을 수 있으려면 자신의 정체성, 가치에 대해 대단히 강력하고 견고한 의미를 가지고 있어야 하고, 모든 차원에서 자신의 주권에 대한 확신이 있어야 한다. 여성은 이 모든 것을 소유할 기회가 그다지 없지만, 우리는 그것들을 기르고 획득하기 위해 매진할 수 있다.

그러면 남성의 의존은?

"사회적으로, 성적으로, 심지어 어떤 면에서는 경제적으로도 여성들은 엄청나게 진보했다. 하지만 감정적 차원에서는 여전히 나아가야 할 긴 여정을 앞에 두고 있다"라고 페넬로프 러시아노프는 쓴다. 여성이 겪는 감정적 의존은 확산되는 듯 보인다. 그것이 삶의 모든 분야로 미치기 때문이다. 남성은 노동 시장에서 스스로 적자嫡子라고 느끼고, 상류층 남성은 성공을 위한 무기를 갖추고 있다. 그렇지만 러시아노프는 남성들이 감정적 의존 때문에 괴로워하지 않는다고 추론하는 것은 잘못된 생각이라고 강조한다. "내 환자들은 연애가 잘 풀리지 않아서, 혹은 연애를 하지 못해서 자주 불행하다. 나는 꽤 많은 독신남을 상담해보았기에 무사태평한 플레이보이라는 인물이 다분히 신화라는 것을 안다. 플레이보이들이 있다는 것은 인정하지만, 그들이 같은 처지에 놓인 여자들의 삶을 피폐하게 만드는 걱정에서 완전히 벗어나는 경우는 드물다. 모든 여성이 선망하는 대상으로 여겨지는 이 남성들은 일을 마치고 집으로 돌아가면 약속을 잡기 위해 전화기에 달려든다. 어떡해서든 혼자서 저녁을 보내지 않으려고 애쓴다! 삶의 공허와 맞닥뜨리는 것을 피하려고 재혼을 서두르는 홀아비를 나는 여럿 상담했다."[53]

이 의존이 눈에 띄지 않는 것은 그것이 부인되기 때문이다. 그것을 인정한다면 남성 자아의 체면을 너무 구길 터이기 때문이다. 《D에게 보낸 편지》에서 앙드레 고르스는 그의 책 가운데 하나에서 아내 도린에게서 영감받은 여성 인물에 대해 남자 주인공(그)이 떠났더라면 그녀는 "망가져버렸으리라"고 쓴 것을 후회한다고 말했다. 사실은 자신이야말로 그녀가 꼭 필요했기 때문이다. "나는 왜 우리가 만약 헤어진다면 나보다는 당신이 더 힘들 것이라고 믿어 의심치 않는 척했을까요? 실은 그 반대라는 걸 털어놓지 않으려고?"[54] 리브 스트룀크비스트는 거드름과 맹목이 뒤섞인 그런 허풍에 익살맞은 페이지들을 할애했다. 그 페이지들에서 저자는 일부 보수적인 미국 희극작가들이 얼마나 여자들이 성가시고 귀찮은지 거듭 말하며, 친밀한 관계에 대한 반감과 감정에 대한 경멸을 과시하는 허풍이, 그리고 그 허풍이 반영하고 증폭하는 문화적 태도가 여성의 존재에 대한 깊은 욕구, 그리고 여성이 가져다주는 정서적 안정에 대한 깊은 욕구를 어떻게 가리는지 보여준다. 리브 스트룀크비스트는 그런 전형적인 남자 중 한 사람과 삶을 함께하는 여자의 교류를 상상하며 그 집단 기만을 이렇게 요약한다.

그녀가 그에게 묻는다.

"밸런타인데이는 어떻게 보내고 싶어?"

그가 대답한다.

"난 밸런타인데이를 특별히 보내고 싶지 않아! 난 그게 싫어. 난 사랑이 싫어. 감정이 싫어. 여자가 싫어. 여자가 흥미로워 하는 모든 게 싫어. 하지만 그래도 제발 내 곁에 남아줘! 안 그러면 나는 모래성처럼 무너지고 말 거야!"[55]

만화가 엠마는 한 부부의 집 거실에 자리 잡고 이렇게 외치는 남자를 그린다. "마누라가 내게 꽃을 달라고 할 땐 지긋지긋해! 식탁에서 밥을 먹으면서 드라마를 보는 대신 '이야기를 하자'라고 할 때도 그래…." 그리고 엠마는 여성의 배려를 드러내는 다양한 배경 요소를 명백히 밝히기 위해 화살표들을 그린다. 이 남자가 누리고 있으면서 깨닫지도 못하는, 그의 안락을 보장해주는 요소들 말이다. 그의 옷은 "다른 셔츠들이 구멍 나서 할인가로 산 티셔츠"이고, 그가 손에 든 술은 "미리 냉장고에 넣어둔, 그가 좋아하는 맥주"이며, 낮은 탁자 위에 놓인 디퓨저에서는 "봄의 알레르기를 치유해주는 천연 오일"[56] 향이 난다.

여성은 과도한 애정을 요구하는, 변덕스럽고 전제적인 피조물로 흔히 간주되고, 남성은 견고하고, 독자적이며, 냉철하게 사고하는 존재로 여겨질 수 있는 것은 후자의 감정적 욕구가 전자의 그것과는 반대로 눈에 띄지 않게 열성적으로 보살핌을 받고 충족되기 때문이다. 여성은 요구가 너무 많은 것처럼 낙인이 찍히지만, 대개는 자신이 기울이는 관심에 상응하는 관심을 요구하는 것일 뿐이다. 게다가 우리는 이전 장에서 남성의 감정이 여성에게도, 남성 자신에게도, 사회 전체에도 얼마나 중요 관심사인지 이미 보았다. 남자들은 종종 감정의 존재를 부인하거나 감정을 완벽하게 제어한다고 주장하지만 남성의 감정은 정말이지 큰 자리를 차지한다. 2016년, 저자 에린 로저스는 부자 남자를 찾는 여자들을 가리키기 위해 흔히들 사용하는 '다이아몬드를 씹어 먹는 여자croqueuse de diamants'(gold digger, 남자의 재산을 탕진하

는 여자라는 의미)라는 말의 의미를 돌려놓았다. 그녀는 이 말을 "엄청
난 감정노동을 대신해줄 여자를 찾는"[57] 남자들에게 적용할 것을 제
안했다. 신문기자 멜라니 햄릿은 "여성은 자기계발서를 엄청나게 읽
고, 팟캐스트를 듣고, 경력 상담사들을 만나고, 친구들에게서 지지를
구하고, 옛 상처를 치료하거나 새 문제들을 해결하기 위해 심리치료에
돈을 쓰는데, 그들 인생의 남자들은 그저 여자들에게 기대어 쉰다"[58]
라고 말한다. 남성들은 여성을 감정적 능력 때문에 찾으면서도 동시
에 멸시하는 것 같다. 대개 토론을 주도하거나 부부 상담 치료를 제안
하고, 약속을 잡는 것도 여자들이다. 1990년대에 당시 서른여섯 살이
었던 영국인 여성 류스는 질문을 받고 이렇게 말했다. "관계를 가꾸는
건 늘 저예요. 저는 그걸 작은 정원처럼 보거든요. 저는 정원을 가꾸
고, 남자들은 와서 앉죠[웃음]. 그들은 그저 와서 앉고, 저는 잡초를 뽑
고 장미나무 가지를 치지요…."[59]

여성의 가장 기본적인 애정 욕구는 지나치고 사리에 어긋나는 것
처럼 낙인찍히고 소개된다. 만남 사이트에서 많은 여성이 자신을 묘
사하는 데 사용하는 '매력적인 집착녀attachiant'[60]라는 말은 여성들
스스로도 그 편견을 내면화했음을 보여준다. 쥐디트 뒤포르타유는
2017년에 틴더 회사에 자신이 나눈 대화 이력을 요구했고, 그것을 다
시 읽으면서 자신이 그 애플리케이션 덕에 만난 남자들 앞에서는 "용
기 내어 허술한 모습을 보이거나, 자신의 감정에 대해 말하거나, 자신
의 욕구를 말하는 것이" 불가능했음을 깨달았다. "나는 짜증 나는 여
자로 보일까 봐 너무 겁냈다. 그것은 일종의 강박관념이었다. […] 하

지만 나는 쿨한 여자란 히스테리가 아닌 합법적인 우리의 욕구와 요구에 재갈을 물리기 위해 가부장제에서 직접 물려받은 개념이라고 생각한다. 쿨한 여자란 늘 성욕을 불러일으키고, 모든 것에, 심지어 최악의 모욕에도 웃는 아름다운 여자다. 우리가 되고자 애쓰도록 강요당하는 이런 종류의 토템은 자유를 침해하는 것이다. 그것은 심지어 우리 자신에게도 무례하다."[61]

미국의 페미니스트 저자 삼히타 무코파디야이는 자신의 책《구식 Outdated》에서 "절망한 여자"라는 낙인을 공격한다. 그녀는 대개 페미니스트들이 이 고정관념을 내면화해서 "그런 여자가 되지 않으려고 자신의 감정과 본능을 배반하는 일뿐만 아니라 무엇이든 할 준비가 되어 있을" 정도라는 사실에 개탄한다. 그녀는 "'요구가 많고', '절망했고', '들러붙는', 이런 것들이 관계에서 욕구나 요구를 감히 드러내는 여성에게 붙여지는 딱지"라고 고발한다. "이 딱지들은 여성이 본능에 좌우되기 때문에 언제나 남성이 그들의 자리를 잡아줘야 한다는 성차별주의적 생각에 토대를 두고 있다."[62] 중대한 결함이 있는 이 표상은 남성이 파트너의 욕구 표현을 만류함으로써 그들의 욕구를 소홀히 하도록 부추기는 결과를 낳는다고 그녀는 말한다. "이런 여자는 되지 마세요", 이것은 리얼리티쇼 〈배첼러〉에 참가한 미국의 연애 '전문가'인 한 의사가 써서 성공을 거둔 책의 제목이다. 이 책에는 부제가 달려 있다. "믿을 만하고 **이성적인**[내가 강조했다] 여자를 찾기 위한 안내서." 이는 감정에 대한 증오가 모든 시도 아래 깔려 있음을 잘 말해준다. 저자는 이 책에서 감정생활에서 성공을 거두려면 "되지 말아야 할" 온갖 유형의 여자를 하나씩 열거한다. "절망한 여자", "결혼에 강박적으로 사로잡힌 여자", "항상 '네'라고 말하는 여자", "드라마 여왕", "신랄한 여자", "자신감 없는 여자", "출세주의에 사로잡힌 여자"…[63] 그러므로 유일하게 가능한 구원은 아마도 전혀 여자가 아니어야 한다는 사실에 있다고 결론 내릴 수밖에 없다.

이 모든 것에서 뇌를 꼬이게 할 상황이 도출된다. 한 여성이 감정적 의존 성향에서 해방되려고 시도할 때 자신이 자립적인 성인으로 행동하는지… 혹은 신발 매트 취급을 받는지 늘 알 수 있는 것은 아니다. 삼히타 무코파디야이는 묻는다. "당신은 무람없고, 강하고, 독립적인 여자가 되려고 애썼다가 상처 입은 일에 대해 사귀는 남자를 비난하려다가 회피한 적이 있나요?" 그녀는 이런 말도 털어놓는다. "나는 나의 절친한 여자친구에게 친구의 애인이 연이어 무심한 행동을 하더라도 그 어정쩡한 애인을 계속 사랑하고, 그와 함께 있는 데는 아무 문제가 없다고 천 번도 더 거듭 말했던 것 같아요. 나는 이성적으로 납득하려 애쓰며 생각했죠. 어쨌든, 친구는 전통적인 의미의 관계를 원하지 않았으니까, '오늘은 여기 있지만, 내일이면 떠날 거야'라는 식의 관계가 적합할 수 있어 보였어요. 사실은 순탄한 게 아무것도 없었지요. 스스로 불만족스럽고, 불행하고, 무시당하고, 불안정하다고 느끼는데 결코 무엇도 순탄할 수가 없지요."

오늘날, 주된 페미니스트 태도는 에바 일루즈가 '잡년'이라는 낙인에 도전하면서 섹스와 사랑을 분리할 수 있다고 주장하며 지적하듯이, 역사적으로 성이 '남성적 접근'이던 것을 여성적 접근으로 다가가려는 것이다. 하지만, 여기서도 이 주장은 학대의 여러 형태를 정당화하는 데 이용될 수 있다. 때로는 감정적 초연함의 모델이 페미니스트들이 이뤄낸 성과인지 아니면 남성적 기대에 부합하는 또 하나의 방식인지 규명하기가 어렵다. 그것이 일부 남성들에게는 도움만 주고 입은 다무는 여성을 갈망하는 그들의 (이전 장들에서 이미 만나본) 욕망을 실현하기 위한 가림막으로 쓰이는 것처럼 보인다. 에바 일루즈가 면담한 여러 남성 중 한 사람인, 앙브루아즈라는 이름을 가진 49세의 파리 출신 재정학 교수는 이를테면 '이상적인 여자'를 이렇게 묘사한다. "한 여자와 잠을 잤는데 그 여자가 밤에 절대로 떠나지 않는다면 잊어야 합니다. 그래 주기를 바라는 것은 너무 지나친 일일 겁니다. 그런 여자는 이튿날 아침까지 남아서 다정한 애무를 바라고 아침을 같이 먹고 싶어 할 겁니다. 맙소사. 이상적인 여자는 한밤중에 떠나면서 전화번호도 안 남기고 탁자 위에 아주 좋았다는 작별인사만 남기는 여자죠."[64]

설상가상으로, 일정한 유형의 행동만이 아니라 그 반대되는 행동 때문에도 여자들이 낙인찍힌다는 통례, 아주 잘 알려진 이 달콤한 통례에 부합하게, 우리는 정서적 개입은 최소한으로 한정하고 자유롭게 성생활을 누릴 때뿐 아니라 '지나치게' 감상적인 모습을 보일 때도 멸시당할 위험에 놓인다. 우리가 감정을 느낀다고 깨닫는 순간, 걸신들리고, 성가시게 들러붙고, '나대는' 여자에 대한 상상계가 작동한다. 여자들이 연애에 더 강한 투자를 하는 것은 소녀 취향의 부끄러운 감성의 발현처럼 지각된다. 어쩌면 섹스와 사랑을 구분할 권리와 제 감정을 검열하지 않을 권리를 동시에 옹호해야 할까? 삼히타 무코파디야이는 소위 '남성적'이라는 행동의 본보기에 대해서도 의문을 제기한다(이 또한 모든 남성의 실제 행동이라고 주장하려는 것은 아니다). "어쨌든 '남자답게' 성교를 하는 것이 당신을 '남자'로, 혹은 몰상식할 정도로 제 감정과 단절된 사람으로, 그로 인해 삶의 가장 큰 육체적 기쁨 중 하나를 누릴 수 없는 사람으로 만드는 걸까?" 일부 보수적인 자기계발서 저자들이 남성을 '단순한' 존재로 소개할 수 있는 것은(반면에 여성은 물론 '복잡한' 존재로 소개된다) "가부장제가 그들에게 특혜가 된다"[65]는 사실을 태연하게 의식하고 있기 때문이 아닐까?

2017년 말, 사라비토리아 엘 사다위는 틴더 앱에 가입했다가 2년 동안 '묘하게 학대당한다고' 느꼈던 경험을 말하기 위해 기사를 한 편 썼다. 그녀는 몇 번의 만남에 대해 이야기했는데, 남자들은 때때로 그녀가 주저하거나 좀 더 시간을 갖기를 바라는데도 바로 잠자리를 고집했고, 그녀의 욕망은 신경 쓰지 않고 자신의 환상을 채우는 데 그녀를 이용했다. 작가 리사 웨이드Lisa Wade도 지적한다. "남자들은 원나잇 문화[hookup culture] 속에서 여자들보다 오르가슴을 더 많이 느낀다. 이 문화가 상호성을 독려하지 않기 때문이다. 이 문화는 특별히 남성의 오르가슴을 위해 고안되었다."[66] 사라비토리아 엘 사다위는 자신의 쾌락은 전혀 고려되지 않았으니 그럴 바에야 돈을 받지 않은 것을 후회했다. "내가 다정한 배려를 한 데 대해 정말이지 그 추악한 모든 남자에게 500유로씩을 요구했어야 했다고 생각해." 그녀가 용기 내어 조금이라도 애착을 드러내면 그들은 배려 없이 그녀를 매몰차게

대했다. "쌀쌀맞음을 겨루는 경연대회 같아요. 그만큼 요즘은 아무 감정도 느끼지 않는 것이 놀랍도록 정상이죠. 마음에 드는 걸 감춰야 하고, 차가운 쾌락 속에 머물러야 하고, 남자든 여자든 파트너를 다른 무엇도 아닌 쾌락 충족의 대상으로만 여겨야 하지요 [⋯] 그것이 취해야 할 적절한 태도예요. 사랑에 빠지고, 고통받고, 일부일처주의자가 되는 것, 이 모든 것은 멍청하고, 낡아빠지고, 여성적이지요!" 그녀는 모든 정서에 대한 절대적 검열과 맞닥뜨렸고, 게다가 일부 남자들은 '부담을 가지지 않는 것'과 '돼지처럼 행동하는 것'을 혼동하는 난감한 경향을 드러냈다. 한 남자는 쾌락의 신음을 조롱조로 흉내 내며 재미있어 했다. 또 다른 남자는 그녀의 치마를 내린 뒤 자기 취향에 비해 그녀의 둔부가 너무 넓고 엉덩이는 너무 볼록하다고 평가하고는, 반쯤 벗은 그녀를 침대에 눕히고 그녀의 두 다리를 자기 목에 걸쳤다.[67] 내 주변의 한 젊은 여성은 자기 연인 중 한 사람에 대해 말한다. 그 연인은 '부담은' 지지 않으면서 그녀의 쾌락을 보살피고, 그녀를 세심히 배려하고, 아침이 되면 그녀에게 아침을 준비해주고, 함께 나누는 대화를 좋아한다는 것이다. 이런 유형의 남자도 존재하지만 그런 남자가 다수일 거라는 확신은 그다지 들지 않는다.

요새 같은 남자들과 변조된 여자들

심리학과 사회학의 수많은 연구[68]에서 밝혀진 바와 같이 남성과 여성이 종종 발전시키는 감정과 친밀함에 대한 서로 다른 관계에, 그리고 그 관계가 보여주는 불가사의에 주의를 기울여보아야 한다. 1990년 대 영국에서 진행된 조사 동안 웬디 랭포드는 이성애자 여성 15명(노동자 계층이거나 중산층 출신의 여성)과 그들의 애정 생활에 관해 심도 높은 이야기를 나누었다.[69] 그녀는 그들 중 많은 이들이 같은 도식을 따른다는 것을 깨달았다. 만나서 사랑에 빠지는 것은 두 파트너 모두에게 '혁명'처럼 체험된다. 첫눈에 반하는 효과 아래 각자는 젠더의 조건에 따라 강요된 한계를 뛰어넘는 것처럼 보인다. 여자들은 대담하고, 자립적이며, 산이라도 옮길 수 있을 듯이 자신감 넘치는 모습을 보이는가 하면, 남자들은 자신을 드러내고, 벌거벗은 모습을 보이고, 자신의 감정에 대해 말하는 것을 겁내지 않는다. 그러면 그들의 반려자들은 감탄해서 말한다. "그는 다른 남자들 같지 않아요." 어쨌든, 사랑에 빠진 이들은 그 시간 동안 강렬한 행복과 눈에 띄는 개인적 변화를 경험하지만, 그들에게 약속되었으리라고 생각한 영원한 행복은 오지 않는다. 기적은 지독히도 허술한 것으로 드러난다. 여자는 날개가 돋는 느낌이 들었고, 아무도 필요 없고, 모든 것을 혼자서 할 수 있을 것 같은 인상을 받았다. 하지만 역설적이게도 그 감정은 한 남자가 그녀에게 던지는, 가치를 드높이는 눈길에 빚진 것이었다. 그녀의 대담한 인성에 감탄하는 이 남자는 그녀가 그에게 감정적 요구를 한다는 것을 곧 깨닫는다. 그러면 질겁해서 완전히 마음을 닫는다. 이 매혹적인 시간 동안 두 사람이 벗어났던 젠더의 조건이 그들의 어깨 위로 다시 무겁게 떨어진다. '억압된 에너지의 해방'을 동반하는 위대한 사랑의 '혁명'에 '반反혁명'이 뒤를 잇는다.

　찢어지지 않는 커플은 공유와 소통이 부재하는 타성 속에 자리 잡는다. 여자는 경험한 행복을 포기하지 않으려고 처음에 남자가 보여준 친밀함을 그에게 집요하게 요구한다. 이를테면 케이트는 절망적으로 이렇게 말한다. "그의 내면에 더 깊고 더 다정한 남자가 있다는 걸 저는 아니까요." 하지만 여자가 고집하면 할수록 남자는 질겁하고 자기 요새 속에 들어앉아 바리케이드를 친다. 말하기를 거부하는 이 남자는 이전 장에서 본 난폭하게 행동하는 남자는 아니지만(그도 간혹 난폭한 모습을 보일 수 있을지라도), 그렇다고 그가 큰 고통을 안기지 않는다는 것은 아니다. 그는 칩거와 침묵을 통해 무시무시한 권력을 행사한다. 불안해진 반려자는 자신을 돌아보게 된다. 그녀는 자신을 그토록 행복하게 해준 찬사를 다시 얻을 방식으로 자신의 인성을 수정하려 든다. 웬디 랭포드가 말하듯이, 그녀는 '자기 객관화'를, 다시 말해 자신이 무엇을 잘못했는지 이해하려고 외부의 시선으로, 남자의 관점으로 자신을 보려고 애쓴다. 사랑의 만남이 잠재웠던 그녀의 불안은 다시 깨어나고, 심지어 견고해진다. 역설적으로 남자에게 받았던, 자신의 개성에 대한 소중한 인정을 되찾으려는 희망을 품고 그녀는 자기 개성을 위조하고 부인한다. 반려자의 마음에 들지 않을 것 같은 감정이나 욕망은 드러내지 않게 된다. 그렇게 자신을 "침묵에 가둔다". 또한 그의 태도를 해독하고, 그가 그녀에게 주는 작은 신호까지 해석하고, 그의 기분을 이해하려고 애쓰느라 지친다. 때로는 주변 사람과 (대개는 여성과) 몇 시간 동안 그런 이야기를 한다. 그렇게 추측에 빠져 자신을 망각할 지경이다.

이 상황이 초래하는 깊은 슬픔과 낙담을(일부 여성은 우울증에 빠지기도 한다) 상쇄하려고 그녀는 모성애 속으로 피신한다. 그녀는 가정의 살림, 아이가 있을 때는 아이를 돌보는 일, 가계, 일상과 여가활동, 휴가를 짜는 일 등을 책임진다…. 웬디 랭포드 앞에서 일부 여성은 씁쓸함이 묻어나는 보복의 즐거움을 드러내고, 그러면서 스스로 유능하고 성인이 된 것처럼 느낀다. 그들은 반려자의 무능과 유치함을 경멸조로 묘사한다. 디안은 "꼭 내가 아이를 셋이나 둔 것 같아. 다만 개중 하나는 직장에 가고, 둘은 가지 않지"라고 말한다. 여성들은 심지어 부부 사이에서 권력을 쥔 것이 자신들이라고 종종 결론짓기도 한다(이 사실이 의심스러워 보이는 것은 여성들이 배우자들에게 온갖 일을 해주고도 감정적으로 학대당하기 때문이다). 이 권력의 감정은 한 여성이 "자기 인성의 분쇄"로 묘사할 만큼 한낱 하찮은 위로일 뿐이다. 결국 심지어 섹스조차 그들에게는 "모성적 의무"처럼, 또 하나의 집안일처럼 보이게 된다. 웬디 랭포드는 이렇게 요약한다. "예전에 사랑은 공통의 목표를 가지고 함께 공유하는 계획처럼 보였는데, 이제 여자 주인공은 남자 주인공의 샌드위치에 무엇을 넣을지 결정해야 할 처지에 놓였다. 반면에 남자는 그녀보다는 자기 컴퓨터에 더 관심을 기울이는데 말이다."[70] 배우자들이 서로 원한을 품고 저마다 자신의 성 역할의 감옥에 갇힌 채 같이 지내기만 할 뿐인 이런 유형의 공동생활은 대단히 널리 확산된 것으로 보인다.

이 '반혁명'은 왜 발생할까? 웬디 랭포드는 정신분석학의 언어를 차용해 이렇게 설명한다. 두 파트너가 사랑에 빠질 때 각자가 상대에게서 이상화된 부모를, "자기도취적 복원"을 제공함으로써 어린 시절에 일어난 모든 잘못된 일을 바로잡는 이상화된 부모를 본다. 여성은 완벽한 아버지 인물상을 만나는데, 그 인물은 그녀의 욕망을 허락하고, 그녀를 자신과 동등한 인물로 인정한다. 남성도 완벽한 어머니 인물상을 만나는데, 그는 겉으로 드러난 그녀의 자립성과 자족성에 안도한다. 그가 보기에는 자신이 갈망하는 모든 것을 그녀가 자신에게 줄 것 같다. 그가 들어주지 못해서 스스로 무력하다고 느끼게 할 우려가 있는 요구를 그에게 마구 쏟아내지도 않고. "만족할 줄 모르는 성가신" 여성성에 집어삼켜질 공상 같은 위협에 맞서 자기방어를 해야 할 필요는 없을 것이다. 그가 사랑하는 여성에게 허용하는 인정은 "역설적으로 그의 무의식적 이상형에 부합하는지에 달렸으며, 그녀가 '나쁜 유형의 어머니'임이 드러나는 순간, 그는 그 인정을 그녀에게서 박탈한다". 그러면 그는 "답답하고 경직된 남성성"[71]을 되찾고 "주저와 침묵"으로 대답한다.

나는 1999년에 웬디 랭포드가 묘사한 메커니즘이 20년 뒤 캐럴 길리건이 《가부장 무너뜨리기》에서 제시한 사실과 정확히 일치하는 것에 충격받았다. 심리학자이자 철학자인 이 미국인은 이 책에서 가부장제가 우리의 내밀한 삶을 가공하는 방식에 관심을 기울인다. 그녀는 가부장제가 단지 정치적 차원만이 아니라 심리적 차원에도 관여하기 때문이라고 말한다. 우리가 페미니스트일 때조차, 혹은 남성의 경우라면 평등에 전적으로 우호적인 페미니스트일지라도 우리는 일정한 '무의식적 생각의 도식'에 갇혀 있다. 특히, 우리는 어떻게 소녀와 소년이 자라면서 자가절단을 자행하고, 가부장제에 대한 충성을 알리는 일종의 통과의례를 치르는지 알지 못한다. "여성은 침묵에 갇히고, 남성은 무관심을 강요당한다."[72] 남성은 "타인과 관계를 맺지 않는 듯이, 혹은 그럴 필요조차 없는 듯이" 행동해야 하고, 반면에 여성은 고유한 정체성에 대한 욕구를 부인해야 한다. 남성의 무관심, 여성의 자기검열. 웬디 랭포드가 '사랑의 반혁명'에 붙들린 커플들 사이에서, 다시 말해 첫눈에 반하면서 일시적으로 파기되었다가 다시 증폭된 젠더 조건에 제각각 붙들린 커플들 사이에서 관찰한 태도들을 우리는 여기서 다시 만난다.

길리건은 이런 자가절단이 큰 고통을 낳는다고 쓴다. 왜냐하면 남성도 여성만큼이나 타인과 깊고 만족스러운 관계를 맺을 필요가 있고, 여성은 남성만큼 진정으로 자신이 되고 자기검열 없이 자신을 표현할 필요가 있기 때문이다. 그렇다면 우리는 왜 저항하지 않을까? 왜 가부장제는 여전히 제 규율을 모든 여자와 모든 남자에게 부과할까? 가부장제가 "수직체계에 사랑을 희생하기를" 요구하면서 "사랑한다는 사실과 연계된 취약성에 맞서 요새처럼 우뚝 서기" 때문이다. 그것은 "결합 상실의 원천인 동시에 앞으로 올 다른 결별에 맞서는 요새"다. 우리가 가부장제에 바치는 충성은 우리의 연애 이야기를 파괴하고, 우리는 그로 인해 고통받는다. 하지만 무절제한 사랑에 빠진다면 더 많이 고통받게 될까 봐 두려워한다.

남성은 여성적인 모든 것에 맞섬으로써 자신을 규정하는 법을 배운다. 그들은 남자가 된다는 것이 제 감정을 숨기고 자립을, 무관심을, 초연을 가장하는 일이라는 것을 배운다. 여성은 해결하는 것이 불가능한 딜레마와 맞닥뜨린다. 자기 생각을 표현함으로써 '사귈 만하지 않은 여자'가 될 것인가, 아니면 사회적으로 받아들여지고 동화되기 위해 자기 개성을 속일 것인가. 사회는 그들에게 "목소리를 가질지 관계를 가질지" 선택을 강요한다. 결국 "우리는 여성성을 거짓관계와(스스로 침묵하는), 남성성은 거짓자립과(모든 관계 욕망과 모든 감성에 맞서 미리 대비하는) 연결 짓게 된다". 이를 통해 우리는 무심함이 현대의 성과 연애 관계 속에서 왜 높이 평가되는 태도인지 이해할 수 있다. 캐럴 길리건과 함께 이 책을 쓴 공저자 나오미 스나이더는 이렇게 관측한다. "우리가 무관심을 성숙함의 증거로 여기는 것은 바로 그것이 가부장제의 규범들을 따르는 오롯이 인간적인 실존과 동의어인 남성의 거짓자립의 이상을 반영하기 때문이다." 가부장제 규율에 따라 소년들에게 요구되는 자기절단은 지고의 가치가, 여성도 남성처럼 목표로 삼아야 하는 지고의 가치가 되었다.

로랑 시아마는 소년들이 자라면서 치르고 가부장제에 충성을 맹세하는 통과의례를 자신의 공연인 〈호인〉에서 환기한다. "여자들이여, 당신들이 교육받는 방식에 대해 할 말이 천 가지는 되겠지만, 나는 내가 본 것만 증언할 수 있어. 당신이 남자라면 감수성이 있는 건 좋지만, 너무 지나치면 안 돼…. 침착해야 해! 결국엔 이런 생각이 들 거야. 대체 이게 뭐 하는 짓이지? 우린 알지. 그게 덩어리를 만드는 짓이라는 걸. 그게 우리야. 덩어리들. 그저 큰 돌덩이들이지. 자신의 감정을 검열하고, 기분을 금지하고, 프랑스가 월드컵에서 우승하길 바라며 정서를 억누르길 기꺼이 받아들인 인간 선돌들 말이야. 그러면 마침내 이런 인간이 되는 거지. **'그래! 뭔가 느껴져. 그게 보여. 나는 뭔가를 느끼고 그걸 받아들인다고! 뛰어내리지 않는 사람은 감동하지 못하지!'"** 그는 이어서 이렇게 말한다. "우린 우리 감정과 연결하는 법을 배우지 못했어. 하지만 그것보다 더 나쁜 건, 그러지 말라고 배운 거야." 관건은 여자들에 맞서서 자신을 규정하는 것이다. "여자들은 서로에게 귀를 기울이고, 저들끼리 말을 하잖아. 우린 그걸 하지 말아야 해. 여자들은 타인들을 이해하기 위해 자신을 이해하려고 애쓰지. 그걸 하지 말아야 해. 여자들은 내밀한 일기를 써서 자신의 감정을 기록하고 바라보잖아. 그걸 하지 말아야 해. 어렸을 때 누나들은[73] 모두 일기장을 갖고 있었던 게 기억나. 나는 일기장을 가져보지 못했어…. **나도 꼭 하나 갖고 싶었는데!** 그래, 자기 삶을 백지 위에 분홍색으로 그리는 데 쓰이는 그 작은 물건 말이야. 나는 가지고 싶어서 안달이 났었어! 누나들의 책상 위에 놓인 일기장들이 보였어. '사랑하는 일기장아, 오늘은 내게 이런 일이 일어났단다.' 나라면 차라리 이런 식이었겠지. '이거 너무 좋아 보이잖아!' [...] 다만, 내밀한 일기장 같은 건 남자들의 세계에는 존재하지 않지. 그런 물건 자체가 존재하지 않아, 그렇지 않아? 우리는 살면서 모두 문구점을 드나들었잖아. 한 번도 나는 작은 공책을 본 적이 없어. 잠글 수 있도록 작은 자물쇠가 달렸고, 작은 체인에 매달린 열쇠까지 딸린 공책 말이야. 오, 표지에 네이마르가 있네! 세상에나, 네이마르, 네가 왜 거기 있어? 아냐, 그런 건 없어! 그런 건 한 번도 인쇄된 적이 없어. 클레르퐁텐[74]에서 이미 생각은 해봤는지 모르겠네." 그는 이렇게 결론짓는다. "문화의 힘이 대단하지. 사회가 우리한테 무슨 압박이라도 한 것처럼, 우리는 냅다 앞으로 달렸으니 말이야."

웬디 랭포드와 같은 현상을 환기하기 위해 캐럴 길리건은 정신분석학 이론보다는 젠더 조건을 통한 설명에 기댄다. 그녀는 가부장제가 우리 내면 깊이 미친 결과에 맞서 우리가 능동적으로 투쟁하도록 촉구한다. 거기서 해방되기 위해 일시적이고 헛된 방식으로 사랑의 만남에 몸을 맡기는 대신 말이다. 그녀는 우리가 사랑을 항구적인 혁명으로 삼기를 촉구한다. 가부장제 질서가 우리에게 강요하는 희생은 피할 수 없는 것이 아니라고 주장한다. 그 질서는 한 남자가 용기 내어 '제 감정을 드러낼' 때마다, 그리고 한 여자가 용기 내어 '자신이 내면 깊이 아는 것을 보고 말할' 때마다 전복된다. 한 아버지가 열한 살 딸의 솔직함과 자발성에 감탄하며 "언젠가 이 아이가 이런 걸 잃지 않았으면 좋겠어요"라고 털어놓자 그녀는 대답한다. "그러시다면 선생님은 사회 변화를 향해 나아가고 계신 겁니다." 이것을 알아야 한다. 만약 가부장제가 우리 안에서도 살아서 번성한다면 "정치적 변화는 심리적 변화에 달려 있으며, 그 반대도 성립한다"라는 것을.[75]

"너는 살아 있으니까"

영국 드라마 〈오티스의 비밀 상담소〉에서 이 변화를 다루고 있는 것을 볼 수 있다. 하나같이 사랑스러운 무어데일 고등학교 학생들은 자신을 발견하고, 사랑의 경이로움에 몰두하고, 두려움과 수치, 금기를 극복하면서 엄격하고 곰팡내 풍기는 학교 교장인 마이클 그로프가 구현하는 가부장제 권위를 전복시킨다. 교장의 아들로 이 학교에 다니는 애덤 그로프는 그 권위를 이중으로 겪는다. 시리즈 초기에 애덤은 아둔한 남성성의 원형처럼 보인다(이 인물이 이토록 상징적인 의미를 띤 이름을 가진 것은 아마 우연이 아닐 것이다). 지적, 감정적 능력이라고는 없어 보이고, 키만 크고, 특히 큰 성기를 가진 무표정하고 멍청한 아이로 다른 학생들에게 폭력을 행사하고 돈을 갈취한다. 교장인 아버지는 아들을 공포에 떨게 하고, 도망치게 하고, 끊임없이 군사학교에 보내겠다고 협박한다. 자신이 양성애자임을 알게 된 애덤은 처음엔 얼어붙는다. 그는 같은 반 친구인 에릭과의 상호적 끌림을 백일하에 드러내고 살 자신이 없다. 그의 어머니 모린은 남편의 냉담함에 상처를 입고 이혼을 요구하면서 해방의 길을 아들에게 보여준다.

그녀는 아들에게 이렇게 설명한다.

"네가 누군가를 사랑하게 되면 언젠가는 그 사람을 잃을지 모른다는 생각에 네 마음 한편은 늘 두려움에 사로잡혀 있지. 나는 네 아버지가 그런 감정이 너무 겁이 나서 스스로 모든 감정을 금지하고 있다고 생각해. 하

254

지만 너는 네가 사랑하는 사람들에게 그 마음을 알게 해야 해. 그로 인해 네가 큰 고통을 겪더라도 말이야."

그 생각에 당황한 애덤이 반박한다.

"왜죠? 생각만 해도 끔찍해요!"

그녀는 그저 이렇게 대답한다.

"너는 살아 있으니까."

이 말이 아들에게 번쩍 불꽃을 일으킨다. 그는 어머니의 조언을 서둘러 실행에 옮기는데, 그러자 놀라운 신체적 변화가 일어난다. 그때까지 그저 침울하게 굳은 가면 같았던 애덤의 얼굴이 처음으로 활기를 띠고, 빛을 발하고, 기쁨을 표출한다. 마치 (캐럴 길리건의 말을 빌리자면) "사랑한다는 사실과 연계된 취약성"을 끌어안도록 권유하면서 그의 어머니가 그를 가부장제의 악운에서 해방하기라도 한 것 같다. 게다가 아버지를 다시 만난 애덤은 전교생 앞에서 에릭을 향한 자신의 열정을 선언한 뒤 무람없이 아버지에게 툭 던지듯 말한다. "어떻게 지내세요, 아빠?" 두려움과 복종이 사라졌고, 그와 더불어 미움도 사라진 것이다.

아직은 많은 남성이 '선돌'로 남아 있다. 무엇보다 슬픈 것은 어쩌면 우리가 그들의 냉담과 침묵에 관능성을 부여하고, 거기서 신비와 깊이를, 남성적이고 매력적인 점을 본다는 사실인지도 모른다. 나와 한 친구는 그것을 '돈 드레이퍼 효과'라고 불렀다. 우리는 대화를 나누다가 〈매드맨〉 시리즈의 주인공을 그토록 매혹적인 인물로 만드는 점이 무엇인지 찾으려고 애썼고, 이런 결론에 도달했다. 그 남자들의 태도가 너무도 짜증스러워서 그들이 조금만 마음을 열어도, 아무리 소심하고 일시적일지라도 조금이나마 진정한 교류를 보여주면 전복적인 일처럼 느껴진다는 것이다. 그 남자가 당신에게 조금 사적인 말을 두어 마디 웅얼거리면, 당신은 감격해서 그 숭고한 친교의 순간에 벼락이라도 맞은 듯 경련을 일으키며 카펫 위에 뒹구는 것이다. 사실 〈매드맨〉에서 가장 눈에 띄는 몇몇 장면은 자기 비밀 뒤에 바리케이드를 치고 있는 남자 주인공이 제 감정, 취약성, 영혼을 살짝 드러내 보이는 장면이다. 그는 빼어난 미모로 트로피 같은 여자들인 두 아내 베티와 메간과는 의례적인(그리고 압제적인) 관계를 유지하고, 오히려 다른 여자들인 동업자 페기 올슨[76]이나 그가 신분을 사칭한 남자의 미망인인 안나 드레이퍼에게 탐닉한다. 어쨌든 이 메커니즘이 텔레비전에서는 화려한 순간을 줄 수 있지만, 현실에서는 무엇보다 여성이 6개월이든 아니면 10년이든 심리적 학대를 더 받도록 부추긴다. 언젠가는 기적이 다시 일어나 오래도록 자리 잡고 정상이 될 희망을(대개는 헛된 희망이지만) 품고서. 감정의 결핍을 우리의 다른 욕구로 바꿔보면 이 상황이 얼마나 유지될 수 없는지 더 잘 파악할 수 있다. 물론 우리가 허기로 고통받을 때는 눅눅한 빵 한 덩이도 엄청난 진수성찬처럼 보일 수 있다. 목이 말라 죽을 지경일 때는 썩은 물 한 모금도 경이롭도록 신선해 보일 수 있다. 그렇다고 이렇게 빈곤하고 슬픈 체제를 우리에게 강제할 수 있을까? 그것을 한 가지 삶의 원칙으로 삼고, 다양하고 경이로운 음식과 이 땅에 존재하는 오만 가지 맛난 음료를 자신에게서 박탈할 수 있을까?

게다가 대개 감정적 차원이 닫힌 배우자를 둔 여성은 깊은 좌절을 표현한다. 셰어 하이트가 1970년대에 4500명의 여성을 대상으로 한 설문조사에서 한 남자와 관계를 맺고 있던 여성의 98퍼센트가 그 남자와 '보다 친밀한 대화'를 바랐다. 남자가 그들에게 "자기 생각과 감정, 계획, 관심사를 더 이야기해주고, 그들에게도 똑같이 물어주길" 바랐다. 일부 여성은 결혼 기간 동안 그 어느 때보다 더 외로움을 느꼈다고 말했다. 또 다른 여성들은 밤이면 잠든 배우자 옆에서 외로워 울었다고 했다.[77] 50년 사이에 세태가 근본적으로 달라졌을지는 확실치 않다(대서양 건너편 여성들의 경우도 그리 다르지 않다). 2021년 2월, 미국 사이트 더 컷The Cut의 연애 상담 코너 '폴리에게 물어봐Ask Polly'에는 어느 30대 영국인 여성이 이별 후의 마음을 이야기하는 사연이 올라왔다. 그 여성은 주변 사람 모두가 그녀의 전 반려자와 그녀를 이상적인 커플로 여겼었다고 말했다. 그렇지만 친밀감을 바라는 그녀의 욕구는 언제나 불만으로 남았다. 그녀는 이렇게 썼다. "저는 다른 사람과 알차고 깊은 관계를 유지하는 것을 삶이 줄 수 있는 가장 큰 기쁨이라고 생각해요." 또한 그녀는 자신이 "그림자 같은 일"을 하고, 자기 자신을 이해하려고 애쓰는 것도 살아 있다는 사실의 "가장 매혹적

이고 가장 절박한" 측면 중 하나라고 생각했다. 반면에 그는 그녀가
그에게서 무엇을 원하는지 알지 못했고, 그녀가 쓸데없이 상황을 복
잡하게 만든다고 생각했다. 그녀는 주변에서 수많은 다른 커플을 보
았다. 그 커플들의 여자들도 자신처럼 파트너가 감정으로나 성찰로나
똑같이 가담하길 희망했지만 헛된 기대였다. 그녀는 "심리치료를 받
지 않은" 남자와는 앞으로 절대로 커플이 되지 않겠다고 외쳤다.

　그녀에게 보낸 답장에서 '폴리'는 먼저 "일에 강박적으로 집착하고
개인주의적인" 우리의 문화에서는 개인적이고 재정적인 성공이 인간
행복의 토대이며, 나머지는 시간 낭비처럼 여겨진다는 사실부터 지적
했다. 심리치료조차 "자신의 트라우마를 탐색하고, 자신의 그늘을 이
해하고, 내면의 삶을 가꾸고, 새로운 불가사의들, 새로운 지층을 드러
냄으로써 수치심을 떨쳐내는" 작업이 아니라 종종 자신을 더 효율적
으로 만드는 수단처럼 여겨진다. 그녀는 상담받는 여성에게 심리치료
를 받은 남자(모든 사람이 이런 치료를 받을 형편이 되지 못한다는 사실은 둘
째치고, 너무 편협한 준거다)를 찾기보다는 "호기심 많고, 열려 있고, 새
로운 것을(그녀에 대해, 그에 대해, 그들 각자의 과거에 대해, 세상에 대해) 배
우길 갈망하는" 태도를 보이는 남자를 찾으라고 조언했다. 이런 호기
심을 지닌 사람이라면 분명히 눈에 띌 것이라고 말했다. 그런 사람들
은 정중한 논평으로 대화를 끝내기보다는 "열린 질문들을 제기하고,
대답에 귀를 기울이는 사람들이다. 그들은 당신의 정신이 작동하는
방식에 끌리고, 당신이 탁자에 꺼내 놓는 생각들에 열광할 것이며, 맞
추어가는 과정을 좋아할 것이다".

그러나 그녀는 그 젊은 여성에게 너무 성급하고 단호한 판단을 조심하라고도 당부했다. 남자들을 명백히 두 범주로 분류하는 단순화된 관점을 조심하라는 것이다. 한쪽에는 "기피 태도를 보이는 여유 없는" 남자들, 다른 쪽엔 "전적으로 여유롭고, 열려 있고, 다감하고, 제 감정을 끌어안을 수 있는" 남자들로 말이다. 그녀 자신은 "양면적이지만 호기심이 있고, 지성에 우위를 두되 감정적으로도 변화를 시도하는" 남자들을 아주 좋아한다고 말했다. 그리고 이렇게 결론지었다. "당신이 찾아야 하는 것은 **용기**입니다. 호기심 있고, 참여하고, 여러 생각에 관심을 보이는 사람, 낯선 사람을 겁내지 않는 사람. 그런 남자들이 길거리에 뛰어다닐까요? 절대로 그렇지 않지만, 그런 사람들은 존재합니다. 그들이 드물다고 당신의 야심을 낮추어야 할까요? 나는 그렇게 생각하지 않습니다."[78]

여기서 벨 훅스의 고찰도 인용해야겠다. 연애에서 여성은 종종 도도한 모습을 보인다. 왜냐하면 '그들이 받은 성차별적 교육의 집단 기만에 속아서 자신들이 사랑할 줄 안다고 믿기' 때문이다. 여성이 남성보다 **이미 훨씬 더** 사랑하는데도 사랑하는 능력을 더욱 길러야 한다는 말을 들으면 나는 화가 극도로 치민다. 하지만 벨 훅스가 훌륭한 논거를 갖추었다는 사실은 받아들여야 한다. 이 논거부터 그렇다. '우리가 자기 몸을 싫어할 때는 사랑하기가 어렵다.' 교육으로 인해 엄청난 수의 여성이 바로 이런 경우에 해당한다….[79]

앞의 모든 것이 결국에는 그런 인상을 줄 수 있을 테지만, 이성애 커플 사이에서 친밀감과 공유는 도달할 수 없는 유토피아가 아니다. 셰어 하이트의 질문에 응답한 여성들 가운데 몇몇은 이런 관점에 아주 행복해했다. 한 여성은 말했다. "우리는 내밀한 주제들에 관한 토론 과정을 거쳐요. 아주 치열한 경험이죠. 나는 우리 둘 중 누구도 내내 그런 강도로 살 수는 없을 거라고 생각하지요. 그래서 항상 그렇게 살진 않아요. 우리는 함께 긴 심리치료를 받으면서 서로의 속내를 고스란히 드러내 보였어요. 열정적이었고, 사랑이 가득했으며, 유쾌하고 해방되는 시간이었지요. 모든 것을 느낄 수 있었습니다." 또 다른 여성은 반려자와 매일 '수평적인' 순간들을 공유했다. 그들은 서로 기댄 채 누워서 끌어안고 서로를 응시했으며, 속내 이야기를 나누었다. 세 번째 여성은 이렇게 증언했다. "그이는 내가 잘 지내는지 묻고, 내가 보낸 하루의 세세한 일들을 알고 싶어 해요. 그이는 직장에서 일어난 일도 이야기해주고, 우리는 재미난 이야기들을 나누죠. 나는 무엇보다 내가 오래도록 목욕하는 동안 그이가 내 곁에 앉아서 이야기하는 걸 좋아해요. 그러면 나는 긴장을 풀고, 내 생각을 소리 내어 말하고, 머릿속으로 떠오르는 모든 걸 말할 수 있죠. 우리는 그런 식으로 가까이 붙어 있지요."[80] 2019년에 캐나다, 미국, 일본을 함께 돌아본 작가 사만타 바일리와 그의 반려자 앙투안 페송의 여행기도 강한 친밀도를 유지하는 것으로 보이는 커플의 경이로운 본보기를 제공한다. 그들은 자동차 여행이나 식당에서 보내는 저녁 시간을 활용해 길고 중요한 대화를 나눈다. 손잡고 샌프란시스코 거리를 거닐면서 그들이 좋아하는 놀이 중 하나인 '내가 좋아하는 것을 맞혀 봐' 게임도 한다. 상대가 그 거리의 어느 집에서 가장 살고 싶어 할지 맞히는 게임이다. 이것은

그들이 서로에게 기울이는 관심을, 서로를 알려는 깊은 욕망을 증언해주는 습관이다.[81]

거부할 줄 알기

웬디 랭포드가 만난 여성들에 관해 제기할 한 가지 의문이 남아 있다. 우리는 그들 중 일부가 커플 생활에서 극도로 불행하다는 것을 보았다. 가정폭력의 피해자처럼 공포체제 아래 살고 있지도 않고, 재정적으로 그들의 반려자에게 종속되어 있지도 않은데 그렇다. 그들은 왜 떠나지 않을까? 웬디 랭포드는 스물여덟 살인 사라의 사례를 인용한다. 그녀는 스물여섯 살인 웨인과 커플로 함께 살고 있는데, 웨인이 다른 여자들과 연애하고 있다는 것을 안다. 그녀는 외모에 편집광적으로 신경 쓰고, 집안일을 도맡아 하고, 끔찍이 싫어하면서도 반려자의 축구 시합도 보러 간다. 그가 언젠가는 '부담을 지리라'는 희망을 품고서. 그를 사랑하게 되기 전까지 그녀는 스스로 무적이라고 느꼈다. 이제는 점점 무너져가고 있다. 하지만 그녀는 랭포드가 "안전의 역설"이라고 부르는 것의 피해자다. 우리가 일단 실존적 안전에 이르고, 한 개인 덕에 우리가 특별해지는 감정이 커지고 나면, 아마도 우리는 같은 관계에서 욕구 충족을 계속 찾게 될 것이다. 그사이 그 관계가 "우리의 자신감을 무너뜨리고 우리 삶에 온갖 종류의 고통스러운 모순들을 강화하기" 시작했을지라도. 여성들은 커플 관계로 인해 자존감이 무너질수록 반려자의 시선과 인정에 더 의존한다(이 현상은 폭력의 피해자들에게서 절정에 달한다). 랭포드는 여성들이 자신의 역량에 대한 신뢰 결핍으로 일종의 감정적 안전을 얻기 위해 "자신의 자율성과 주관성"을 거부하는 것을 합당하다고 판단하는 것으로 본다. 결국 여성들은 이 논리로 자기 주위에 심리적 감옥을 짓는다. 그렇지만 언제가 되었건 모든 여성은 이 고통스러운 진실과 대면해야만 한다. 여성들이 사랑에 빠지면서 자기 자신을 되찾는 느낌을 받았다면, 그 후 그 새로운 인격에 충실하기 위해 해방의 동인이었던 사람과 헤어져야 한다. 자신의 사랑의 꿈에 충실하게 남는 최고의 방법은 그것을 거부하는 것이다. 사라는 그 사실을 받아들이고 웨인에 대해 이렇게 선언한다. "그이에게서 조금이라도 존중을 얻어내는 유일한 방법은 그를 버리는 것이라는 생각이 들어요."[82]

우리가 어린 시절부터 사랑의 매혹에 민감해졌고, 우리 가치의 큰 몫을 우리 삶에 자리한 남자의 존재에 종속시킨다는 사실로 인해 필요할 때 그 문제를 떠나거나 놓아버리지 못하는 어려움은 더 커질 수 있다. 이 교육은 관계를 맺는 동안만이 아니라 관계가 끝나갈 무렵에도 우리를 불안정하게 만들고, 무분별한 심리치료에 열중하도록 내몬다. 연애 관계에 대한 집착과 우리가 스스로 부여하는(혹은 부여하고 싶은) 가치 사이의 고통스러운 긴장을 우리는 루피 카우르의 몇몇 시에서 다시 만난다. 이를테면 그녀는 이렇게 쓴다. "네가 그저 거기 선 채 나를 끌어당길 때 / 나는 내게서 멀어지면서 어떻게 나를 선택할 수 있을까?" 혹은 이렇게도 쓴다. "너는 떠났지 / 나는 여전히 너를 원했건만 / 내겐 누군가가 필요해 / 남아 있고 싶어 할 누군가가." 혹은 이런 시도 있다. "그가 사랑이었다면 / 여기 남아 있었겠지, 안 그래?"[83]

2019년 가을에 내가 사랑한 남자는 두 번째로 우리 관계를 끝장냈다. 그는 자기 삶에서 사랑 이야기를 위한 자리를 찾지 못했다. 하지만 그렇다고 우리가 서로 만나지도 않거나 가깝게 지내지 않기를 바라는 것 같진 않았다. 처음에 나는 그것을 받아들였다. 첫 결별 때도 이미 받아들였듯이. 그 결과 나는 얼마나 상처받았는지에 대해 입을 다물어야 했고, 나의 실망과 슬픔을 깔고 앉아야 했다. 페이지를 넘기지 못한 채 이 이야기가 다시 시작되리라는 내 희망을 품고 있어야 했다. 하지만 그가 내 삶에서 빠져나가는 것이 내게는 도무지 상상할 수 없는 일처럼 보였다. 더는 그를 보지 못하면 일종의 시커먼 구렁텅이 속에 떨어질 것만 같았다. 그렇지만 몇 주가 지나자 나는 이 사건이 더는 내게 예전과 같은 공포를 안기지 않는다는 것을 깨달았다. 나는 거리를 두었고, 모든 예상을 깨고 기분이 아주 좋았다. 나는 나 자신과 화합했다. 나 자신을 인정했다. 그 후 슬픔과 결핍의 순간들이 돌아왔을 때조차 나는 내 결정을 후회하지 않았다. 내가 더 나은 것을 누릴 자격이 있다는 생각을 행동으로 옮겼다. 그렇게 실망스러운 이야기(눈부신 몇 달을 보내고 나서 우리도 '반혁명'을 겪었다는 실망)보다는 나은 이야기를 말이다. 나는 진정으로 나를 원하고, 자기 삶 속에 내 자리를 마련해줄 준비가 된 누군가를 만날 자격이 있었다. 관계 속에서 이미 일찍 이 사실을 깨달았지만, 어디까지나 순수하게 이론적인 앎으로, 무게 없고 알맹이 없는 앎으로 남아 있었는데, 이번에는 확실히 **체득했다.** 거리두기의 이점이 처음으로 손에 잡히는 무언가가 되었다. 전에는 언제나 결국에는 그 이점을 포기했다. 비록 정신적인 차원일지라도 관계를 다시 잇는 기쁨에 비해 그 이점이 하찮아 보였기 때문이다. 이제 나는 나 자신을 합당히 배려해야 한다는 것을 깨달았다. 마치 난파당한 사람이 밤새 헤엄을 치다가 뜻밖의 해안에 이르러 깜짝 놀라는 꼴이다.

이 시기 동안 나는 꿈을 꾸었다. 지하철을 타고 모베르 광장에서 내렸는데, 어딘가에서 돌아오는 길이었고, 걸어서 집으로 향하다가 한참 보지 못한 오래된 친구와 맞닥뜨렸다. 그에 대한 꿈을 꾼 것이 놀라웠다. 아주 오래전부터 그를 생각해본 적이 없었기 때문이다. 그가 나를 집까지 데려다주겠다는 의도를 밝혔는데, 나는 불쾌했다. 그가 나를 너무 사랑해서 내 취향에는 맞지 않았기 때문이다. 그가 얼마나 들러붙을지, 얼마나 불안정하고 예측 불능일지 나는 알고 있었다. 그가 나를 공격할까 봐, 아니면 내 집에 들어오겠다고 고집을 부릴까 봐 겁이 났고, 그럴 경우 어떻게 도움을 청해야 하나 싶은 생각도 들었다. 그가 친구였기에 누구도 내 말을 진지하게 여기지 않을 것 같았다. 나는 반대 방향으로 가봐야 한다고 그에게 말해 속이려고 했는데, 놀랍게도 그는 나와 다른 길로 갔다. 그리고 나는 그렇게 우연히 그를 길에서 만날 기회가 정말이지 한 번도 없었다는 생각이 들었다. 꿈은 거기서 끝났다. 이 꿈이 유난히 선명하게 기억에 남아서 나는 내가 아는 한 점술가에게 이것을 들려주며 이렇게 생각했다. "이 꿈 좀 잘 해몽해봐, 친구." 그녀는 먼저 내가 지하철에서 나오던 사실에 주목했다. 이번에도 나는 길을 가고 있었고, 움직이고 있었다(실제로 그 시절에 내가 꾼 꿈마다 언제나 교통수단이 등장했다. 전기 스쿠터, 베스파, 버스…). 그러더니 우리 꿈속에 나타나는 모든 인물은 우리 자신의 일부라는 사실을 환기했다. 그들은 우리 정신의 무대에서 살아 움직이는 힘을 구현한다는 것이다. 그녀는 내게 그와 다시 마주하게 되면 그 사람에게 무슨 말을 할 것인지 물었다. 나는 곰곰이 생각했고, 이렇게 대답했다. "그 사람이 겁났다고, 믿을 수 있는지 확신이 들지 않았다고 말할 거야." 그때 갑자기 계시처럼 번쩍, 한 가지 생각이 들었다. 그 꿈을 통해 나는 사랑한 남자와 접촉을 끊도록 이끌어 나를 기분 좋아지게 해준 나 자신의 일부와 대면한 것 같았다. 내가 내게 정의를 돌려준다는 생각을 만끽하도록 이끈 나의 일부를. 요컨대, 무슨 수를 써서라도 관계를 유지하길 바라지 않을 수 있는 새로운 능력 말이다. 나는 이 새로운 능력에 놀랐고, 그것이 어디서 나왔는지 이해하지 못했으며, 그것을 믿을 수 있는지, 그것이 나를 붕괴로, 불행으로 이끌지 않을지 곰곰 생각했다. 지하철에서 내릴 때 불쑥 나타났던 그 인물에게 했듯이.

리브 스트룀크비스트는 《가장 붉은 장미가 핀다》라는 만화에서 "과도하게 사랑"한다는 이유로, 그 사랑이 지나치게 성가시고 무례하다는 이유로 여성을 낙인찍는 담론을 공략한다. 그녀는 우리가 절제하지 않고, 그 감정이 쌍방향인지를 염려하지 않고, 그저 사랑하는 것이 '멋진 일'이기 때문에 사랑할 수 있어야 한다는 생각을 옹호한다. 그것이 삶의 의미요, 행복의 비결이다. 그녀는 보답을 기다려야 하는 투자 같은 사랑의 개념을 비판한다. 그녀는 "관계 속에서 '공정'을 보장할 수 있도록 받는 것보다 더 많은 사랑을 주지 않으려고 조심하며 사랑의 길이 자기 보호로 통해야 한다고 제시하는 현재의 이상을" 단 칼에 베어버린다. 그리고 모든 것을 무릅쓰고 그들 사랑의 감정에 충실한 모습을 보였던 두 여성의 예를 인용한다. 먼저, 19세기 초의 레이디 캐롤라인 램Lady Caroline Lamb은 결별 후에도 열정적인 고백을 전하며 바이런 경을 줄곧 따라다녔다. 그리고 힌두교 신화의 파르바티 공주는 사랑하는 남편 시바 신의 무관심을 맞닥뜨리고는 여러 해 숲속에 은둔했다가, 고행을 거치고 나서 절개에 대한 보상을 받았다. 스트룀크비스트는 이 두 번째 이야기의 교훈이 "사랑의 길은 타협 없는 완전한 헌신을 통한다"[84]는 것이라고 쓴다.

이 담론은 나의 페미니스트 신념과 사랑에 대한 신비주의적이고 절대주의적인 관점 사이의 내적 갈등을 일깨운다. 하지만 고심 끝에 나는 리브 스트룀크비스트가 이 만화에서 펼치는 주장과의 깊은 불일치를 느꼈다. 먼저, 그녀가 전하는 두 이야기에는 한 가지 차이점이 있다. 파르바티는 사막으로 은둔하고, 레이디 캐롤라인은 바이런 곁에서 계속 소란을 일으킨다. 스트룀크비스트는 전 연인이 "자신을 존중하는" 모습을 보이며 체념하고 받아들일 경우보다 그런 행동이 "바이런 경에게는 훨씬 괴로웠을" 것이라며 고소해한다. 체념하고 받아들이는 여성이라면 어떤 나쁜 결과를 겪을 일 없이 헤어질 수 있기에, 그런 여성은 "모든 이기적인 개자식들의 꿈"이라는 것이다. 다만 레이디 캐롤라인의 행동은 모든 점에서 스토킹에 해당하기에 어쨌든 문제가 된다. 게다가, 연인과 관계를 끊는 남자는 어쩌면 분명히 "이기적인 개자식"일 것이다…. 하지만 그렇지 않을 수도 있다. 그래서 어쨌든 상대가 그런 사람일지라도, 성인으로서 그가 관계를 계속 이어가길 원치 않을 때 그의 자주적 결정을 받아들여야 한다. 우리가 똑같이 하겠다고 주장하면서(여자들이 전 파트너의 생활과 신체적 안전을 위협하는 일은 드물지만) 남자들에게 전 반려자의 삶을 망가뜨리길 멈추라고 요구한다면 일이 복잡해진다.

나는 우리를 행복에 취하게 하고, 그토록 강렬하게 살아 있다고 느끼게 해준 관계의 단절에 맞서 처음에는 격분했던 것을 후회하지 않는다. 하지만 관계를 포기한 것 또한 후회하지 않는다. 탱고를 추려면 두 사람이 필요하다. 바로 거기에 모든 아름다움이 있다. 이것이 그렇다고 '자신이 느끼는 사랑의 감정을 순식간에 질식시킨다'는 의미는 아니다. 리브 스트룀크비스트는 그렇게 생각하는 듯 보인다. 사실 남성과 여성이 받은 다른 교육을 고려해볼 때 많은 이성애자 여성이 두 팔에 과잉 사랑을 품고 있는 것은 대략 피할 수 없는 일이다. 그러나 적어도 우리는 그것으로 무엇을 할지는 생각해볼 수 있다. 그리고 대답 없는 누군가의 머리에 그 사랑을 계속 던지는 것은 딱히 좋은 해결책이 아니다. 우리는 두 사람 몫을 사랑하지는 못한다. 이야기가 이어지는 것을 보고 싶어 하는 자신의 욕망을 상대에게 불어넣지도 못한다. 우리는 상대가 멀리 던져버린 관계를 다시 건져낼 여자가 항상 될 수도 없다. 지치지도 않고 공을 주인에게 물어오는 충성스러운 개처럼 말이다. 상대 의지의 표현에 필요한 공간을 비워줘야 한다. 그것이 관계의 죽음을 의미할지도 모른다는 위험을 받아들이고(공이 덤불 속에

버려진 채 영원히 남을 위험을 받아들이고).

자기 존중의 문제를 손등으로 쓸어버리기가 내게는 이것이 보인다. 여기서도 연애 관계에 자본주의적 합리성의 적용을 비판하려다 보면 (스트룀크비스트가 참조하는 에바 일루즈를 좇아서) 우리는 여성들에게 주입된 마조히스트 성향을 위험하게도 합리화하고 강화하기에 이른다. '자기 보존'의 염려를 비웃고, 그들을 손과 발을 묶어서 학대하는 파트너들에게 인도할 위험을 무릅쓰고 여성 독자들에게 "사랑의 길은 타협 없는 완전한 헌신으로 통한다"라고 말하는 것(우리의 문화가 아주 어린 나이부터 여성에게 주입하는 것)은 내 눈에 범죄로 보인다. 그렇다, 사실이다. 이 사회는 우리에게 사랑 중독을 가르쳐놓고, 그 중독을 비웃으며 우리를 조롱한다. (스트룀크비스트는 눈에 광기가 어린 젊은 여성의 얼굴을 이런 말과 함께 보여주며 성차별적 밈을 재현한다. "난 네 번호를 가졌어. 네 아이도 갖고 싶어.") 다른 곳과 마찬가지로 여기서도 여성에 대한 가부장제의 태도는 이런 말로 요약된다. "동전 뒷면이 나오면 내가 이기고, 앞면이 나오면 네가 지는 거야." 그러나 단순히 사랑의 의존을 강화하는 것만으로는 이 문제에서 벗어나지 못할 것이다. 사랑의 의존성 역시 심각한 문제이기 때문이다.

2018년 8월 12일, 소피 퐁타넬은 인스타그램에 자신이 휴가를 보낸 집의 사진을 한 장 올리고 이런 말을 덧붙였다. "오늘 나는 익숙하지 않은 이 완전한 휴식 가운데, 사진 속 이 두 개의 문을 마주하고 졸며 이런 몽상을 했다. 나의 연애 이야기들을 생각한 것이다. 특히 최근의 연애를. 그러자 문득 많은 것이 이해되었다. 최근까지 나는 닫힌 마음 앞에서, 혹은 그저 반쯤 열린 마음 앞에서 차라리 고개를 숙이는 편이었다. 이제 나는 내 희망과 나의 최고의 모습을 일종의 벽에 부딪히게 해왔던 이 경향에 더는 끌리지 않는다는 것을 발견한다. 기분이 묘하다. 내가 자물쇠 채우는 듯한 마음을 마침내 잃은 것 같기 때문이다. 앞으로 남자가 찾아야 할 것은 어쩌면 나의 열쇠가 될 것이다. 이 모든 것은 성숙했고, 나는 반복되어온 나의 옛 투쟁의 부조리함을 보았다. 우리가 정복에 나서는 것은 사실 자기 자신을 믿지 못하기 때문이다. 우리는 스스로 일하지 않으면 아무것도 이루어내지 못할 거라고 믿는다. 빈둥거림은 내게 값을 매길 수 없는 가르침을 주었다. 배우는 데는 나이가 없다. 이건 기적과도 같다."

조만간, 내가 기분이 달라져서 단호한 결단을 포기하고 이 관계든 저 관계든, 그것이 내게 가져다줄 만족감과는 무관하게 다시 어떤 관계를 이어갈 생각을 할지도 모른다(나는 아직 두 태도 사이에서 단호히 결정을 내린 적이 없다). 하지만 그런 일이 일어나더라도, 적어도, 전에 내가 처했던 그 지점으로는 돌아가지 않을 것이다(내 꿈속에 그 모든 교통수단은 괜히 등장한 게 아니다). 적어도 나는 그 감정을 손으로 접촉했을 것이다. 그 해안에 다다랐을 것이다. 한 발짝 더 내디뎌 이것을 이해했을 것이다. 사랑을 사랑하는 것, 사랑을 정말 사랑하는 것은 집착하지 않는 법을 배우는 것이기도 하다. 그리고 가던 길을 다시 갈 줄 아는 것이다. 비틀거리더라도.

4장

위대한 탈소유
관능적 주체가 되기

일본인 예술가 케이류 아사쿠라는 만졌을 때 살아 있는 여자의 몸 같
은 착각을 줄 궁극의 섹스 인형을 만드는 작업을 2년 동안 했다. 블로
거 아네스 지아르는 이 현대판 피그말리온[1] 계획에 대해 이렇게 쓴다.
"해부한 시신 같은, 실물 크기의 이 몸은 껍질 벗긴 젊은 여성의 몸을
복제하고 있다. 안구는 눈구멍에서 튀어나올 것만 같다. 대퇴골은 칼
로 긁어낸 것처럼 보인다. 손의 생살 사이로 뼛조각이 드러나 있다."
이 인형은 "섹스숍에서 흔히 찾을 수 있는 그런 탈착 가능한 외음부
를 갖추고 있다. 허벅지 사이의 빈 구멍 속에 끼우기만 하면 된다". 예
술가는 "아무에게도 나쁜 짓을 하지 않고, 어떤 관계에도 몰두하지 않
고, 자신의 성욕libido의 분출구를 찾을 필요"가 있었다고 설명한다.
2004년에 이미 아네스 지아르는 아내와 섹스 파트너 역할을 동시에
해주는 실리콘 인형인 '러브돌love doll'을 상업화한 일본 회사들에 관

한 글을 쓴 적이 있다. 그 인형들을 구매한 독신남들은 인형을 거실에 거주하게 하고 때로는 레스토랑이나 휴가지로 데리고 가고 '커플' 생활을 영원히 남기기 위한 사진첩을 만들기도 한다. 그런 회사 중 하나의 창업주는 이렇게 설명했다. "인형은 웃지 말아야 합니다. 소유자가 자기 환상을 인형들에 투사할 수 있도록 표정이 없어야 하지요. 인형은 아무 저항 없이 온갖 역할과 개성을 받아들여야 합니다. 인형은 우리의 꿈을 거울로 비추듯 반사해야 하지요. 그리고 어린아이 같은 얼굴을 갖추고 있어야 합니다. 구매자들이 '경험 없이 미숙해 보이는 여자를 원하기' 때문이죠."[2]

아녜스 지아르는 케이류 아사쿠라 회사가 "음산해 보일 수" 있다는 것을 인정한다. 하지만 그는 "이건 결코 시간증nécrophilie이 아니다. 오히려 삶을 창조하는 일이다"[3]라고 단언한다. 나는 지아르의 열광에 공감하기가 조금 힘들다. 사실 그녀의 글은 나를 얼어붙게 한다. 어쩌면 그것을 읽는 순간, 이 책을 쓰기 위한 조사를 하는 몇 달 동안 끊임없이 여성을 고유한 개성을 갖춘 존재로 받아들이지 않으려는 일부 남성의 집요한 거부에 부딪혔기 때문인지 모른다. 어쩌면 한 가지 사소한 사실이 내게 거슬려서인지도 모른다. '삶을 창조'하려고 시도하는 것은 언제나 남자들이라는 사실이다. 이상하게도, 일본인 여성 예술가에 대해서는 한 번도 들어보지 못했다. 실제 남성에게 진절머리가 나서, '한 사람과의 관계에 몰입'하고 싶지 않아서, 자기 지하실에서 궁극적인 남자 인형을 만들기로 마음먹었을지 모를 그런 여성 예술가 말이다. 여자들은 대개 남성의 주관성을 받아들인다. 심지어 그것에 호기심을 품고 묻기까지 한다. 게다가 이런 열린 정신에 좋은 이유만 있는 것은 아니다. 지배당하는 남자 혹은 여자의 지위에서는 지배하는 자의 정신 구조에 관심을 기울이지 않을 수 없다. 그렇기에 많은 회사에서 직원들은 그들의 상사를 관찰하고, 그의 기분과 마음 상태를 살피고, 그의 인성의 이상한 점들을 추측하는 데 막대한 시간을 들인다. 반면에 그 반대는 현실에 없다. 우리는 또한 온 사회가 어떻게 남자들의 관점을 채택하며, 즉각적으로 그들의 자리에 서보고, 무엇보다도 그들의 욕망과 감정만을 배려함으로써 여성들이 자기 자신과 괴리되게 내모는지 보았다. 이는 곧 이성애 관계에서 남자들의 환상과 욕망만, 그들의 관점만 강조되고, 여성은 그 투사에 맞추고 그들의 기대를 충족시키도록 간주된다는 의미다.

이런 역할 배분은 단단히 뿌리를 내렸다. 페미니스트 영화평론가 로라 멀비Laura Mulvey가 '남성의 시선male gaze'[4]을 이론화하기 3년 전인 1972년에 존 버거는 《다른 방식으로 보기》을 통해 이미 회화에서 여성의 누드가 이 관계를 어떻게 요약하는지 보여주었다. 그림의 남자 주인공은 액자 속에 보이지 않는다. 필연적으로 남성으로 간주되는 관객이 그 주인공이다. "모든 것이 그를 위해 만들어졌다. 모든 것이 그의 존재의 결과처럼 보여야 한다. 인물들이 발가벗은 것도 그를 위해서다." 버거는 벗은 어깨 너머로 관객을 응시하는, 앵그르의 〈그랑드 오달리스크〉와 남성용 잡지 속에서 렌즈를 뚫어져라 쳐다보는 모델을 병치해서 그들의 태도의 유사성을 부각한다. "이것은 알지 못하는 남자가 자신을 바라본다고 상상하고 계산된 매력으로 남자에게 응답하는 여성을 표현한 것이다." (1989년, 미국의 페미니스트 조형 예술가 집단인 게릴라 걸스는 그랑드 오달리스크의 머리를 포효하는 고릴라의 머리로 대체한 포스터를 만들고 이런 물음을 붙인다. "[뉴욕의] 여성이 메트로폴리탄 미술관에 들어가려면 발가벗어야만 하나? 현대예술 분야에 소장된 예술가 중 여성은 5퍼센트 미만이지만 누드 작품의 85퍼센트가 여성이다.") 그림 속 남성의 존재는 볼이 포동포동한 큐피드뿐인데, 이 존재는 관객에게 진지한 경쟁자가 되지 못한다. 그렇지만 여성이 한 연인의 동반자로 묘사된 경우조차도, 이를테면 한스 폰 아헨Hans von Aachen의 〈바쿠스, 케레스, 아모르〉에서처럼, 여성의 관심은 연인을 향하지 않고 그림 앞에 선 남자를 향하고 있다고 존 버거는 말한다. 브론치노의 〈시간과 사랑의 알레고리〉에서 비너스는 큐피드에게 입을 맞추고 있지만 "그녀의 몸이 취한 자세는 입맞춤과 별개다". 그녀는 눈에 보이지 않는 관객의 관음증을 위해 더 잘 보이려고 몸을 틀고 있다. 그 관객의 시선이 그녀를 끌어당기는 자력처럼 보인다. 존 버거는 이렇게 해설한다. "이 그림은 관객의 성적 욕망을 깨우기 위해 만들어진 것이다. 여성의 성적 욕망과는 무관하다."

남성의 시선과 주관성에 부여된 이 전지전능함은 여성이 자신을 남성과 세상 전반에 제공된 볼거리처럼 여기는 법을 배우는 결과를 낳는다. 버거는 말했다. "여성은 끊임없이 자신을 감시해야 한다. 스스로 제공하는 자신의 이미지가 언제나 그녀를 따라다닌다. 그녀는 방을 가로질러 가거나 아버지의 죽음에 눈물을 흘릴 때도 걷거나 우는 자신의 모습을 보지 않을 수 없다." 그는 이후의 수많은 페미니스트

작업에 인용될 이 유명한 결론에 도달했다. "남자는 여자를 본다. 여자는 남자가 보는 자신을 관찰한다." 그리고 그는 덧붙였다. "이것은 남녀 사이의 관계뿐 아니라 여성이 자신과 맺는 관계까지 결정한다."[5] 1980년에 페미니스트 에세이 작가 안 마리 다르디냐는 프랑스 에로티시즘 문학의 여러 작품에 관한 연구서 《에로스의 성城》[6]을 내놓았다. 저자는 문제의 소설들의 여주인공들이 자신의 몸을 바라보는 유일한 시선은 "그들을 대상으로 확인해주는" 시선이라고 지적한다. 그들 중 한 사람이 "자신의 몸, 옷, 화장을 생각할 때, 그 생각은 남자들이 보게 될 것에 맞춰져 있다". 그렇기에 앙드레 피에르 드 망디아르그André-Pieyre de Mandiargues의 《모터사이클La Motocyclette》의 여주인공 레베카가 혼자서 거울을 마주하고 천천히 오토바이용 작업복을 벗는데, 작업복 아래엔 아무것도 입고 있지 않다. 작가는 이렇게 쓴다. "그녀는 그가 늪지처럼 빨아들이는 눈으로 무엇을 볼지 상상했고, 이렇게 옷 벗는 장면에서 어떤 즐거움을 맛볼지 상상했다."[7]

여성의 온 존재는 이러한 관계와 타인의 시선에 대한 끊임없는 의식으로 만들어졌다. 이것이 자기 자신의 욕망, 감동과 감정에 다가가는 것을 가로막을 수 있다. 이 주제에 관해 시몬 드 보부아르가 남긴 선구자적인 분석을 이어받아 마농 가르시아는 이렇게 확인한다. "사춘기 때부터 여성은 자신의 몸이 되기도 전에 대상화된 몸을 체험한다. 길거리의 성추행, 변화를 겪는 몸에 대한 성적 의미를 띤 논평들은 그녀가 그 새로운 몸을 온전히 체험할 수 있기도 전에 스스로 대상으로 인식하도록 내몬다. 이는 많은 사춘기 소녀들이 종종 이해할 수 없는 관심을 끌어당기는 자신의 새 몸을 거부하며 보이는 당혹과 혐오의 반응을 설명해준다."[8] 바르바라 L. 프레드릭슨과 토미 앤 로버츠도 이 관측을 확인한다. "청소년기 소녀는 아마도 처음으로 자신이 타인들에게 **몸으로** 보여지고 평가된다는 걸 깨달을 것이다. 자기 자신으로가 아니라." 1997년, 한 논문에서 이 두 미국인 여성 연구자는 여성의 대상화와 그것이 정신 건강에 미치는 결과에 관한 세밀한 연구를 내놓았다.[9] 그들이 확인한 사실 중 하나로, 남자는 대개 예술과 미디어에서 얼굴의 특징에 초점이 맞추어져 묘사되는 반면, 여자는 "몸이 강조되어" 있으며, 흑인 여성일 경우에는 더욱 그렇다. "심지어 잡지 사진들은 여성의 신체를 잘라서 보여주는 경우도 잦다. 머리는 완전히 제거하고, 오직 그들의 몸의 부분 부분에 집중해서 보여준다." 의미심장하게도 "유혹 수업Leçons de séduction"이라고 이름 붙인, 프랑스 속옷 브랜드 오바드Aubade의 광고는 이러한 관행의 완벽한 실례를 제공한다.

프레드릭슨과 로버츠는 대상화가 창출하는 문화적 환경에서는 "어린 소녀와 여성이 보여지고 평가받도록 만들어진 사물처럼 취급"되는데(그럴 만한 이유가 없지 않다), 그들 몸에 대한 평가가 남성의 경우보다 직업과 연애 생활에 훨씬 큰 영향을 미치기 때문이라고 말한다.[10] 한 가지 예를 들면, 나는 《치명적 아름다움Beauté fatale》에서 때때로 유방 확대 수술이 가슴의 감각을 박탈할 수 있다는 사실을 언급했다.[11] 수술은 자신의 감각과 쾌락을 희생할 위험을 무릅쓰고 시각적 결과를 (타인을 위한) 우위에 둔다는 것을 내포한다. 오늘날, 욕망을 불러일으키거나 게시물로 수익을 창출할 희망을 품고 만남 애플리케이션이나 인스타그램, 또는 다른 플랫폼에 자신을 노출할 가능성이 높아지면서 이런 경향은 현저히 확대되었다. 영국의 한 여성 기자는 세계적으로 급격히 수요가 늘고 있고, 가장 높은 사망률을 기록하고 있는 성형수술인 브라질리언 버트 리프트Brazilian Butt Lift, 'BBL'이라 부르는 엉덩이 리프팅에 관해 취재했다. 한 여성 환자는 그녀의 친구들이 만남 애플리케이션에서 프로필 사진을 자꾸 수정하다 보니 아무 만남에도 나가지 못한다고 설명한다. 실물과 사진의 격차가 너무 커졌기 때문이다. "BBL 수술을 받는 것은 사진을 더는 고치지 않아도 되도록 직접 자기 몸을 수정하려는 거죠." 자기 자신을 화소의 조합처럼 2차원으로 생각한다면 쾌락과 고통의 능력을 갖춘 살과 뼈를 가진 존재로서의 자신을 부인할 수밖에 없다(이 환자는 수술 이후 몇 주 동안, 엉덩이에 주입한 지방을 추출한 신체 부위에 누가 스치기라도 하면 "고통의 비명을 내지른다"[12]고 한다). 이미지는 아무것도 느끼지 못하는 것으로 여겨진다. 이미지에는 감각도, 시선도, 생각도, 욕망도 없다.

시선의 올가미를 풀다

최근에 일어난 서로 다른 두 가지 사건이 여성이 자신과 맺는 이 관계의 조임새를 푸는 데 기여했다. 먼저 미투 운동은 2017년 가을부터 대규모로 성폭력을 고발함으로써 예전처럼 가볍게 우리를 객관화하기가 조금 힘들어진 문화적 맥락을 창출했다. 그 결과를 가늠하기는 어렵지만 여기서는 한 가지 작은 사실에 주목하고 싶다. 2018년 1월부터 잡지《마리클레르》는 두 가지 속옷 브랜드가 광고에서 옷을 입은 여성들을 보여주는 이례적인 선택을 한 사실에 주목했다.[13] 그 광고 중 하나는 작가 마리 에브 라카스와 펜싱 선수 이사오라 티뷔스, 예술가 안나나 뢰샤이젠을 무대에 올렸다. 그러니까 사물처럼 취급되는 비인격적이고 교체 가능한 '완벽한' 몸매 때문이 아니라 개성과 열정과 재능을 보고 선택된 여성들이다. 기자는 "맥 빠진 육신보다는 존경할 만한 여정을 걸어온 개인들을 보여주려는" 것이라고 분석했다. 다른 광고는 사진작가 마리오 테스티노가 만든 것으로, 그는 "이 여성들이 겉옷 아래 이 속옷을 입고서 느끼는 것을 포착"하고 싶었다고 말했다(요컨대, 초점은 이 여성들이 보여주는 볼거리가 아니라 그들의 감각에 맞춰져 있었다). 기호학자 마리에트 다리그랑은 "그들이 우리에게 파는 것은 여성들의 창의성이고, 그들의 행동력이다. 주체적인 여성의 내면세계를 보여주는 것이다. 몸이 아니라. 시선 없는 옷걸이로서의 여성은 한물간 경향이다"라고 해설했다. 물론 혁명적일 것은 전혀 없다. 여전히 관건은 속옷을 팔려는 것이고, 그러기 위해 꽤 관습적인 기준에 따라 욕망할 만한 여성의 이미지를 만들어내려는 것이다(게다가 우리는 마리오 테스티노가 여러 남성 모델들에게 성추행과 성폭행 고소를 당했다는 사실을 기억하고 있다[14]).

내면화된 전제적 시선에서 일부 여성들이 해방되는 데 시동을 건 두 번째 사건은 코로나 유행병으로 인한 2020년 봄의 격리다. 평소에 시선과 판단의 선별기가 되었던 사회적 환경에서 갑자기 벗어나게 된 여성은 자신의 감각에 다시 집중하게 되었다. 일부 여성은 이 기회에 화장과 염색을 끊고 지내면서 훨씬 자연스러운 자신의 이미지를 얻게 되었다.[15] 저널리스트 아니야 다스는 말한다. "화장하지 않고는 집 밖으로 나갈 수 없다고 주장하던 사람들이 **실제로** 집 밖으로 나가지 못하게 되었다. 이 상황에서 그들은 화장품이나 머리카락 관리에서 실질적 절약을 하게 되었을 뿐 아니라 매일 자유로운 시간까지 벌었다."[16] 많은 여성이 편한 옷을 선호했는데, 특히 브래지어를 벗고, 조깅 팬츠를 선택하면서 평소 차림보다 몸이 더 편히 숨을 쉬게 되었다. 기자인 미리암 르뱅은 말했다. "보아하니 대개의 여성이 처음 벗어던진 것은 꽉 끼는 청바지와 자꾸 말려 올라가는 치마였다."[17]

이런 움직임은 격리와 더불어 여자들이 알아보기 힘들 만큼 털이 덥수룩하고 혐오스러운 괴물로 변한 모습을 보여주는 다량의 밈과 트윗을 낳았다(특히 〈스타워즈〉의 덥수룩한 우키족 츄바카가 많이 보였다). 그런 밈과 트윗을 만들어내는 남자들은 '한껏 누릴' 여성의 몸을 박탈당한 분함을 드러냈다. "스토커, 성추행자, 강간범처럼 가장 폭력적인 남자들에게는 먹잇감이 사라지는 것이다. 다른 남자들에게는 쳐다보고 탐낼 몸들이 사라지는 것이다. 여성의 몸을 사물의 지위에 묶어두기 위해 그들에게 남은 방법은 욕설과 조롱이다. 그 사물은 급이 떨어지면서 혐오스러워질 것이다. 현실은 그 사물이 그들에게서 벗어난다는 것이다!"[18] 이 현실은 패션과 미용 산업을 중계하는 책임을 맡은 미디어에는 공포였다. 《마드무아젤Madmoizell》지는 사이트에서 여성 독자들에게 단호히 말했다(2020년 3월 17일). "집에 있을 때도 너절해 보이지 말아야 한다." 미디어 비판 행동 협회Acrimed에는 '사설의 괴롭힘'[19]에 대해 말해달라는 요청이 늘어났다. 여성의 삶에 외부의 시선을 다시 끌어들이기 위해 그들은 SNS와 화상회의 등 세상과 여성을 잇는 마지막 끈에 모든 것을 걸었다.《마담 피가로Madame Figaro》(2020년 4월 2일)는 "그날 입은 옷차림을 [인스타그램에] 게시하면 계속 타인의 시선 속에 존재할 수 있다"고 제안했다.《엘르》는 "줌, 팀스, 스카이프 등에서 최고가 되게 해줄 다섯 가지 조언"(2020년 3월 27일)을 내놓았다. 반면에《팜 악튀엘Femme actuelle》은 "화상 통화 때 추해질 세 가지 실수"를 조심하라고 경고했다(2020년 3월 24일). 절망감이 상당히 컸는지 착취당하고 기진맥진한 배달원들조차 '남성의 시선male gaze'을 되찾는 데 동원되었다. "피자 배달원도 깜짝 놀랄 정도로 기발한 차림을 해보라는 것!"(이번에도《마드무아젤》이다). '몸매를 지키라'는 협박조의 명령어가 곳곳에서 꽃을 피웠다. 한가롭다고 추정되는(이것이 꼭 맞는 말은 아니라는 정도만 말해두자…) 격려된 여성 독자는 그 해방된 시간을 다양한 미용 행위로 채우도록 독려받았다.

위선 가득한《마드무아젤》은 집에 혼자 있는 것이 "새로운 대담한 시도를 시험해볼", "당신에게 어울리는 것이 무엇이고, 당신의 스타일이 어떤지 알" 기회였다고, 요컨대, "공공 공간에서든 아니면 당신 주변에서든 타인들의 견해와 비판을 감내할 필요 없이 당신 자신을 더잘 알" 기회라고 설명했다. 따라서 거울 앞에서 거듭 옷을 갈아입어 보며, 무엇보다 외적인 눈길로 자신을 바라보길 지속함으로써 자신에게 쏠리던 시선의 부재를 보완해야만 했다. 1997년의 논문에서 바버라 L. 프레드릭슨과 토미 앤 로버츠는 여성의 대상화가 무엇보다 육체적 또는 지적 활동에서 "어렵고 중요한 어떤 업무를 수행하느라 정신과 몸이 긴장했을 때" 완전한 몰입을 경험할 가능성을 어렵게 만드는 결과를 낳았다고 강조했다.[20] 그런 순간은 "우리가 타인의 통제에서 벗어나 온전히 살아 있고 창조적이며 행복하다고 느끼는"[21] 드문 순간이다. 이런 순간들이 많으면 많을수록 우리 삶의 질도 향상된다. 그런데 그런 상태에 도달하려면 자의식을 잃어버릴 수 있어야 하는데, 우리가 자기 외모에 대한 염려에 끊임없이 소환된다면 불가능한 일이다.

자가격리에 걸린 여자들 가운데 일부는 자신의 양가감정을 증언하거나, 어떤 옷이나 액세서리 또는 미용 행위에 대한 애착을 부르짖었다(참고 견딘 것인지 아니면 요구한 것인지 모르겠지만). 더구나 여성성의 속성과 몸짓은, 제공할 수 있는 즐거움이나 해로움의 정도에서, 또한 연루되는 영향에서 너무도 다양해 한 자루에 담을 수가 없다. 핵심은 많은 여성에게 자유의 여지가, 즉각적인 외적 제약에서 빠져나갈 탈출구가 제공되었다는 것이다. 그들이 그것을 어떻게 활용하든. 미리암 르뱅은 지적했다. "물론 집에서 매니큐어를 바르거나 마스크팩을 하는 것도 다른 즐거움과 마찬가지인 소소한 즐거움으로 이런 때에는 시의적절한 활동이자 휴식이 된다. 하지만 보름 정도 갇혀 지내다 보면 그런 치장이 우리를 위한 것인지 아니면 타인들을 위한 것인지 하는 생각이 든다."[22] 카미유 프루아드보메트리는 말한다. "어쨌든 중요한 것은 우리를 짓누르는 외적 명령들을 벗어버리고, 우리가 바라는 대로 (더 이상 타인을 위해서가 아니라) 자신에게 자유롭게 우리를 보여주게 되었다는 것이다. 우리의 몸은 한동안은 정말 우리에게 속할 수 있을 것이다."[23]

아름다움 **대** 편안함. 대개, 논쟁의 경계가 이렇게 제시된다. 여성들에게는 양자택일이 제시된다. 문화가 그들에게 요구하는 외모를 내놓든지(필요하다면 더없이 큰 고통을 대가로 치르더라도), 외부의 시선을 아랑곳하지 않고 자신의 평안을 선호하든지. 그리고 여성의 가치를(사회, 직업, 사랑에서) 그들의 외모와 분리해서, 그들이 보기에 예쁘지 않아도 살 수 있도록 허용하는 것이 중요하다. 〈퀸스 갬빗〉에는 체스 챔피언으로 알코올과 마약 중독에 빠진 젊은 미국인 여성 베스 하먼이 등장한다. 2020년 가을, 트위터에서 한 여성 시청자는 '절망적인 처지에 놓인' 여성에 대해 이 시리즈의 시나리오 작가들이 품고 있는 것으로 보이는 생각을 꼬집었다. 소파에서 만취한 베스 하먼은 얇은 반소매 잠옷 차림에 매끈하게 제모한 다리, 완벽하게 빗은 머리, 말끔히 화장하고 섹시한 모습을 보여준다.[24] 그러나 나는 우리가 아름다움의 폭정에서 벗어나야 하는 것은 물론이고, 아름다움에 대한 개념과 그 개념을 결정짓는 전제들에도 의문을 제기해보아야 하는 것이 아닐까 생각한다. 또한 주체로서 우리 고유의 아름다움을 길러야 하고, 그 아름다움에 주목하고, 그것을 인정해달라고 주장해야 할 것이다.

2021년 벽두에 이 장을 쓰는 동안 나는 새 구두 한 켤레가 생겼다. 구두는 굽 없이 납작하고, 따뜻하며, 방수였고, 놀랍도록 가벼운 데다 아주 편했다(게다가 비건 소재다). 신발이 발도 잘 잡아주는데, 내 발가락들도 바라는 만큼 자리를 차지하고 기뻐서 팔딱인다. 한 걸음 걸을 때마다 나는 바닥과 완전히 하나가 되고, 쉽고 편안하게 땅에서 떨어진다. 이 신발은 나의 일상적 걸음을(격리와 자택근무 때문에 대단히 중요하게 된 걸음을) 황홀경의 순간으로 바꿔놓는다. 그것들은 내게 하늘을 나는 느낌을, 구름을 타고 움직이는 느낌을 준다.[25] 게다가 나는 이 신발이 아주 아름답다고 생각한다. 외출하기 전에 거울 앞에서 나를 보며 넉살 좋게 감탄한다. 하지만 이런 생각을 모두가 공감하지는 않으리라는 것은 나도 잘 안다. 이 신발을 아름답다고 생각하는 것은 20년 넘게 나로 여겨지던 파리 여자가 아니라 내 안의 스위스 시골 여자였다. (파리에서 여자라는 사실은 무시할 수 없을 압박을 의미한다. 로랑 시아마의 이미지를 빌리자면 '나폴리의 피자 요리사'와 같은 신세다.) 이것은 절대 땀도 안 흘리고, 흔적도 안 남기고, 빨개지지도 않고 붓지도 않는 것처럼 보이는 발을 위해 만들어진 작고 섬세한 신발이 아니다. 그렇지만 서문에서 언급한 제인 워드가 이론으로 정립한 '깊은 이성애'의 관점으로 말해보자면, 나는 어떤 남자가 이 신발을 아름답다고 여길 수 있으면 정말 좋겠다. 이 신발을 보며 합의된 여성성의 이미지를 산출하는 데 대한 나의 거부를 확인하고는 난감해서 인상을 찌푸리기보다 내가 이것을 신고 걸으며 얼마나 기분이 좋을지 (어쩌면 내 걸음의 편안함을 보고서) 상상하고 나의 기쁨을 공감할 수 있어서, 이 신발이 내게 주는 것보다 더 큰 활력을 그가 느낄 수 있어서, 내 발가락을 생각하고 그도 기뻐할 수 있어서 이 신발을 아름답다고 생각하면 좋겠다. 우리는 대상화보다는 동일화에 토대를 둔 미학을 창조하려고 시도할 수 있을 것이다. 여성의 몸을 표준화하는 속박보다는 여성의 안녕을 찬양하는 미학을 말이다.

침묵화 이야기

대상화된다는 것은 단지 하나의 이미지로 축소될 뿐만 아니라 침묵으로 축소되는 일이다. 그리고 당신에 관한 말에(또는 그 어떤 주제든) 어떠한 영향력도 가지지 못하고, 이야기와 표상의 제작에 어떤 발언권도 가지지 못한다는 의미다. 2018년 초, 나는 이야기를 남성이 통제하는 가운데 (석 달 전에 시작된) 미투 운동으로 열린 돌파구를 언급하며 《마녀》집필을 마쳤다. 그 후 이 운동은 더욱 증폭되었다. 프랑스에서 이 운동의 가장 의미심장한 사례는 아마 바네사 스프링고라의 책《동의》의 출간이었을 것이다. 이 책에서 그녀는 청소년기에 가브리엘 마츠네프Gabriel Matzneff의 손아귀에서 보낸 세월을 이야기한다.[26] 소아성애자 '작가'가 자신과 독자들의 환상에 봉사하도록 만들어 교체 가능한 선정적인 익명의 얼굴이 되어버렸던 그녀는 이제 담론의 주체가 되어, 자기 이름과 목소리, 자기 말과 경험, 자신의 관점을 가지고 나타난다. 그녀는 자신의 트라우마를 말하고, 그 과정에서 마츠네프가 책을 거듭 써내면서 자신을 숭고한 연인으로, 위험하고 파괴적인 모험가로 구축한 이미지를 냉혹하게 분쇄해버린다. 마츠네프의 시도는 파리 문단의 호의를 누렸었다. 텔레비전 진행자 베르나르 피보는

1990년에 가벼운 어조로 초대 작가(마츠네프)의 "젊은 여자 연인들의 마구간"을 언급했고, 그를 "천진한 아가씨 수집가"로도 규정했다. 스프링고라는 그 "젊은 여자 연인들"과 "천진한 아가씨"가 **사람**이었음을 상기시킨다.

그녀의 책은 그녀가 겪은 '탈소유'가 어떻게 말의 체계적인 박탈이기도 했는지 보여준다. 마츠네프는 어느 날 그녀가 프랑스어 선생에게 제출해야 할 작문을 대신 쓰겠다고 고집했고, 그렇게 그녀의 목소리를 훔쳤다. 그녀는 그가 그녀의 일기에 결코 관심도 없고, 그녀가 글을 쓰도록 격려한 적도 없다고 밝힌다. 그는 자신의 독점권을, 권력을 지킨다. 그는 그저 그녀가 그에게 편지를 쓰도록 독려할 뿐이다. 다른 여자 연인들이 하듯이. 그리고 그의 책에 일부를 발췌해 싣는다. 그 모든 편지는 "기이하게 서로 닮았다". "G는 우리에게 말없이 그것들을 속삭이고, 심지어 우리의 언어 속에 그것들을 불어넣는다." 그녀는 그 편지들을 쓰면서 "일종의 암묵적인 '설명서'에 본능적으로 맞춰진" 느낌이 든다. 동시에, 한 출판사에서 정기적으로 출간하는 마츠네프의 일기는 그녀를 입 다물게 하는 데 쓰이는 엄격한 도구가 된다. "질책이 시작되자마자 그는 펜을 든다. 두고 보라고, 당신, 자! 이게 내 검은 노트에 담긴 당신의 빌어먹을 초상이야!" 점차 그는 그녀를 '말의 감옥'에 가둔다. 훗날, 그녀가 마침내 그에게서 벗어났을 때, 그녀는 그가 자신과의 '이별'에 대해 쓴 일기를 읽고는 극심한 불안 발작을 일으켰고, 신경안정제 바리움 주사를 맞고서 겨우 발작을 가라앉힐 수 있었다. 그 후, 마츠네프가 자신을 좋은 기억으로 떠올리는 새로운 책을 출간할 때마다 그녀는 "아물지 않는 상처에 칼날이 꽂히는" 느낌이 든다. 어느 날, 한창 길을 가던 중에 그녀는 자신의 존재에 대해 의문을 품는다. 자신의 몸이 "종이로 된" 것만 같고, 혈관에는 "잉크가 흐르는" 것 같다. 병원에서는 그녀가 "자아 상실 양상과 더불어 정신질환 증세를" 보였다고 말한다. 그녀는 대답한다. "그렇다면 이 모든 것이 진짜인가요? 내가… **허구**는 아닌가요?" 그녀가 자기 버전의 이야기를 대중 앞에 공개하기 한참 전에 그녀를 구해준 것은 정신분석가에게 받은 '말을 통한 치유'였다. 마치 그녀의 내면 깊은 곳에서 나온 말 하나하나가 주체로서 그녀의 실체를 조금씩 채워주는 것 같았다.

바네사 스프링고라는 자기 책의 말미에서 마츠네프가 그녀의 원고와 서신을 '현대 출판 기록물 연구소'Institut Mémoires de l'édition contemporaine'에 넘겼다는 사실을 알고 아연했다고 전한다. 이제 그녀가 자신의 편지들을 다시 읽으려면 공식 요청서를 제출하고, 어떤 구실을 만들어내야만 한다…. 말의 차원에서 이루어진 이 강탈은 에밀리 라타이코프스키가 이미지의 차원에서 경험한 강탈과 정확히 일치한다. 2020년, 어느 싸늘한 기사에서 이 미국인 모델은 친근하거나 낯선 남자들이 그녀에게서 그녀의 이미지를 도용한 모든 횟수를 집계했다. 그녀는 특히 예술가 리처드 프린스Richard Prince가 그저 인스타그램을 크게 인쇄해서 만든 '그림들'을 언급한다. 개중 둘은 잡지 표지에 실린 그녀의 사진을 그녀가 인스타그램에 포스팅한 것을 다시 촬영한 것이었다. 그 시절 그녀의 연인까지 포함해서 그녀 주변의 모두가 그 도용을 그녀에게 큰 영광이 되는 일로 간주했다. 그녀가 자신의 인스타그램 계정에 게시한 자기 이미지를 다시 사려면 이제 8만 달러를 지불해야 할 것이다…. 게다가 프린스는 그 작품을 인쇄하기 전에 자기 계정에 그 인쇄에 대해 논평했다. 라타이코프스키의 누드 사진 둘 중 하나의 아래에 그는 이런 질문을 달았다. "너는 청소년들이 실험실에서 만든 거니?"[27] 요컨대, 그는 그녀가 자신이 순수한 환상이 아닌지, 남성의 순수한 창조물이 아닌지 자문하도록 내몰았다. 마치 마츠네프가 바네사 스프링고라에게 그가 그녀에게 부여한 것 외에 다른 어떤 실존도 갖지 못한 '허구'라고 믿게 했듯이.

어떤 면에서는, 나이와 힘의 차원에서 두 주인공 사이의 범죄적 불균형 때문에 특히 바네사 스프링고라의 경우에는 명백히 드러나긴 하지만, 남성의 말 속에 여성을 가두고 여성의 말을 몰수하는 일이 보편적인 사실처럼 보일 수 있다. 우리의 사랑과 성의 세계를 지배하는 법은 폴린 레아주의 성애 소설 《O 이야기》의 여주인공 O가 가게 된 루아시 성에서 지배하는 법을 그대로 본뜬 것처럼 보인다. 그곳 기숙자들은 "주인이든 하인이든 남자가 있는 자리에서는 침묵을 지켜야 한다는 절대적인 규칙을 준수해야" 한다. O가 말하도록 허용되는 것은 사람들이 그녀에게 기대하는 것을 말할 때뿐이다. 그녀는 주인이 불러주는 문장들을 "문법 연습 때 하듯이 일인칭으로 바꿔서"[28] 되풀이한다. 안 마리 다르디냐는 자신의 연구 논문에서 폴린 레아주가 자신의 연인이자 그 소설의 서문을 쓴 출판인인 장 폴랑의 마음에 들려고 창조한 O는 "남성의 상상계에 꼭 들어맞는 모습으로 그려졌다"고 말한다.[29] 마찬가지로, 피에르 클로소프스키Pierre Klossowski가 쓴 연재소설의 여주인공 로베르트의 욕망은 "그녀를 욕망하는 남자의 욕망에 대한 응답일 뿐"이라며 그것을 모든 여성에게 강요되는 침묵의 상징으로 본다.

중요한 페미니스트 활동이 흔적을 남긴 10여 년이(1970년대) 지난 뒤, 안 마리 다르디냐는 10년 또는 15년 전에 여자들이 자기 욕망과 환상, 또는 성에 대한 생각을 말하려고 들 때 많은 남자가 두려움을 드러내던 기억을 떠올렸다. 그들은 "(말 그대로) 대경실색해서 아무 말도 못 하고 굳었다". 그리고 그녀는 그것을 "여성에게 말이 금지되어 있음을 온몸으로 느끼게 하는, 소리 없는 비난의 테러"[30]였다고 논평했다. 에로티시즘에 대한 지배적인 시각을 비판하려고 끼어드는 여자, 또는 사랑이나 성 이야기의 주체로 감히 나서는 여자는 위협처럼 인식된다. 사람들은 그런 여자를 조롱하며 피하고, 기괴한 존재로 여긴다. 1992년 아니 에르노가 50세에 자신보다 열 살 어린 남자와 겪은 관능적인 관계에 관해 쓴 《단순한 열정》을 출간했을 때[31] "남성들의 비평이 유난히 혹독했다"고 저자는 기억한다. "그들은 내게 심지어 '오바리 부인'이라는 우스꽝스러운 별명까지 붙였어요. 남자 작가라면 이런 유형의 비판은 결코 겪을 일이 없었을 겁니다! 남성은 열정에 대해 얼마든지 써도 성가신 꼴을 당할 일이 없죠. 하지만 여성은 아닙니다. 여성은 제자리를 지키고 사랑받아야만 하지요(아니면 사랑받지 못하든지요)."[32]

만화 《딸기와 초콜릿Fraise et Chocolat》 두 권이 출간되었을 때, 거의 15년이 지났음에도 우리는 앞의 분석이 적확함을 여전히 확인할 수 있었다. 이 만화에서 오렐리아 오리타는 당시 그녀의 반려자였던 작가이자 출판인인 프레데릭 부알레Frédéric Boilet와의 성생활을 열정적으로 이야기했다.[33] 2014년에 전권이 출간되자 'ActuaBD' 사이트의 토론방은 즉각적인 비난의 반응으로 떠들썩했다. 어떤 이는 "자위하는 나르시시즘의 걸작"이라 비난하고, 거기에 또 어떤 이는 "그런데도 그림에 몸이 많지 않아서 그런 용도로 제대로 **쓰일** 수도 없어"라는 경멸조의 댓글로 응대한다. 정말 확실하게 남성적인(게다가 마초적인) 장르에 끼어든 여성의 개입을 마주하고 그들은 역정을 낸다.[34] 첫 번째 사람이 다시 말한다. "이걸 정말 만화라고 부를 수 있나?" 두 번째 사람이 단언한다. "오렐리아 오리타는 부끄러운 줄도 모르고 섹스에 대해 말하지만, 이 모든 게 하나도 자극적이지 않아. 아니면 눈을 감거나 엄청난 상상력이 필요해. 그래도 남성들이 묘사하는 여성의 고전적 이미지를 좋아하지 않는 페미니스트들의 마음에는 들겠지…." 어떤 이는 한술 더 뜬다. "당신들 의견에 동의합니다. 다만 페미니스트, 허영심에 찬 페미니스트가 아니라 진짜 페미니스트는 이런 종류의 글을 읽는 데 시간을 허비하지 않지요. 이건 완전히 시대에 뒤떨어진 겁니다." 요약하자면, 이 여성 작가는 건방지고, 자기중심적이며(한 마디로 여자라는 것…), '부끄러움'도 모르고, 그림도 못 그리는 데다가 자극적이지도 않다는 것이다. 어느 여성은 "쾌락과 성에 관해 이야기하는 여자는 2014년이든 2006년이든 언제나 이런 적대적인 반응을 만난다"고 한탄하며 이렇게 결론지었다. "이건 만화 이야기 아닌가. 모든 만화가가 발가벗은 여자들이 그득한 수첩을 가졌고, 정기적으로 섹스를 잔뜩 담은 책을 출간하지 않나. 이렇게까지 위선과 악의만 읽게 되다니 […] 정말이지 절망적이다."[35] 같은 시기에 《리베라시옹》은 프레데릭 부알레를 "《딸기와 초콜릿》에서 오렐리아 오리타의 성적 폭식의 대상"이었던 인물로 알려져 있다며 소개한다. 작가를 병리적으로 판단하고, 막연히 위협적인 인물로 만드는 놀라운 표현이다. 마치 이 두 권의 만화에서 진취적 기질과 성적 욕구가 대등하게 공유되고 있지 않기라도 한 것처럼.[36]

성적 환상을 품는 여성은 '괴물'

1973년, 미국에서 낸시 프라이데이는 미국에서 《나의 비밀 정원》을 출간했다. 그 책에서 익명의 미국 여성들은 자신의 환상과 그 환상이 그들의 성생활에 미치는 역할에 대해 말했다. 책의 서문에서 저자는 살면서 만난 남자들에게 매번 자신의 이야기를 털어놓는 위험을 무릅썼을 때마다 만났던… 상반된 반응을 이야기한다. 먼저, 어느 연인과 경험한 이 장면이 있다. 두 사람은 잘 통했고, 그녀는 그와 함께 지내며 성적으로 아주 자유롭다고 느꼈는데, 함께 침대에 있던 어느 날 저녁 그가 "무슨 생각해?"라고 물었을 때 그녀는 아무런 자기검열 없이 대답했다. 그리고 그녀는 그가 보인 반응에 아연실색했다. "그는 침대에서 나가더니 바지를 다시 입고 자기 집으로 돌아갔다."[37] 더 훗날,

그녀는 이 생각을 하며 사실 자신이 그동안 그의 환상에 동참했을 뿐이었다는 사실을 깨달았다. 이 경험에 혼이 난 그녀는 이후의 연인들에게는 침묵을 지켰고, 남편이 될 사람을 만났을 때 위험을 무릅쓰고 자신의 머릿속 무대에서 벌어지는 일을 다시 털어놓았다. "감탄과 호기심이 어린 그의 눈길이 내게는 구원과도 같았다. 나는 그가 나를 얼마나 사랑하는지, 그리고 그가 나를 사랑하기 때문에 내 삶을 풍요롭게 해주는 모든 것까지 사랑한다는 것을 깨달았다." 자신감을 되찾은 그녀는 자신의 소설에 여주인공의 에로틱한 몽상을 그린 장을 하나 집어넣었다. 하지만 출판사는 펄쩍 뛰었다. 그런 것을 넣으면 인물이 '괴물'처럼 보인다며 이렇게 반박했다. "이 여자가 함께 지내는 남자에게 그렇게 빠져 있고, 그 남자가 그렇게 성교를 잘하는데, 왜 이 여자는 이 모든 미친 짓을 생각하는 거죠? 왜 이 남자 생각은 안 하죠?"

그 후 그녀는 일부 남자들이 자기 배우자도 성적 환상을 품고 있다는 사실을 알게 될 때 느끼는 배신감과 공포를 자주 접했다. 그들 중 한 사람은 증언을 부탁하는 요청에 자기 배우자를 대신해서 편지를 쓴다며 자기 아내에게는 절대 아무런 성적 환상이 없다고 알렸고, 아내의 이름으로 편지에 서명까지 했다…. 이 일을 접하고 그녀는 마음속에서 화가 치밀었다. "남자는 자기 아내가 장에서 살 것들을 생각하는 동안 오르가슴을 가질 수 있잖나. 아니 그걸 더 선호하던가?" 그렇지만 마음이 가장 열린 남자들은 아내의 환상에서 그들의 성생활에 뜻밖의 활력을 얻는다. 한 여성은 이렇게 증언한다. "제 남편은 [제 환상에 대해] 알고 있고, 전적으로 인정해요. 때때로 그이가 아주 피곤

할 때는 제 환상에 기댄다는 느낌마저 들어요. 마치 내게 이렇게 말하는 것 같지요. '여보, 그게 어땠는지 떠올려봐, 그 환상 속으로 데려가봐.'" 또 다른 여성은 자신의 환상이 반려자와 자신에게 "훨씬 관능적인 시간을" 만들어주고, 그 시간이 새로운 환상을 위한 소재를 제공한다고 말한다. "돈을 은행에 맡겨두는 기분이에요."[38]

낸시 프라이데이는 온갖 말로 자신의 출판사에 응답할 수 있으리라는 것을 알았다. 이를테면 왜 남성의 욕망과 환상은 아무 곳에서나 펼쳐도 누구도 그것을 일탈로 보거나 거슬리는 일로 여기지 않는지 물을 수 있었을 것이다. "왜 헨리 밀러, 노먼 메일러나 D. H. 로렌스의 환상은 예술이 될 수 있다고 여기는지." 하지만 그녀는 아무 말도 하지 않았다. "전 애인의 거부처럼, 출판사의 은근한 암시도 나의 가장 민감한 지점을 건드렸다. 자신의 진정한 성적 '자아'에 무지한 여자들이 한없이 취약해지는 지점이다." 주변 사람들을 상대로 진행한 인터뷰와 언론 광고를 통해 여성의 환상들을 수집하려 한 그녀의 시도는 이 상호적 무지를 끝장내고, 여성들을 죄의식과 콤플렉스에서 벗어나게 할 목적이었다. 《나의 비밀 정원》은 여성들이 완전한 익명으로 자신을 대단히 효과적으로 오르가슴에 이르게 해준 시나리오들을 (혼자든 파트너와 함께든) 털어놓을 때, 그것이 낭만적이자 감상적인 성에 대한 차분한 표현과는 거리가 멀다는 것을 보여준다. 이중, 삼중의 삽입이 있고, 개가 있고, 당나귀도 있다…. 이는 나머지 시간에도 여성의 환상이 단지 남성의 검열만이 아니라 여성의 자기검열에도 제물이 된다는 사실을 추측하게 해준다. 평생 성폭력의 위험에 노출되기에 우리는 행여라도 빌미를 줘서 이런 말을 듣고 싶지 않은 것이다. "여자들은 이런 것 좋아하잖아"(환상이 현실과 혼동될 수 있기라도 한 것처럼, 혹은 쓰레기 같은 환상을 품으면 어떤 비열한 작자의 처분에 내맡겨져도 된다는 듯이).

그래도 20세기 프랑스 성애 문학에서 여성들이 자신의 사랑과 성 경험에 대한 말을 폭넓게 박탈당했다는 사실은 여전하다. 《에로스의 성》에 실린 문학의 깊은 원천들에 대한 분석(피에르 클로소프스키, 알랭 로브그리예, 조르주 바타유와 그 밖의 작가들)은 《동의》와 같은 유형의 안도를, 돌연하고 유익한 환멸을 낳는다. 바네사 스프링고라가 마츠네프를 상대로 했듯이, 안 마리 다르디냐는 몇 마디 말을 살포해 위압적이고 난공불락이길 바랐던 작품들을 말살한다. 그녀는 그 작품들에 표현된 깊은 수구적 성향을 까발린다. 그 작품들이 위반을 가장하고 가톨릭 도덕과 죄악에 대한 강박관념에 여전히 사로잡혀 있는 방식, 사랑과 죽음에 관해 늘어놓는 장광설의 의례적이고 인위적인 특징, 통제 불가능하고 주체할 수 없는 본성과 동일시되는 여성의 몸과 성기 앞에서 통제할 책임을 진 문명인으로서 그들이 느끼는 불안, 남자들 사이에서 통용 화폐로 전락한 '여성에 대한 결연한 거부', 특권적이고 반동적인 상류층에 뿌리내림 등…. 미국에서 케이트 밀렛은 1960년대 말에 헨리 밀러와 노먼 메일러의 소설에서 선택한 일부 장면들을 가차 없이 예리하게 분석하며 같은 작업을 주도했다.[39]

이런 작업은 계속되어야 한다. 이는 우리가 이성애적 성으로 여기도록 배우는 것이 사실은 '남성을 위한 또는 남성에 의한 성'임을 보여주는데, 우리의 눈은 그 차이를 분간하도록 훈련되어 있지 않다. 이 혼동은 여성의 문화적이자 경제적인 종속으로 길러져서 결국 배경 속에 녹아들어 자연스러운 것이 되고 말았다. 이를테면 나는 캐나다 작가 넬리 아르캉Nelly Arcan의 작품이 성애 문학으로 분류된 것을 보고 깜짝 놀랐다. 자신의 매춘 경험, 더 넓게는 여성으로 살면서 겪은 모든 경험을 환기하는 그녀의 책들은 끔찍한 절망을 표현하고 있고, 급기야 그녀를 자살로 이끌기까지 했는데 말이다. 소위 '프로섹스pro-sexe' 페미니즘과 '폐지주의abolitionniste' 페미니즘 또는 '급진적' 페미니즘 사이에 종종 자리 잡는 괴리에는 터무니없는 무언가가 있다. 결정적인 문제는 '섹스' 또는 '반反섹스'가 아니라 누구를 위한 섹스인지가 되어야 하지 않을까? 여성과 남성이 연루되는 어떠한 성적 상황에서도 우리는 그 상황이 남자 주인공의 욕망, 환상, 쾌락을 위해 존재하는 것은 아닌지 자문해볼 수 있을 것이다. 혹은 동등하게 여자 주인공의 욕망, 환상, 쾌락을 위해서도 존재하는지(여성의 헌신이라는 명령과 직결되어 여성들에게는 그저 '쾌락을 주려는 쾌락'만 가능한 것은 아닌지)도 물어볼 수 있을 것이다.[40] 그 결과는 아마 조금 참담할 것이다.

해리슨과 나

성애적 자유는 대체 어떤 모습일 수 있을까? 일평생 남성의 지배로 좌지우지되는 세상에 빠져 있으면서 우리의 것이라고 확신하는 욕망을 가지는 일이 가능하기나 할까? 어려서 나는 어른들이 저들끼리 정확히 무엇을 할 수 있는지 전혀 알지 못하면서도 환상을 만들어내는 작은 공장이었고, 그 환상은 어렴풋이 피학적 성향을 띠었고, 이미 남자아이들의 명백한 우위를 보였다. 그것을 다시 떠올리면서 나는 매료된다. 그것이 어디에서 왔을까? 나는 삶에 대해 아무것도 몰랐고, 겨우 이 행성에 막 도착한 참이었는데. 하지만 보아하니 나는 내가 처한 환경의 큰 법칙들을 어느 정도 이미 내면화하고 있었다. 마찬가지로, 예닐곱 살쯤에는 집에서 놀이방으로 쓰이던 작은 다락방에서 친구 J와 나는 똑같은 시나리오를 반복해서 연기하길 좋아했다. 나는 산책하려고 자기 집에서 밖으로 나오는 여자인 척했고, 친구는 나무 뒤에 웅크린 채 그녀를 염탐하고 있던 늑대 같은 남자였다. 내가 겨우 몇 걸음 '밖으로' 내딛자마자 친구는 내게 달려들어 나를 잡아먹으려고 쿠션 더미 위로 넘어뜨렸다. 나는 남성적인 것을 포식과 연계한 이 놀이가 아주 만족스럽다고 생각했다.

청소년기에 이러한 취향이 굳어졌다. 나는 배우 해리슨 포드가 〈스타워즈〉와 〈인디아나 존스〉에서 동시에 구현하던 유형의 남성성에 매료되었다. 〈제국의 역습〉에서 레아 공주가 우주선 한쪽을 수리하고 있을 때 한솔로가 불쑥 등장하는 장면이 있다. 한솔로는 레아 공주가 그를 좋아한다는 것을 은근히 털어놓게 만들고, 그녀가 맹렬히 거부하는데도 키스하는데, 그것이 내게는 낭만주의와 에로티시즘의 절정처럼 보였다. 나는 상대의 내면을 훤히 들여다보고 주도적으로 접근하는 남자라는 설정을 좋아했다. 이는 아마도 무엇보다 내가 나의 욕망을 말로 표현하거나 수용해야 한다는, 혹은 무언가를 내가 주도해야 한다는 생각을 하면 얼마나 **뻣뻣이** 굳었는지를 드러낸다(이전 장에서 언급한, 어느 구세주 같은 남자에게 부양받는 꿈이 이렇게 다시 등장한다). 블로거이자 유튜버인 조나단 매킨토시도 젊은 시절 자신을 해리슨 포드가 연기하는 인물들과 완전히 동일시하며 그의 영화들을 '수십 번' 보았다. 2017년 어느 동영상에서 그는 배우의 여러 '유혹 장면'이 (앞에서 인용한 영화들에서는 물론이고, 오랫동안 그가 가장 좋아한 영화였던 〈블레이드 러너〉에서도) 유사한 도식을 따른다는 것을 밝혔다.⁴¹ 여성 인물들이 순수한 거부를 할 수도 있다고는 생각지 못하는 주인공은 점차 그 여성들을 한정하고, 그들의 사적 공간을 침범해서 그들을 궁지로 몰아 그에게 양보하도록 만든다. 앞에서 말한 〈제국의 역습〉의 시퀀스는 〈인디아나 존스〉와 〈마궁의 사원〉에서 그 짝을 만날 수 있다. 윌리(케이트 캡쇼)가 더는 그를 견딜 수 없다며 "델리로 돌아가겠다"라고 통고하며 성난 얼굴로 돌아설 때 이 모험가는 채찍 끝으로 그녀를 끌어당겨 그녀에게 입을 맞춘다. 두 경우 모두, 희극적인 개입으로 키스는 중단된다. 〈스타워즈〉에서는 엉성한 로봇 Z-6PO(또는 C-3PO)의 개입으로, 그리고 〈인디아나 존스〉에서는 커플에게 물을 뿌리는 코끼리의 개입으로.

이 도식은 시나리오 작가들이 특히 그의 경우에 활용하고 남용했지만, 이것은 포드가 연기한 인물들에게만 한정된 것이 아니다. 이를테면 매킨토시는 〈007 스펙터〉에서 제임스 본드(다니엘 크레이그)가 남성적인 냉혹한 결단의 기호로 술잔을 바닥에 던져 깨뜨린 뒤 뒷걸음치는 루치아 시아라(모니카 벨루치)를 향해 서서히 다가가 그녀의 남편을 죽인 일이 얼마나 잘한 것인지를 설명하고는 거울을 등진 그녀에게 키스하는 장면에 주목한다. 이렇듯 이 영화들이나 다른 영화들을 통해, 나를 포함해서 수백만의 여성 관객은 야성적인 힘과 유혹의 협박을 연관시키는 법을 배웠다. 반면에 조나단 매킨토시를 비롯해서 수백만의 남성 관객은 여자들의 '아니요'는 차마 털어놓지 못하는 '네'이며, 여자들의 분노는 언제나 가식이고, 그들의 저주는 더 집요하게 공략하라는 초대를 의미할 뿐이라는 것을 배웠다. 요컨대, 나의 관능적 상상계는 (그리고 어쩌면 당신의 상상계도) 강간 문화에 토대를 두고 있다.

작가이자 행위예술가인 웬디 들로르므는 우리의 환상이 "인셉션"을 통해 생겨난다는 것을 확인한다. 그녀는 크리스토퍼 놀란 감독이 만들어 2010년에 개봉한, 같은 제목의 영화를 언급하며 이 영화의 주인공이 "한 주체의 잠재의식 속에 한 가지 생각을 마치 스스로 떠올린 생각처럼 여기도록 심어놓으라는 임무를 받는다"고 설명한다. 2013년에 쓴 어느 글에서 웬디는 열두 살쯤에 그녀에게 찾아온 한 가지 에로틱한 이미지의 원천으로 거슬러 올라간다. 침대에 발가벗고 누운 채 그녀는 한 주군을, 침실 문턱에 선 얼굴이 잘 분간되지 않는 한 남자를 상상했다. 남자는 천천히 다가왔다. "나는 침대에 묶여 있고, 몸에 얇은 천이 덮여 있는데, 남자가 천을 살며시 들추어 내 몸 위에서 미끄러져 떨어지게 한다. 나는 전율하고, 그 이상은 상상할 수가 없다. 그 나이에 나는 '다음이' 구체적으로 어떻게 진행되는지 알지 못했기 때문이다." 다만 서른 살이 지나서, 그녀의 어린 시절에 깊이 각인된 영화 〈앙젤리크, 후작부인Angélique, marquise des anges〉을 텔레비전에서 다시 보면서 그녀는 그 환상이 어디에서 왔는지 갑자기 깨달았다. 그 "주군"은 앙젤리크의 남편에게서 영감받은 인물이었다. 그녀는 영화에서 "여주인공이 여러 가해자에게 대략 20분 간격으로 강간당하던" 것을 그제야 떠올렸다. 이 영화에서도 강간은 여주인공의 깊은 욕망의 실현처럼 그려졌다. "한 남자가 그녀를 강제로 소유하려 할 때마다 그녀는 잠자리처럼 파닥이며 몸부림치다가 결국 굴복하는 모습으로 그려진다. 뺨에는 홍조를 띠고, 눈을 내리깐 채, 관능적인 포기처럼 보이는 자세로 기절한 모습이어서 대단히 선정적이다." 들로르므는 이 "문학과 미디어 산물의 바다"가 지닌 힘을 가늠하고, 그것이 "우리가 합의하고 갈망하는 성관계가 무엇인지 알기도 전에 우리의 관능적 상상계를 벼린다"[42]고 말한다.

우리의 환상이 아주 일찍부터 받은 문화적 영향으로 만들어졌다고 해서 그것이 대리석에 새겨졌다는 의미는 아니다. 처음 읽었을 때 《O 이야기》[43]는 나를 황홀경에 빠뜨렸다. 안 마리 다르디냐가 《에로스의 성》에서 그 작품을 다룬 분석을 읽고 나서 이 책을 다시 읽었을 때는 매혹은 사라지고 없었다. 가톨릭 종교의 독한 악취를 풍기는 희생의 신비주의에 나는 반감이 일었다(도미니크 오리는 자신이 '훌륭한 수녀'[44]가 되었을 거라고 자평했는데, 11년 전에 폴린 레아주의 이름으로 《O 이야기》를 쓰기 전에 《프랑스의 종교시 선집Anthologie de la poésie religieuse française》을 출간한 바 있다). 내게는 O의 어린아이 같은 여성성이 거슬렸고, 남자 인물들이 그녀에게 불러일으키는 헌신도 우스꽝스러워 보

였다. 나는 그녀가 그토록 고통받는 것이 불편했고, 그녀 자신의 쾌락
은 거의 한 번도 문제가 되지 않았다는 사실도, 그녀가 자위한다는 생
각에 '혐오감'을 느끼던 것도 거북했다. 나는 채찍의 매력을 한 번도
이해하지 못했지만, 이번에는 솔직히 속이 뒤집혔다(폴린 레아주는 "형
벌에 대한 좋은 아이디어를 얻는 데 신앙서만큼 좋은 게 없다"고 말했다[45]). 나
는 O가 두 남자 사이에서 "아마도 그 옛날, 그들이 젊은 시절에 여행
을, 배를, 말을 공유했듯이" 사물처럼 공유되는 것이 싫었다. "각 남자
가 그녀에게서 찾는 것은 상대의 흔적, 상대가 다녀간 흔적일 것이라
는"[46] 생각도 싫었다. 그녀의 육체적 소멸 속에서 정점으로 치닫는, 인
간성의 소멸이 갖는 숭고한 아름다움을 나로선 이해할 수 없었다. 나
는 이 이야기가 젖어 있는 반동적 분위기에, 음산한 엄숙에 충격받았
다. 폴린 레아주(도미니크 오리)에게 "억눌린 군인 성향"이 있다는 사
실을 알게 되면서 나는 놀라지 않았다. 그녀에게 몸은 "축소되고, 제
압되고, 통솔되는 무엇"[47]이라는 사실에도 놀라지 않았다. 한 마디로,
독서의 협정은 깨져 버렸다.

《주군의 여인》과도 그랬듯이 《O 이야기》와도 10년, 15년, 또는
20년이라는 시간 간격을 둔 다시 읽기는 나의 변화를 보여주는 지
표 구실을 한다. 그렇지만 나를 환상의 무인지대에 내던질 위험이 있
다. 나는 이제 그리 좋은 대중이 되지 못하고, 이제는 아무것에나 넘어
가지 않는다. 하지만 대체할 황홀경을 찾기가 어렵다. 에리카 러스트
Erika Lust의 페미니즘 포르노도, 그 행보에는 진심으로 감탄하지만,
내게는 그저 정중한 자극을 불러일으킬 뿐이다. 클레르 리샤르는 《욕

망의 길Les Chemins du désir》에서 같은 사실에 맞닥뜨린다. "그렇지만 이론으로 나는 완전히 동의한다. 나는 여성들의 자기 몸 재점유를 위해 투쟁하고, 친섹스주의자이고, 오비디Ovidie 감독에 감탄하고, 애니 스프링클Annie Sprinkle의 팬이고, 웬디 들로르므를 읽었다. 하지만 페미니즘 포르노는 내게 욕구를 불러일으키지 않는다. 말로는 아무리 떠들어도 어쩔 수 없이 나는 조건 지워져 있고, 주류 포르노에 젖어 있다. 지속 가능한 농업에 찬성하면서도 은밀히 버거킹의 트리플 와퍼를 좋아하는 격이다." 그녀의 친구 중 한 사람이 그녀에게 가능한 설명 한 가지를 넌지시 말해준다. "포르노는 위반과 연계되어 있고, 그래서 그렇게 끌리는 거야. 만약 그게 네 신념과 함께 간다면 더는 전혀 위반적이지 않잖아."[48]

위반은 환상의 필수 불가결한 요소일까? 낸시 프라이데이는 그에 대해 한결 폭넓은 정의를 제시한다. "나는 여성이 품는 환상 대부분은 여자로서 우리에게 금지되었던 모든 것, 우리가 성적으로 상상할 수 있는 전반에 대한 완전한 탐험의 정신적 필요를 드러낸다고 생각한다." 그녀의 책에서 증언하는 여자 중 한 사람인 메리 제인은 자위할 때 습관적으로 해변에서 혼자 거닐다가 옷을 홀딱 벗고 바다로 들어가 수영하고 햇볕 아래 발가벗고 누워서 미풍이 살갗에 스치는 느낌을 상상한다. 때때로 이 장면은 산의 폭포 속으로 옮겨 간다.[49] 그뿐이다. 어떤 경우, 위반의 요소는… 별것 아닐 수 있다. 확실한 것은 자기 상상에 고삐를 풀고, 모든 도덕적 고려를 일소하고, 자신의 정신이 어떤 어둡고 깊은 욕구에 응답하는 온갖 종류의 이미지와 시나리오를 만들도록 내버려두어야 한다는 것이다. 그렇게 해야 실제로 환상이 큰 폭의 위반을 내포할 수 있다.

다만 1000가지 형태의 가능한 위반이 있다. 우리는 우리에게 가장 적합한 형태의 위반을 고를 수 있다. 그렇게 나는 에리카 루스트의 한 작품을 보고 깊이 매료되었는데, 바로 〈세이프 워드Safe word〉다. 사도마조히즘 성향의 미니시리즈로, 여주인공은 고유의 인격, 고유의 시선, 고유의 욕망을 가지고 온전히 존재한다. 그녀의 일상과 직업 생활이 그려진다. 그녀는 적극적으로 쾌락을 추구하고, 이야기는 그녀의 관점에서 이야기되며, 포르노그래피 장면들은 무엇보다 그녀의 쾌락에 맞춰져 있다.[50] 달리 말해, 나는 O처럼 허깨비 입문자와 나를 동일시하지 않고도 나의 위반 적정량을 채울 수 있다. 게다가 우리가 위반을 찾을지라도 우리가 읽거나 보는 것 속의 무언가가 어쨌든 우리 안에서, 이런저런 방식으로(더없이 뒤틀린 방식으로라도) 쾌락의 개념에 호소해야 한다. 그리고 이 경향은 달라질 수 있다. 폴린 레아주의 세계에 대한 나의 감수성을 사라지게 한 변화가 보여주듯이.

'O' 또는 해적질 이야기

내가 거부하는 것은 완전히 무력한 존재로 전락하는 환상이 아니다. 《O 이야기》에서 내가 여전히 인정하는 것은 그 매혹하는 힘이다. 이 소설에서 내가 견디지 못하는 것은 오히려 그것을 둘러싼 모든 것이다. 오늘날 그것을 다시 읽어보니 무엇보다 나를 화나게 하는 것은, 이미 언급한 그 모든 것보다도, 장 폴랑이 그 책을 해적질한 방식이다. 그의 서문에는 영역 표시가 가득했다. 마치 그는 애인의 작품 주변 곳곳에 오줌을 싸둔 듯했다. 이를테면 그는 이 문장의 한 세부 사실에 감동한다. "르네가 그녀를 새로운 형벌에 처한 날 O는 연인의 실내화가 많이 닳아서 새 신발을 사야겠다고 관찰할 만큼 꽤 정신을 차리고 있었다." 그는 감탄한다. "이건 나로서는 거의 상상하기 힘든 것이다. 이런 것을 남자는 절대로 생각하지 못했을 테고, 적어도 차마 말하지는 못했을 것이다." 성적 예속과 하녀로서의 예속의 결합, 남성의 환상을 위한 이 궁극적 조합이 주는 희열(그가 쓴 서문의 제목은 "예속의 행복"이다). 사실 여성이 성애 문학에 크게 기여한 바에 경의를 표해야 했다. 채찍과 쇠사슬 틈에서도 용감해야 했으니 그 정신적 부담이 얼마나 컸을까…. 나는 장 폴랑의 산문(내가 가진 판본에서 이 텍스트는 여성 작가의 목소리를 지우고 뒤표지 글로 실려 있다)에서 발췌한 이 유명한 다른 문장을 다시 읽으며 이를 간다. 그는 희희낙락한다. "마침내 한 여자가 고백한다! 누가 무엇을 고백하나? 여자들이 언제나 부인해온 것(그러나 오늘 이후로는 그러지 못할 것). 남자들이 언제나 여자들에게 비난해온 것. 여자들이 자신의 피에 순종하길 그만두지 말라는 것. 그들 안의 모든 것이 성性이고, 정신까지 성이라는 것. 언제나 그들을 부양하고, 끊임없이 씻기고, 화장하고, 끊임없이 때려야 한다는 것. 여자들에겐 그저 좋은 선생이, 자기 선의를 경계할 선생이 필요하다는 것이다." 그리고 한 걸음 더 나아가 그는 이렇게 쓴다. "여자들은 일평생 적어도 우리의 어린 시절을 닮도록 태어났으니 말이다."[51] 어휴.

먼저 폴랑이 나섰고, 그 후엔 문화계와 언론계가 합세해서 이 소설을 반페미니스트적 생각의 일반화를 의기양양하게 퍼뜨리는 데 도구처럼 사용했다. 쥐스트 자캥Just Jaeckin(《엠마누엘》의 감독)이 이 소설을 각색해서 제작한 영화가 1975년에 개봉되자 《렉스프레스》지는 《O 이야기》를 일면에 실었다. 여배우 코린 클레리가 두 손을 머리 위로 올린 채 벗은 가슴을 드러내고 있고, 그 이미지 아래에는 폴랑의 말이 실려 있었다. "마침내 한 여자가 고백한다." 그리고 이런 설명이 붙어 있다. "아카데미 프랑세즈의 장 폴랑."[52] 여자들은 벗은 채 말없이 대중의 색욕에 제공되어 있고, 남자들은 아카데미에 있다. 페미니즘 운동이 한창이던 프랑스에서(그것도 세계 여성의 해에) 이렇게 각자 적절한 제자리를 찾았다. 잡지 안쪽 페이지에는 이 재앙 같은 서문의 또 다른 발췌문이 제사題詞로 실려 있다. "모든 것은 마치 세상에 어떤 불가사의한 폭력의 균형이, 우리가 그 취향과 감각까지 잃어버린 폭력의 균형이 존재하기라도 하는 것처럼 진행된다. 나는 그것들을 되찾는 것이 여자라는 사실에 화가 나지 않는다." 여성해방운동MLF (Mouvement de libération des femmes)의 활동가들은 《렉스프레스》를 급습해서 외친다. "우리 몸으로 돈벌이를 하지 말라!" "경찰이 강간을 옹호한다!"[53]

하지만 폴린 레아주(도미니크 오리)는 자기 작품의 정치적 활용에 직접적인 책임이 있다고 볼 수 없다. 1988년의 어느 인터뷰에서 그녀는 이 서문이 "책에 그다지 부합하지 않는다"고 판단했고, 폴랑이 스스로 좋아서 쓴 것이라고 슬며시 인정했다. "그가 취한 관점은 마음에 들었지만, 그것이 소설보다 더 논란이 된 건 안타까운 일이었죠."[54] 그녀는 출간하려고 쓰지 않았으며, 출간이 가능하리라고는 "단 1초도" 상상하지 않았다. 그리고 덧붙어 선명했다. "출간은 그가 바라는데, 나는 아무래도 상관없었기 때문이에요." 그녀는 《O 이야기》가 소설이 아니라 연인이 유일한 수신자인 "편지"라고 힘주어 말했다. "조금은 셰에라자드 같죠."[55] 그녀가 자기 방의 고독 속에서(폴랑은 결혼한 상태였고, 그녀는 이혼한 상태였다) 여러 여름밤 동안 그 책을 쓰며 느꼈을 열광을 이해할 수 있다. 그녀는 한 장章씩 써서 아침에 그에게 보냈다. 그리고 그것을 모아 아주 아름다운 이야기를 지었다. "하루가 끝나지 않을 것처럼 길었다. 아침 햇살이 엉뚱한 시간에, 전쟁의 마지막 잔해인, 먼지 뒤덮인 방공용 검은 커튼까지 파고들었다. 그러나 침대 머리맡 책상에 켜진 작은 등잔 밑에서 연필을 쥔 손은 시간도 빛도 신경 쓰지 않고 종이 위를 내달렸다. 여자는 어둠 속에서 사랑하는 남자에게 말하듯이 글을 썼다. 너무 오랫동안 억눌린 사랑의 말이 마침내 흘러넘쳤다. 그녀는 평생 처음으로 망설임 없이, 쉬지 않고, 수정도 없고, 폐기도 없이 숨 쉬듯, 꿈을 꾸듯 글을 썼다."[56]

사실 그렇다. 이 이야기로 그녀는 폴랑의 기대에 응답하고 싶었다. "사랑에 빠진 한 여자가 사랑한 남자에게 어느 날 말한다. 나도 당신 마음에 드는 그런 이야기를 쓸 수 있을 거야…."[57] 이 시도의 완전한 성공을 그는 이렇게 찬양한다. "O는 자기 방식으로 남성적 이상을, 혹은 적어도 이상적 남성을 표현한다."[58] 그러나 이 소설을 완전히 소외된 작품이라고 단언하는 것은 잘못된 생각일 것이다. 어쨌든 그녀가 무대에 올리는 것은 그녀의 아주 오래된 환상이다(열넷 또는 열다섯 살까지 거슬러 올라가는 환상). "정말이지 나는 이 이야기들을 그저 이야기해보리라 생각했고, 어쨌든 잠들기 위해, 잠들 때 나를 즐겁게 하려고 나한테 이야기하곤 했죠."[59] O가 가게 된 루아시 성은 그녀가 어린 시절에 자기 집 아래 존재한다고 상상한 지하실에서 영감을 받은 것이다. 실제로 O는 수동적이고, 말이 없고, 연인이 불러주는 말을 그저 따라할 뿐이다(아니면 '사랑해'라는 말을 그에게 속삭이거나). 하지만 폴린 레아주는 말을 한다. 그녀는 이 이야기를 짓고, 단어 하나하나를 선택한다. 비난할 거리가 많지만 《O 이야기》는 한 여자의 삶의 충동, 한 남자를 향한 여자의 사랑과 욕망의 표현이기도 하다. 인생은 짧으니, 살고, 사랑하고, 누려야 한다는 절박함은 자신의 상상계를 있는 그대로 발휘하도록 촉구한다. 그것이 수구적 교육의 온갖 잡동사니들로 혼잡할지라도.

게다가, 도미니크 오리는(공식적으로 그녀는 1994년 여든여섯 살이 되어서야 《뉴요커》 지면에서 자신이 폴린 레아주라고 밝힌다) 오늘날 카트린 밀레가 하듯이 공개적으로 한 번도 반페미니스트 입장을 취한 적이 없었다. 그녀는 여성해방운동(MLF)을 좋아하지 않았지만 "언제나 페미니스트였다고" 말했다. 1975년, 《O 이야기》가 여성에게는 "모든 것이 섹스"임을 입증한다고 말한 장 폴랑(1968년에 사망했다)의 선고에 대해 묻자 그녀는 살짝 불손하게 대답했다. "사실 남성에게도 내면의 모든 것이 섹스가 아니던가요?" 그러곤 덧붙였다. "에로티시즘이나 사랑이 문제 되기만 하면 남자들은 여자도 에로틱한 사물이 아니라 인간이라는 사실을 잊죠. 여자들이 그런다면 용서하지 않고 화를 내면서 말이죠."[60]

　세계적인 베스트셀러를 썼을 때조차 여자는 입에 재갈이 물리고, 억눌리고, 주변에서 과소평가될 수 있다는 것을 그녀의 경우가 보여준다. 도미니크 오리의 대담은 거의 존재하지 않는다. 그렇지만 갈리마르에서 1999년에 출간한 1988년의 대담에서 대담자는 그녀에게 거의 폴랑(그가 위대한 편집자인 것은 분명하지만 인상적인 작품을 남긴 건 없다)에 대해, 그리고 그녀가 25년 동안 갈리마르의 기획위원회에서 유일한 여자였기에 살면서 가깝게 지낸 다른 모든 위대한 남자들에 대해서만 물었다. 다음과 같은 주제에 관한 그녀의 전문성을 보여주도록 촉구한 것이다. "장 폴랑은 말할 때마다 일어선다고 들었는데요"(실제로 세상 사람들은 이것을 알고 싶어 한다)라거나 가스통 갈리마르에 대해 말해주길 바란다. "가스통은 실제로 어떤 사람이었어요?" 대담 117쪽 가운데 13쪽만 《O 이야기》에 할애되었다….[61] 도미니크 오리에게 '은밀함'의 '천성'을 부여하기란 쉽다. 가련한 사람, 그녀가 그런 천성을 좋아하는 게 나았을 텐데! 마치 그녀에게 선택의 여지를 주기라도 듯이 말이다! (게다가 가명의 은밀함이 매혹적이긴 해도. 알베르 카뮈가 그녀 앞에서 《O 이야기》를 여성이 쓰는 것은 불가능하다고 선언하는 말을 들었을 땐[62]… 상당히 짜릿했겠다….)

독인가… 해독제인가?

남자들의 환상이 더 진정으로 자신들의 것인지는 확실치 않다. 이 또한 그들을 언짢게 할 수 있다. 하지만 적어도 남성의 지배로 주입된 환상은 여성들의 경우와 같은 마조히즘 요소를 끌어들이지 않는다. 남자들은 자신의 일부가(가장 내밀하고 가장 비밀스러운 일부, 쾌락과 만개를 좇는 탐구와 관계있는 일부) 자신을 억압하는 질서의 공범이라는 데서 오는 불쾌한 감정과 맞닥뜨리지 않는다. 클레르 리샤르의 머릿속에 들어서는 '낯선 목소리'는 이 혼란을 잘 요약한다. "아니 너는 어떻게 페미니스트이면서 여자들이 개처럼 취급되는 이야기들에 자극받을 수 있는 거야? 어떻게 너는 크리스틴 델피를 읽고, 사람들이 너를 창녀로 다뤄주길 꿈꿀 수 있어? 대체 너는 뭐가 문제야? 나한테 모니크 위티그를 다시 읽어줘. 더 빨리."[63] 웬디 들로르므는 이러한 걱정스러운 분열과 유사한 사태를 마주하고 수치심을 갖는 것도, 감내한 조건에 대해 비난받는 것도 절대적으로 거부한다. 자신이 난교파티 한가운데 자리한 장면을 묘사한 뒤 그녀는 이렇게 결론짓는다. "나는 전혀 죄의식이 없어요. 이 환상이 없다면 어쩌면 나는 쾌락을 누리는 데 20분 넘게 걸렸을 테고, 어쩌면 쾌락을 누리지 못했을지도 모르니까요." 그리고 그녀는 무엇이 그녀에게 쾌락을 주는지 의식해도 그것은 "세상이 잘못되었고, 억압의 세기는 60년의 페미니즘에도 지워지지 않으며, 내가 아닌 다른 사람들이 내 몸을 위해 만들어놓은 정신적 우리 밖에서 환상을 품을 능력이 내게 없다는 것을 말해주는 징후"[64]일 뿐이라고 덧붙여 말한다.

하지만 이 문제를 해결한다고 모든 것이 해결되는 것은 아니다. 그렇다, 이건 우리의 잘못이 아니다. 그래서 심각한가? 그것은 우리가 함께 살 수 있는 무엇인가? 아니면 바꾸도록 시도해보아야 할 무엇인가? 그것이 중대한 결과를 낳는가? 아닌가? 그것이 우리도 모르게 우리에게 해를 끼치는가? 1983년 성해방에 대해 하는 말을 듣고 화가 치민 오스트레일리아계 영국인 페미니스트 린 시걸은 "강렬한 마조히스트 환상 덕에 오르가슴을 느낄 수 있다는 것은 해방의 취향이 아니"라고 평가했다. 그리고 사람들은 어쨌든 그녀에게 '환상은 시간과 더불어 변하니 걱정하지 말라'고 말하지 않는다. "시간과 더불어 변하는 것, 마조히스트 환상이 하지 않는 게 바로 그것이다. 대개 그것들은 우리가 일상에서 힘과 자주성을 점점 더 획득해도 살아남는다." 그녀 자신도 그것들에, "그리고 그것들이 초래하는 연인과의 단절에 분노를 느낀다"고 말한다. "그 연인들은 적어도 근래에 내가 바랄 수 있을 만큼 주의 깊고, 다정하고, 육체적으로 자극적이기에." 그녀가 두려워하는 것은 이 환상들이 실제적 종속을 조장하는 일이 아니라(그녀는 그렇게 믿지 않는다), "그것들이 파트너를 보조자로 만들고, 섹스를 자위로 깎아내리는"[65] 일이다.

우리가 자신의 신념과 상상의 갈망 사이의 명백한 모순을 평온하게 받아들일 수 있다고 생각하는 사람들도 있다. 2010년과 2012년 사이에, 미국인 작가 셰릴 스트레이드(《와일드》[66]의 저자)는 익명으로 한 친구의 문학 사이트에서 "디어 슈거Dear Sugar"라는 제목을 단 연애상담

란을 맡아 운영했다. 그녀는 역시나 익명의 서신 상대가 그녀에게 털어놓는 온갖 종류의 딜레마에 대답했다. 그 교류는 한 권의 책에 담겼다.[67] 스스로 "강하고, 자립적이며, 페미니스트"라고 규정하는 서른네 살의 이성애자 여성이 보낸 편지엔 이런 제목이 달렸다. "저는 음산한 생각에 흥분해요." 편지를 쓴 저자는 자신의 환상이 근친상간으로, 난폭하게 붙들려 굴복당하는 쪽으로 향한다고 설명한다. 그것이 부끄러웠는데, 그녀가 여덟 살 때 자동차 사고로 돌아가신 아버지가 그녀에게 "살짝 도를 넘는" 모습을 보였기에 더욱 그랬다. 그녀는 그런 생각을 어떻게 해야 할지, "받아들여야 할지 아니면 맞서 싸워야 할지" '슈거'에게 물었다. 그리고 자신은 "침실 밖에서" 이루어지는 균형 잃은 강제적 관계를 싫어하며, 사도마조히즘에는 관심이 없고, 자신이 침대에서 경험하고 싶은 유일한 지배 형태는 "거의 오직 대화 방식"일 거라고 설명한다.

셰릴 스트레이드는 먼저 그것이 정상적인 환상이라며 그녀를 안심시킨다. 그리고 그녀의 가족 이야기의 무게를 과소평가하지 말고, 그것을 알아보도록 심리치료를 받아보라고 조언한다. 그러면 그녀의 환상이 그것과 연관된 것인지 알게 되리라고 말한다. 그녀 자신도 그것이 가족 문제와 관계가 있으리라고 생각하지만 어떤 경우에도 자신이 누군가에게 강간당하기를 바라거나 바랐다는 의미는 결코 아니라고 생각한다. "그보다는 차라리 당신이 무언가를 잃었음을 의미하거나, 당신이 어느 장소에서 상처를 입었는데 당신의 성적 욕망이 어쩌면(단지 어쩌면!) 그걸 되찾거나 바로잡으려 한다는 의미일지도 모릅니다."

그러니 그녀는 그것 때문에 겁내지 말라고 조언한다. "환상의 원리는 그것이 **거짓**이라는 데 있습니다. 어떤 환상이 무대에 올려질 때 그것은 동의한 성인 사이에서만 환상이 되지요. 강간당하는 것과 누군가에게 당신의 옷을 강제로 벗기고 성교해달라고 요구하는 것 사이에는 엄청난 차이가 있어요." 그녀는 힘주어 말한다. "당신은 하고 싶지 않은 것을 하도록 강요당하고 싶은 게 아니에요. 오히려 반대를 원하죠. 누군가 당신에게 해주면 싶은 것을 해주길 바라지요." 위험할 것이 전혀 없다는 사실을 설득하기 위해 그녀는 앵글로색슨 세계에서 아이들이 즐겨 하는 '메리 워스Mary Worth' 또는 '블러디 메리'라고 부르는 놀이를 환기한다. 전설에 따르면, 메리는 끔찍한 상황에서 죽었다고 한다(그 상황은 이야기마다 조금씩 다르다). 놀이 의식은 거울 앞에 자리하고 이 인물의 이름을 일정한 횟수로 부르는 것이다. 그러면 피가 철철 흐르는 그녀의 얼굴이 거울 속에 나타날 텐데, 어쩌면 거울을 깨고 당신에게 달려들어 공격하고 죽일지도 모른다. '슈거'는 사연을 보낸 여성에게 거울 앞에 서서 일정한 횟수로 이렇게 말해보라고 조언한다. "거울이 깨지고 피가 흐르기 시작할까? 무시무시한 얼굴이 나타날까? 날카로운 비명을 내지르며 그 방에서 달아나게 될까? 아니길 바랍니다."[68]

우리 눈에 위험하고 수치스러워 보이는 시나리오들이 사실은 우리를 도우리라는 생각, 그 시나리오들에 치료의 기능, 해결의 기능이 있다는 생각은 한 가지 흥미로운 실마리를 품고 있다. 낸시 프라이데이는 말한다. "우리의 모든 환상 속에서 우리는 승리한다." 강간의 환상까지 포함해서. 그녀는 "이른바 '강간자'도 그저 성을 둘러싼 여성의 금기들로 가득한 삶 너머로 우리를 내던지기 위해 우리가 무대에 들여놓는 '데우스 엑스 마키나deus ex machina'일 뿐"이라고 말한다. 그 존재는 내가 앞에서 썼듯이 우리 욕망의 죄의식에서 우리를 해방한다. 게다가, 대개 그것은 완전히 비현실적인 강간에 대한 심상이다. 우리는 처음에는 강제로 당하고 나중에는 동의할 뿐 아니라 황홀경에 빠진다고 상상한다. 이런 시나리오들이 도무지 사실 같지 않고, 우리가 젖어 있는 문화적 산물들 곳곳에 편재한다는 것은 문제지만, 그것은 실제 마조히즘에 호소하는 것이 아니다. 그리고 심지어, 《나의 비밀 정원》에서 증언한 여자들 가운데 몇몇은 더 최악의 형벌로 가득한 환상을 품지만, 그 환상은 현실의 차원으로 치환하려는 어떤 욕망도 내포하고 있지 않다. "나는 내 환상 속에서 내게 일어나는 일을 혐오하지만, 그 환상들은 도무지 풀 수 없을 만큼 복잡한 방식으로 대단히 구체적인 나의 쾌락과 얽혀 있다"고 그들 중 한 사람은 말한다.[69]

어쩌면 여자들이 실제로 굴복당하고, 고문당하거나 강간당하는 욕망을 전혀 품고 있지 않다고 맹세할 때, 자신의 육체적, 정신적 온정성을 중시한다고 맹세할 때, 자신들이 독립적이고, 페미니스트라고 맹세할 때… 우리는 그 말을… 믿을 수도 있을 것이다. 어쩌면 우리는 우리 자신을 믿을 수도 있을 것이다. 우리의 환상들이 우리가 최고의 행복에 도달하려는 순간들에 형성되기 때문에 우리는 그것들이 우리 앞에 제기되는 온갖 어려움을 가능한 모든 수단을 동원해 평탄하게 만들려 한다고 생각할 수 있다. 그러니 그것들이 마조히스트 요소들을 우리도 모르게 스며드는 독으로서가 아니라, 해독제로 섞는 것은 아닐지? 환상들은 엄청난 유연성을 지녀서 손가락 한 번 클릭하는 순간에 나타났다가 우리를 만족시키지 못하면 금세 사라진다. 그것들은 실용적이어서 온갖 땔감을 가져다 쓴다. 우리는 그것들이 온갖 종류의 이질적 요소들을 뒤섞어 서로 녹아들게 한다고 가정해볼 수 있다. 우리가 실제로 살고 싶을 상황들에서 차용된 어떤 요소들, 낸시 프라이데이가 말하는 우리 욕망의 해방을 허용하는 술책들, 주술이나 보상과 관계된 다른 요소들을 말이다. 실제로 매일, 페미니스트가 아닌 여성조차 의식적으로든 아니든, 남성의 지배에 맞서 자신을 지키는 데, 그 지배와 타협하거나 맞서 싸우는 데 막대한 에너지를 써야 한다(이를테면 밤에 홀로 길거리를 걸을 때나 온갖 종류의 상황에서 경계를 게을리하지 않느라 말이다). 이것이 몹시 피곤한 일이라는 것은 짐작할 수 있다. 그리고 그것은 긴장을 낳기에 이따금 해결책이 필요하다.

때때로, 우리가 신념 있는 페미니스트이든 혹은 페미니스트라는 말을 거부하든, 어쩌면 남성 지배의 진창 속에서 즐겁게 뒹구는 귀엽고 작은 암퇘지가 될 필요가 있는지 모른다. 왜냐하면 그 흙탕물을 피하려고 내내 애쓰는 것이 너무 피곤한 일이기 때문이다. 한 남자 또는 여러 남자에게 굴복당하는 환상, 사람들이 우리 얼굴에 대고 퍼붓는 상스러운 말들을 받아들이고, 심지어 요구까지 하고, 우리가 끊임없이 위협받는 폭력을 상상으로 적극적으로 추구하는 데는 어쩌면 이 지배를 무력화하고 전복하려는 노림수가 숨어 있는지 모른다. 우리가 그런 폭력에서 쾌락을 맛본다고 상상한다는 것은 우리에게 나쁜 일이 전혀 일어날 수 없다는 것을 전제한다(환상의 세계에서만 일어날 수 있다). 우리의 정신은 이 술책을 활용해서 우리가 안전하며, 정복될 수 없다고 믿으려는 것이다.

이런 가설을 머리에 넣고 나는 전혀 다른 관점으로 위에서 이야기한 고찰들을 다시 읽었다. '크리스티 델피를 읽는 것'과 '사람들이 당신을 창녀로 다뤄주길 꿈꾸는 것'은 어떤 모순도 낳지 않고, 그저 성차별주의에 대한, 서로 다르면서 상호보완적인 두 개의 배출구를, 우리가 번갈아 사용하는 두 가지 심리 기제를 의미할지 모른다. 이것은 린 시걸이 지적했듯이 우리가 더 자유롭고 자주적으로 변해도 마조히스트 환상이 '달라지지 않는' 이유가 될 수 있다. 그 환상들이 사라지지 않는 것은 남성 지배가 사라지지 않았고, 우리가 그 지배에서 벗어나기 위해서는 그것들이 아직 필요하기 때문이다. 이것은 왜 레즈비언들이 이성애적 굴종의 환상을 품는지도 설명해줄 것이다(웬디 들로르므가 증언하듯이). 마찬가지로, 페미니즘 포르노가 우리를 완전히 설득하지 못하는 것은 그것에 주술의 기능이 없기 때문이다. 이것이 아마도 클레르 리샤르의 친구가 하고 싶었던 말일 것이다. 그것이 충분히 '위반적'이지 않다고 지적했을 때 말이다.

이것은 우리가 우리 자신의 정신적 안도를 위해, 다른 여자들이 착취당하고, 완전히 실제로 능욕당하는(참으로 끔찍한) 비디오를 실컷 본다는 의미가 아니다. 그렇기에 이를테면 일본 포르노 애니메이션 헨타이(클레르 리샤르는 이에 대해서도 언급한다[70])는 흥미롭다. 이 애니메이션에서 환상은 실제 여자들의 희생을 강제하지 않고 한 뇌에서 다른 뇌로 직접 건너간다. 모든 사실주의를 뛰어넘는 그런 초월은 무한한 가능성을 열기에 해방자가 될 수 있다. 강간당하는 데서 당신이 쾌락을 느끼는 것은 결코 수긍할 만하지 않지만, 어쨌든 당신이 우주의 촉수 괴물에게 잡혀가는 것도 결코 수긍할 만하지 않다. 이 모든 것이 순수한 허구라는 사실에 대한 확신이 필요하다면 당신은 그 확신을 가졌다. 지금 내가 폭력적인 포르노그래피 이미지들이 늘어나는 것이 나의 소원이라고 말하는 게 아니다. 하지만 그런 이미지들이 존재하는 것은 남성 지배가 존재하기 때문이다. 상황이 그러한 이상, 일부 여성은 그것을 방어 용도로 쓰게 될 수 있다.

우리의 일부 환상의 작용과 관련해서는 이 가설이 맞는지 모르겠다. 하지만 다른 설명들은 여성에 대한 오래된 편견과 너무 유사해 보여서 경계하지 않을 수 없다. 그것들은 우리의 깊은 이중성을, 우리의 근본적인 마조히즘을 드러낼 것이다…. 우리가 우리를 둘러싼 문화적 산물들에 오염되었을 것이라는 생각에 대해서는(웬디 플로르므가 말하는 '인셉션'), 우리의 뇌가 우리에게 최고치의 쾌락을 주려고, 우리가 가장 완전한 이완에 도달하게 하려고 애쓰는 순간들에 우리가 달갑지 않은 침투에 맞서 자기방어를 할 수 있다고 가정해야 하지 않을까? 우리가 조금은… 혼란스럽다고 여기는 방식들을 뇌가 사용하더라도 우리는 믿어야 하지 않을까?

〈제국의 역습〉에서 한솔로가 레아 공주 앞에 불쑥 나타난 장면이 나를 그토록 사로잡은 것은 어쩌면 강간 문화에 대한 내 정신의 취약성을 드러내는 것이 아니라 오히려 진짜 위협이 아닌 위협적인 태도가 스크린에 그려지는 것을 보는 내게 안도감을 주기 때문일지 모른다. 그 위협은 잘 생기고, 성적으로 매력적이고, '착한 사람들'에 속하는, 본질적으로 선의를 가진 사람의 것이다. 여자도 일어나는 일을 원했다. 그 장면은 무해하고 애처로운 그의 성격을 확인해주는 희극적인 색조로 끝이 났다…. 앞에서 썼듯이 어쩌면 나는 이 장면을 보면서 위협과 유혹을 연계시키는 법을 배운 게 아니라, 위협이 유혹으로 밝혀질 수 있다는 것을, 그렇게 뇌관이 제거될 수 있다는 것을 보고 안도했는지 모른다.

나는 그것이 필요할 수 있었다. 그 시절에 나는 이미 진짜 위협이 어떤 것인지 알았다. 열세 살에, 어느 날 나는 쉬는 시간에 중학교 복도에서 나보다 나이 많은 남자아이들 세 명에게 10미터를 질질 끌려간 적이 있다. 그 애들은 화장실에서 나를 강간하겠다고 외쳤다. 그 후 몇 주 동안 나는 옷장 선반에서 그날 입었던 스웨터(터키옥색 H&M 니트)를 혐오스럽게 쳐다보았고, 다시는 그 옷을 입지 않았다. 내가 의식적으로는 이런 일화들을 나의 사랑의 환상과 한 번도 연계하지 않았더라도, 그것이 완전히 분리되는 게 가능할까? 우선 〈제국의 역습〉의 그 장면은 끔찍하지 않다. 이성애 관계의 표상이라는 문제에서 우리는 좀 더 잘할 수 있고, 또 그래야만 한다. 하지만 나의 뇌가 나를 안심시키고 위로하기 위해 그것을 사용한다면 나는 그것을 원망하고 싶지 않다. 오히려 고마워하고 싶다.

게다가 우리가 온갖 종류의 허구 작품들에서 보거나 읽는 강간 문화에 젖은 장면들이 우리에게, 특히 우리가 어렸을 때, 우리의 꿈에 섞여들면서 엄청나게 영향을 미쳤을지라도 그것들이 정말 우리의 굴종 환상의 원천일까? 이미 말했듯이 나의 환상은 아주 일찍 시작된 것 같다. 사실 유치원(스위스에서는 '어린이 정원'이라고 부른다) 때부터인 것 같다. 그 시절 나는 읽을 줄도 몰랐고, 아직 텔레비전도 보지 않았다. 그런데도 내가 이미 남성 지배를 겪고 있었고, 그것이 낳는 정신적 긴장을 해결할 필요를 이미 느낄 수 있었을까? 흠, 지금에 와서 곰곰이 생각해본다. 같은 반의 남자 꼬마가 어느 날 내게 자기 아버지가 경찰관이어서 총을 가지고 있으며, 나를 죽이려고 우리 집에 찾아올 거라고 말했던 일이 기억난다. 나는 그것이 사실이라고 믿었고, 아무도 나를 보호해주지 못할 거라고 믿었다. 나는 공포에 사로잡혔다. 그래서 울음을 터뜨렸고, 집으로 돌아와서도 저녁 내내 무서워서 떨었다. 남자를 권력의 지위에 두는 나의 환상은 이런 유형의 공포와 상관있고, J가 내게 달려들어 잡아먹으려 했던 놀이의 목적도 내가 느꼈던 위협을 제어하며(그것을 놀이로 만들어) 길들이게 해주려던 것이 아닐까? 이는 그 놀이가 내게 안기는 강렬한 만족을 설명해줄 것이다.

이 분석이 맞다면, 장 폴랑이 《O 이야기》에서 여성의 '노예' 천성에 대한 '고백'을 본다고 생각하면서 범한 오류를 가늠할 수 있다. 폴린 레아주는 아무것도 고백하고 있지 않다. 폴랑 유형의 남성우월주의자들이 그녀를 진절머리 나게 한다는 것을 은근히, 별도로 고백하고는 있지만. (그녀는 남자들을 비열한 인간으로 그렸다고 비난하는 어느 남성 독자에게 성난 편지를 받고서 자신의 소설이 "남자라는 인종에 대해 전반적으로 복수"[71]하는 한 방식이었다는 것을 뒤늦게 깨달았다고 말했다. 따라서 우리는 그녀 역시 지배에 대한 경험이 만든 긴장을 해결할 강력한 필요를 느꼈으리라고 가정해볼 수 있다.) 자기 연인의 내밀한 상상의 산물을 공유물처럼 바꿔놓고, 널리 전파되는 책으로 바꾸고, 반페미니즘 용도로 쓰기 위해 문자 그대로 강탈해서 일상의 성차별주의의 거대한 장치에 자양분으로 제공한 폴랑은 자신도 모르게 거대한 오해의 조종자이면서 동시에 피해자였을 수도 있다. 마찬가지로, 우리가 처음에는 발버둥치다가 나중에는 발을 딛고서는 '강간' 시나리오는 우리 뇌의 비밀 속에서 섹스에 관한 우리의 금기들을 제거하게 해주고, 그것이 어떤 문화 작품에 동화되었을 때, 그 의미와 기능이 완전히 달라지고, 여자가 '아니'라고 말할 때 머릿속으로는 '그래'라고 생각한다는 생각에 신빙성을 부여한다.

우리가 입 다물게 하고, 묻어버리고, 신망을 떨어뜨리는 목소리들만 있는 것은 아니다. 우리가 왜곡하고, 사용하고, 배반하고, 더 크게 말해서 덮어버리는 목소리들도 있다. 장 폴랑이 폴린 레아주에게 한 것이 바로 그렇다고 생각하는 내가 틀렸을까? 나는 모르겠다. 그래서 인용해본다.

> 여자들은 수천 년째 말이 없다. 조심하느라 말이 없고, 정숙하느라 말이 없다. 모두가 머릿속에는 사랑의 세계를 하나씩 갖고 있지만, 물론 그것이 꼭 O의 세계는 아니다(심지어 O의 세계가 그들에게는 끔찍할 수 있다). 하지만 그들은 모두 하나의 세계를 품고 있다. 입을 다물 뿐이다. 이제, 끝났다. 여자들은 말할 것이고, 말하고 있다.[72]

점점 더 크게 말할 여자들이 점점 더 많아지리라고 희망하자. 그리고 그들의 목소리가 마침내 우리가 사랑이라고 부르는 것의 정의 속에 온전히 자리를 잡으리라고 희망하자.

주

서문 오아시스라는 착각

1 〈A Lady Comes to her Lover's House in a Rainstorm〉, 에드윈 비니 3세 컬렉션, 샌디에이고 미술관, 1830년.

2 (옮긴이주) 인도의 전통 여자 의복.

3 Alain Badiou (avec Nicolas Truong), *Éloge de l'amour*, Flammarion, Paris, 2009 〔알랭 바디우, 조재룡 옮김, 《사랑 예찬》, 길, 2010〕.

4 Annie Ernaux, *Passion simple*, Gallimard, Paris, 1991 〔아니 에르노, 최정수 옮김, 《단순한 열정》, 문학동네, 2012〕.

5 (옮긴이주) 샤를 페로의 동화 엄지 동자le Petit Poucet에 나오는 마법의 장화. 리외lieue는 프랑스에서 예전에 쓰던 거리의 단위로 약 4킬로미터다.

6 (옮긴이주) 거위 게임은 두 명 이상이 참여해 한 개 또는 두 개의 주사위를 굴려 해당하는 여러 단계에 따라 트랙 위의 말을 움직이는 보드게임이다. 이 게임의 목적은 여관, 다리, 죽음 같은 장애물을 피하면서 경쟁자들보다 먼저 거위가 있는 63번 최종 칸에 도달하는 것이다.

7 출처: 사회 단체 〈현 반려자나 전 반려자에 의한 여성살해Féminicides par compagnon ou ex〉.

8 Cristina Nehring, *A Vindication of Love. Reclaiming Romance for the Twenty-First Century*, HarperCollins, New York, 2009.

9 (옮긴이주) 마거릿 풀러Margaret Fuller는 저널리스트, 평론가, 여성 인권 운동가로 여성의 사회적 역할을 미국에서 최초로 탐구한 책인 《19세기의 여성Woman in the Nineteenth Century》을 쓴 작가다.

10 Wendy Langford, *Revolutions of the Heart. Gender, Power and the Delusions of Love*, Routledge, Londres, 1999.

11 Cristina Nehring, *A Vindication of Love, op. cit.*

12 특히 빅투아르 튀아이용Victoire Tuaillon의 팟캐스트 〈탁자 위에 꺼낸 마음Le cœur sur la table〉(Binge Audio, 2021)을 들어볼 것.

13 Amandine Dhée, *À mains nues*, Éditions La Contre-Allée, Lille, 2020.

14 Liv Strömquist, *Les Sentiments du prince Charles* [2012], *I'm Every Woman* [2018] et *La rose la plus rouge s'épanouit* [2019], Rackham, Paris, respectivement 2016, 2018 et 2019.

15 (옮긴이주) 프랑스어로 '밀어내다, 물리치다'를 뜻하는 동사 '르푸세repousser'에서 유래한 회화 기법상의 용어로, 그림의 구성상 전경前景에 위치하여 관람자의 시선을 화면에 집중시키는 역할을 하는 인물이나 물체를 가리킨다.

16 (옮긴이주) 주마나 하다드Joumana Haddad는 레바논 출신 기자, 작가, 여성 인권 운동가다.

17 Fanny Arlandis, 'Joumana Haddad: "L'écriture a allégé le poids de mon identité"', *Télérama*, 6 octobre 2019.

18 '벨 훅스bell hooks'는 그녀의 필명인데, 그녀는 중요한 것은 책의 내용이지 작가라는 인물이 아니라는 것을 의미하기 위해 자신의 이름을 소문자로 써달라고 요청한다.

19 bell hooks, *Communion. The Female Search for Love*, Harper Perennial, New York, 2002 [벨 훅스, 양지하 옮김, 《사랑은 사치일까》, 현실문화, 2020].

20 벨 훅스, 《사랑은 사치일까》, 앞의 책.

21 Mona Chollet, 'Une vie à soi', *Sorcières. La puissance invaincue des femmes*, Zones, Paris, 2018 [모나 숄레, 유정애 옮김, 《마녀》, 마음서재, 2021].

22 Cristina Nehring, *A Vindication of Love, op. cit.*

23 bell hooks, *All about Love. New Visions*, Harper, New York, 2000 [벨 훅스, 이영기 옮김, 《올 어바웃 러브》, 책읽는수요일, 2012].

24 Patricia Mercader, Annik Houel et Helga Sobota, 'L'asymétrie des comportements amoureux : violences et passions dans le crime dit passionnel', *Sociétés contemporaines*, n° 55, 2004.

25 RTL 라디오 방송에서 1967년부터 1982년까지 〈여보세요, 므니Allô Menie〉라는 프로그램을 진행했는데, 1971년 3월 10일자 생방송의 제목은 〈동성애, 이 고통스러운 문제〉였으며, 동성애혁명 행동전선FHAR의 활동가들이 이때 자리해서 첫 번째 행동을 이끌었다.

26 Alice Coffin, *Le Génie lesbien*, Grasset, Paris, 2020.

27 Cité par Jane Ward, 'Sexual Cultures', *The Tragedy of Heterosexuality*, New York University Press, New York, 2020.

28 1970년 8월 26일, 파리의 개선문에 무명 병사의 아내를 기리며 꽃다발을 바침으로써 여성해방운동MLF의 탄생을 알린 아홉 명의 시위자 중 한 사람이다.

29 Emmanuèle de Lesseps, 'Hétérosexualité et féminisme', *Questions féministes*, n° 7, 1980.

30 Adrienne Rich, 'La contrainte à l'hétérosexualité et l'existence lesbienne' [1980], in *La Contrainte à l'hétérosexualité, et autres essais*, traduit de l'anglais (États-Unis)

par Françoise Armengaud, Christine Delphy, Lisette Girouard et Emmanuèle de Lesseps, Éditions Mamamélis/*Nouvelles Questions féministes*, Genève/Lausanne, 2010.

31 ⟨스트레이트 마인드The straight mine⟩, 1979년 4월 뉴욕의 바너드대학에서 개최한 강연. Monique Wittig, *La Pensée straight* [1992], Éditions Amsterdam, Paris, 2018 (모니크 위티그, 허윤 옮김, 《모니크 위티그의 스트레이트 마인드》, 행성B, 2020).

32 Annick Cojean, 'Virginie Despentes : "Cette histoire de féminité, c'est de l'arnaque"', *Le Monde*, 9 juillet 2017.

33 hets_explain_yourselves

34 Jane Ward, *The Tragedy of Heterosexuality*, op. cit.

35 Marie-France Hirigoyen, *Femmes sous emprise. Les ressorts de la violence dans le couple*, Oh ! Éditions, Paris, 2005.

36 Jane Ward, *The Tragedy of Heterosexuality*, op. cit.

37 이 주제에 관해서는 다음을 참조할 것. Mélanie Gourarier, *Alpha Mâle. Séduire les femmes pour s'apprécier entre hommes*, Seuil, 'La couleur des idées', Paris, 2017.

38 Jane Ward, *The Tragedy of Heterosexuality*, op. cit.

39 가부장제란 남성이 모든 영역에서 권력과 권한을 행사하는 사회 조직 체계다.

40 Emmanuèle de Lesseps, 'Hétérosexualité et féminisme', art. cit.

41 Alice Coffin, *Le Génie lesbien*, op. cit.

42 Emmanuèle de Lesseps, 'Hétérosexualité et féminisme', art. cit.

프롤로그 순응주의와 허무주의 사이에서

1 Sally Rooney, *Normal People* [2018], L'Olivier, Paris, 2021 (샐리 루니, 김희용 옮김, 《노멀 피플》, 아르테, 2020).

2 벨 훅스, 《올 어바웃 러브》, 앞의 책.

3 André Gorz, *Lettre à D. Histoire d'un amour*, Galilée, Paris, 2006. (앙드레 고르스, 임희근 옮김, 《D에게 보낸 편지》, 학고재, 2007).

4 Benoîte Groult et Paul Guimard, *Journal amoureux, 1951-1953*, Stock, Paris, 2021.

5 Anne-Marie Dardigna, *Les Châteaux d'Éros, ou les infortunes du sexe des femmes*, Maspero, 'Petite collection Maspero', Paris, 1980.

6 (옮긴이주) 12~13세기 유럽에서 위세를 떨친 기독교 이단으로 극단적 금욕주의가

특징이다.

7 Denis de Rougemont, *L'Amour et l'Occident* [1939], 10/18, Paris, 2001 〔드니 드 루즈몽, 정장진 옮김, 《사랑과 서구 문명》, 한국문화사, 2013〕.

8 같은 책.

9 Albert Cohen, *Belle du Seigneur* [1968], Gallimard, 'Folio', Paris, 1998 〔알베르 코엔, 윤진 옮김, 《주군의 여인》 1·2, 창비, 2018〕.

10 드니 드 루즈몽, 《사랑과 서구 문명》, 앞의 책.

11 알베르 코엔, 《주군의 여인》, 앞의 책.

12 *Radioscopie*, France Inter, 2 avril 1980.

13 Anne-Marie Dardigna, *op. cit.*

14 Eva Illouz, *La Fin de l'amour. Enquête sur un désarroi contemporain*, Seuil, Paris, 2020 〔에바 일루즈, 김희상 옮김, 《사랑은 왜 끝나나》, 돌베개, 2020〕.

15 Clément Arbrun, 'Pourquoi les femmes souffrent du "caca-shaming"', Terrafemina, 20 septembre 2019. 〔똥가부장제라고 번역한 Patriarcaca는 가부장제를 뜻하는 patriarcat와 똥을 뜻하는 caca를 조합해서 만든 말이다.〕

16 *Idem.*

17 Sandra Lorenzo, 'Le désormais célèbre "rendez-vous Tinder caca" a eu son happy end', HuffPost, 13 septembre 2017.

18 Natasha Hinde, 'Elle tente de récupérer son caca chez son "match" Tinder et ça se termine très mal', HuffPost, 7 septembre 2017.

19 'Fariha Róisín, Writer' Into the Gloss, septembre 2019, http://intothegloss.com

20 *Radioscopie*, France Inter, 1er avril 1980.

21 Nancy Huston, *Professeurs de désespoir*, Actes Sud, Arles, 2004.

22 이 신념은 작가 알베르 코엔의 신념을 반영한다. 프랑스 앵테르 라디오 방송 〈라디오스코피〉(1980년 4월 4일)에서 코엔은 남성과 여성 사이에 "봉건적 관계"가 있는 것이 분명하다고 말했다. 그는 사람들이 '솔랄과 아리안'의 순서로 말하길 요구했다. "그렇다, 물론 남자부터다." 그는 마르그리트 유르스나르에 대해 이렇게 말해 마주 앉은 대담자 자크 샹셀을 화나게 했다. "난 (그 작가 작품은) 아무것도 안 읽었어요. 그녀는 너무 추해요. 그 끔찍한 몸에서는 결코 위대한 게 나올 수 없어요. … 그녀는 너무 뚱뚱해요. 게다가 여자를 사랑하잖아요. 이 모든 게 난 아주 불쾌해요."

23 이 주제에 관해서는 Dossie Easton et Janet W. Hardy, *La Salope éthique. Guide pratique pour des relations libres sereines* [1997], Tabou Éditions, Milly-la-Forêt,

2019 〔재닛 하디·도씨 이스턴, 금경숙·곽규환 옮김,《윤리적 잡년》, 해피북미디어, 2020〕을 참조하라.

24 Cristina Nehring, *A Vindication of Love, op. cit.* 조금 더 비판적인 시각을 보려면 다음을 참조하라. Julie Beauzac, *Frida Kahlo, au-delà du mythe*, 2/2, 'Vénus s'épilait-elle la chatte?' 26 février 2020, www.venuslepodcast.com

25 Cité par Jane Ward, *The Tragedy of Heterosexuality, op. cit.*

26 드니 드 루즈몽,《사랑과 서구 문명》, 앞의 책.

27 Judith Duportail, *L'Amour sous algorithme*, Éditions Goutte d'Or, Paris, 2019.

28 드니 드 루즈몽,《사랑과 서구 문명》, 앞의 책.

29 *Cf.* Mona Chollet, 'Éloigner les hommes et les femmes', in chapitre 'L'hypnose du bonheur familial', *Chez soi. Une odyssée de l'espace domestique* [2015], La Découverte, La Découverte Poche/Essais, Paris, 2018.

30 Marlène Duretz, 'Les nostalgiques du confinement rechignent à quitter leur cocon', *Le Monde*, 12 mai 2020.

31 (옮긴이주) 세르주 레즈바니Serge Rezvani(1928~)는 이란 출신의 프랑스인 작가, 작곡가, 가수, 화가다.

32 Gloria Campana, *L'Énigme Rezvani*, MC4 Production, 2003.

33 (옮긴이주) 복된 여자라는 뜻.

34 Rezvani, *Le Roman d'une maison*, Actes Sud, Arles, 2001.

35 Séverine Auffret, *Des blessures et des jeux. Manuel d'imagination libre*, Actes Sud, Arles, 2003.

36 앙드레 고르스,《D에게 보낸 편지》, 앞의 책.

37 Cf. Mona Chollet, '"Comme si ta vocation était de me conforter dans la mienne"', La Méridienne, 28 décembre 2017, www.la-meridienne.info

38 Cristina Nehring, *A Vindication of Love, op. cit.*

39 Grace Dent, 'Gwyneth Paltrow is right - living apart from my partner is like having my cake and eating it', *The Guardian*, 22 juin 2019.

40 Nancy Huston, *Journal de la création*, Actes Sud, Arles, 1990.

41 Cité par Cristina Nehring, *A Vindication of Love, op. cit.*

42 에바 일루즈,《사랑은 왜 끝나나》, 앞의 책.

43 Julia Sklar, 'When living apart keeps you together', Curbed, 12 février 2020, www.curbed.com

44 Voltairine de Cleyre, *Le mariage est une mauvaise action* [1907], Éditions du

Sextant, Paris, 2009.

45 *Idem.*

46 (옮긴이주) 지젤 알리미Gisèle Halimi(1927~2020)는 인권 변호사이자 20세기를 대표하는 페미니즘 운동가다. 《여성의 대의》의 저자이기도 하다.

47 Evelyne Le Garrec, *Un lit à soi*, Seuil, Paris, 1979.

48 Julia Sklar, 'When living apart keeps you together', art. cit.

49 모나 숄레, 《지금 살고 싶은 집에서 살고 있나요?》의 〈5장 하녀의 변모〉와 〈6장 행복한 가족이라는 환상〉이라는 제목의 장을 참조할 것. 그리고 《마녀》의 〈1장 자기만의 인생〉 중 〈흐릿하게 지워진 여성〉을 참조하라.

50 @taspensea, Instagram, 5 mars 2021.

51 Marie-Carmen Garcia, *Amours clandestines. Sociologie de l'extraconjugalité durable*, Presses universitaires de Lyon, Lyon, 2016.

1장 사랑받으려면 '스스로 작아져야' 하나?

1 'Non, Nicolas Sarkozy n'a pas été retouché pour apparaître plus grand', *Paris Match*, 4 juillet 2019, www.parismatch.com

2 Pauline Thurier, 'Pourquoi la une de Paris Match avec Nicolas Sarkozy et Carla Bruni pose problème', *Les Inrockuptibles*, 5 juillet 2019, www.lesinrocks.com

3 Manon Garcia, *On ne naît pas soumise, on le devient*, Climats/Flammarion, Paris, 2018 [마농 가르시아, 양영란 옮김, 《여성은 순종적으로 태어나지 않는다》, 에코리브르, 2022].

4 Katrin Bennhold, 'Keeping romance alive in the age of female empowerment', *The New York Times*, 30 novembre 2010.

5 Nicolas Herpin, 'La taille des hommes : son incidence sur la vie en couple et la carrière professionnelle', *Économie et Statistique*, juin 2003.

6 Daphnée Leportois, 'Pourquoi on voit si peu de couples où l'homme est plus petit que la femme', Slate.fr, 23 août 2019.

7 *Idem.*

8 Véronique Kleiner, *Pourquoi les femmes sont-elles plus petites que les hommes ?*, Point du jour, 2013.

9 Priscille Touraille, *Hommes grands, femmes petites : une évolution coûteuse. Les régimes de genre comme force sélective de l'adaptation biologique*, Éditions de la Maison des sciences de l'homme, Paris, 2008.

10 Véronique Kleiner, *Pourquoi les femmes sont-elles plus petites que les hommes?*, *op. cit.*

11 Cf. Mona Chollet, section 'Femmes et nourriture, un rendez-vous toujours manqué', *Beauté fatale. Les nouveaux visages d'une aliénation féminine* [2012], La Découverte, 'La Découverte Poche/Essais', Paris, 2015.

12 Cité par Peggy Sastre, 'Si les femmes sont plus petites que les hommes, ce n'est pas à cause du steak', Slate.fr, 22 décembre 2017. Cf. aussi Philippe Huneman, 'Sur une polémique concernant une hypothèse relative au dimorphisme sexuel de la stature chez les humains', 3 mai 2020, https://philippe-huneman.medium.com

13 Cf. Mona Chollet, *Beauté fatale*, *op. cit.*

14 모나 숄레, 〈3장 정상에서 맛보는 도취〉, 《마녀》, 앞의 책을 참조할 것.

15 Noémie Renard, 'L'impuissance comme idéal de beauté des femmes', Sexisme et sciences humaines, 2 janvier 2016, https://antisexisme.net

16 Poppy Noor, 'What is "sexy baby voice"? We spoke to a sociologist to find out more', *The Guardian*, 26 février 2020.

17 'La voix neutre n'existe pas', *Parler comme jamais*, Binge Audio, 7 avril 2020.

18 Catherine Schwaab, 'Anna Mouglalis : le jour où "je décide de garder ma voix··· et trouve ma voie"', *Paris Match*, 6 novembre 2019.

19 Marie Piat, 'Photos : ces stars féminines trop musclées!', *Public*, 27 octobre 2013, www.public.fr

20 Géraldine Sarratia, 'Paul B. Preciado : "Ma masculinité dissidente est aussi délirante que la masculinité normale"', *Le goût de M*, 22 mai 2020, www.lemonde.fr

21 Alice Zeniter, *Je suis une fille sans histoire*, L'Arche, 'Des écrits pour la parole', Paris, 2021. 〔발자크의 작품 《파리 생활의 정경Scènes de la vie parisienne》의 일부가 인용되었다〕.

22 Cité par Erika Nicole Kendall, 'Female athletes often face the femininity police - especially Serena Williams', *The Guardian*, 14 juillet 2015.

23 George Butler, *Pumping Iron II. The Women*, White Mountain Films, 1985.

24 〈Feed the man meat〉, 1970년대의 호주축산공사(Autralian Meat and Livestock Corporation) 광고.

25 Gloria Steinem, 'The strongest woman in the world', *Moving Beyond Words. Age,*

Rage, Sex, Power, Money, Muscles : Breaking the Boundaries of Gender, Simon &
Schuster, New York, 1994.

26 Mathieu Palain et Cécile Laffon, *Des hommes violents*, épisode 3, France
Culture, 21 novembre 2019.

27 프랑스에서 남성들은 여성들의 평균 급여보다 22.8퍼센트 더 높은 급여를 받는다.
Cf. 'Les inégalités de salaires entre les femmes et les hommes : état des lieux',
Observatoire des inégalités, 25 mars 2019, www.inegalites.fr

28 Sendhil Mullainathan, 'The hidden taxes on women', *The New York Times*, 2
mars 2018.

29 Lauren Provost, 'Le divorce : la malédiction de l'Oscar, selon une étude
canadienne', HuffPost, 27 février 2012.

30 Olle Folke et Johanna Rickne, 'Top jobs lead to divorce for women, but not for
men', *LSE Business Review*, 11 juillet 2019, https://blogs.lse.ac.uk/

31 Raymond Fisman, Sheena Iyengar, Emir Kamenica et Itamar Simonson, 'Gender
differences in mate selection : evidence from a speed dating experiment', *The
Quarterly Journal of Economics*, vol. 121, n° 2, février 2006.

32 벨 훅스, 《사랑은 사치일까》, 앞의 책.

33 Sophie Fontanel, *Nobelle*, Robert Laffont, Paris, 2019.

34 (옮긴이주) 자기장이나 전기장의 크기와 방향을 보이는 선. 장의 세기는 이것의
밀도로 표시되고, 방향은 접선 방향이다.

35 에바 일루즈, 《사랑은 왜 끝나나》, 앞의 책.

36 (옮긴이주) 가소성이란 고체가 외부에서 탄성 한계 이상의 힘을 받아 형태가 바뀐 뒤
그 힘이 없어져도 본래의 모양으로 돌아가지 않는 성질을 말한다.

37 2017년 가을, 뉴욕 주재 프랑스 대사관 문화부에서 페미니즘을 주제로 스타이넘을
후견인으로 내세워 기획한 알베르틴 축제의 기념품이다.

38 에바 일루즈, 《사랑은 왜 끝나나》, 앞의 책.

39 'Le jour où Keanu Reeves a protégé Winona Ryder sur le tournage de Dracula',
Vanity Fair, 23 juin 2020.

40 Newsletter Slate x Titiou, 26 juin 2020.

41 *Cà vous*, France 5, 8 mars 2019.

42 Jean Duncombe et Dennis Marsden, 'Love and intimacy : the gender division
of emotion and "emotion work" : a neglected aspect of sociological discussion
of heterosexual relationships', *Sociology*, vol. 27, n° 2, mai 1993.

43 Jane Birkin, *Munkey Diaries* (1957~1982) et *Post-Scriptum* (1982~2013), Fayard, Paris, 2018 et 2019. 이어지는 모든 인용문은 이 책에서 발췌한 것이다.

44 (옮긴이주) 방부Bambou는 프랑스어로 대나무라는 뜻이다.

45 Pierre Loti, *Madame Chrysanthème* [1887], Flammarion, Paris, 1900. 이어지는 인용문들도 출처가 같다.

46 (옮긴이주) 기모노를 입을 때 옷을 여미고 장식하기 위해 쓰는 띠를 말한다.

47 미셸 브릭스는 쿠축 하넴이 나일강 서쪽 강변 "이집트 내륙의 에스나에 거주했다"라고 알린다. 이집트 정부는 매춘부들을 에스나로 내쫓았다. 그 시절에 그곳은 오늘날 말하듯이 '관광객을 위한 유흥지'가 되었다(Michel Brix, 'Flaubert et Kuchuk Hanem : un sonnet retrouvé', Centre Flaubert, http://flaubert.univ-rouen.fr).

48 Gustave Flaubert, *Lettre à Louis Bouilhet*, 13 mars 1850.

49 Edward W. Said, *L'Orientalisme. L'Orient créé par l'Occident* [1978], Seuil, Paris, 1997 [에드워드 W. 사이드, 박홍규 옮김, 《오리엔탈리즘》, 교보문고, 2015].

50 Gustave Flaubert, *Lettre à Louise Colet*, 27 mars 1853.

51 Louis Malleret, *L'Exotisme indochinois dans la littérature française depuis 1860*, Larose, Paris, 1934.

52 Elisa Camiscioli et Christelle Taraud, 'Économie politique de la sexualité coloniale et raciale', in Gilles Boëtsch et al., *Sexualités, identités & corps colonisés*, CNRS Éditions, Paris, 2019.

53 Serge Tcherkézoff, 'La construction du corps sexualisé de la Polynésienne', in Gilles Boëtsch et al., *Sexualités, identités & corps colonisés, op. cit.*

54 Jean-François Staszak, 'Paul Gauguin', in Pascal Blanchard, Nicolas Bancel, Gilles Boëtsch, Christelle Taraud et Dominic Thomas (dir.), *Sexe, race et colonies. La domination des corps du xve siècle à nos jours*, La Découverte, Paris, 2018.

55 Léo Pajon, 'Gauguin - Voyage de Tahiti : la pédophilie est moins grave sous les tropiques', *Jeune Afrique*, 21 septembre 2017.

56 Tarita Teriipaia (avec Lionel Duroy), *Marlon. Mon amour, ma déchirure*, XO Éditions, Paris, 2005.

57 Rokhaya Diallo et Grace Ly, 'La geisha, la panthère et la gazelle', *Kiffe ta race*, Binge Audio, 9 octobre 2018.

58 Catherine Durand, 'Grace Ly : "Je ne laisse plus rien passer"', *Marie Claire*, avril 2021.

59 Franchesca Ramsey, 'The weird history of Asian sex stereotypes', *Decoded*,

MTV, 25 mai 2016.

60 Jean-François Staszak et Christelle Taraud, 'Les nouveaux territoires de la sexualité postcoloniale', *in* Gilles Boëtsch et al., *Sexualités, identités & corps colonisés*, *op. cit.*

61 Clément Pouré, 'La Yellow Fever n'est rien d'autre qu'un fétichisme raciste', Vice.com, 5 juillet 2018.

62 Julien Brygo, 'Profession, domestique', *Le Monde diplomatique*, septembre 2011.

63 Robin Zheng, 'Why yellow fever isn't flattering : a case against racial fetishes', *Journal of the American Philosophical Association*, vol. 2, n° 3, automne 2016.

64 *Idem.*

65 Pauline Verduzier, 'Le problème avec les hommes qui n'aiment que les femmes asiatiques', Slate.fr, 19 janvier 2019.

66 "'They're all so beautiful" : seeking Asian female', YouTube, 27 mars 2013.

67 Marion Bottero, 'Le fantasme de la femme thaïlandaise et la crise occidentale de la masculinité', *Moussons*, n° 29, 2017.

68 (옮긴이주) 인종 간 성적 또는 연애 관계에 대한 개인의 선호를 의미하는 속어로, 특히 흑인 파트너에 대한 백인의 선호도를 의미한다.

69 'Vincent Cassel : "Les hommes ? On n'est un peu que notre bite…"', *Closer*, 9 février 2011.

70 Valentin Etancelin, 'Après les César, ce message de Vincent Cassel passe très mal', HuffPost, 3 mars 2020.

71 Dalia Gebrial, 'Decolonising desire : the politics of love', Verso, 13 février 2017, www.versobooks.com

72 Robin Zheng, 'Why yellow fever isn't flattering : a case against racial fetishes', art. cit.

73 Grace Ly, "'Je suis une femme asiatique et je n'en peux plus des hommes qui ne sortent qu'avec des Asiatiques'", *Elle*, 8 janvier 2019.

74 Cité par Marion Bottero, 'Le fantasme de la femme thaïlandaise et la crise occidentale de la masculinité', art. cit.

75 Adila Bennedjaï-Zou, *Heureuse comme une Arabe en France*, 'Épisode 3 : Les ambitieuses', *LSD, la série documentaire*, France Culture, 29 mai 2019.

76 Simone de Beauvoir, *Le Deuxième Sexe* (1949), tome I, Gallimard, 'Folio Essais', Paris, 2016 (시몬 드 보부아르, 이희영 옮김, 《제2의 성》 1·2, 동서문화사, 2017).

2장 남자, 진짜 남자

1 Shere Hite, *Women and Love. A Cultural Revolution in Progress*, Alfred A. Knopf, New York, 1987.

2 Lorraine de Foucher, 'Féminicides : "La logique patriarcale la plus pure se loge au cœur de l'intime"', *Le Monde*, 3 juin 2020.

3 *Cf.* Irene Zeilinger, *Non, c'est non. Petit manuel d'autodéfense à l'usage de toutes les femmes qui en ont marre de se faire emmerder sans rien dire* [2008], La Découverte, 'La Découverte Poche/Essais', Paris, 2018.

4 (옮긴이주) 글로리아 스타이넘의 《셀프 혁명》의 프랑스어 판본은 모나 숄레의 서문을 싣고 2023년 1월에 재출간되었다.

5 Lorraine de Foucher, *Féminicides*, France 2, 2 juin 2020.

6 에바 일루즈, 《사랑은 왜 끝나나》, 앞의 책.

7 judithduportail, 인스타그램, 2020년 12월 22일.

8 Liv Strömquist, *La rose la plus rouge s'épanouit*, *op. cit.*

9 Marie-France Hirigoyen, *Femmes sous emprise*, *op. cit.*

10 *Idem.*

11 모나 숄레, "여성이 말대꾸를 시작할 때", 〈정상에서 맛보는 도취〉, 《마녀》, 앞의 책을 참조할 것.

12 Marie-France Hirigoyen, *Femmes sous emprise*, *op. cit.*

13 *À contre-coups*, récits recueillis par Annette Lucas, photographies de Jane Evelyn Atwood, Éditions Xavier Barral, Paris, 2006.

14 *Idem.*

15 Marie-France Hirigoyen, *Femmes sous emprise*, *op. cit.*

16 Judith Duportail, *Qui est Miss Paddle?*, épisodes 5 et 6, Pavillon Sonore, 30 avril 2020.

17 Sophie Lambda, *Tant pis pour l'amour, ou comment j'ai survécu à un manipulateur*, Delcourt, 'Une case en moins', Paris, 2019.

18 Elisende Coladan, 'Pervers narcissiques ou enfants sains du patriarcat?', 1er mars 2019, www.therapie-feministe-elisende.com

19 Marie-France Hirigoyen, *Femmes sous emprise*, *op. cit.*

20 Annette Lucas et Jane Evelyn Atwood, *À contre-coups*, *op. cit.*

21 *Idem.*

22 Mathieu Palain et Cécile Laffon, *Des hommes violents*, épisode 2, France

Culture, 21 novembre 2019.

23 (옮긴이주) 누아르 데지르Noir Désir는 '검은 욕망'을 뜻하며, 1980년대부터 활동한 프랑스 록 밴드다.

24 'Affaire Bertrand Cantat : le document inédit', *Enquête exclusive*, M6, 24 novembre 2019.

25 Mathieu Palain et Cécile Laffon, *Des hommes violents*, épisode 1, France Culture, 21 novembre 2019.

26 기관의 대응은 매우 중요하다. 프랑스의 폭력적인 배우자의 재범률이 45퍼센트에 달하는 데 비해, 강력한 조치를 주창한 뢱 프레미오가 두에의 검사로 재임했을 때(2003년부터 2010년까지)는 재범률이 6퍼센트나 하락했다. 이 행정관은 이틀 간의 교정 시간은 아무 소용도 없다고 판단해서 최소 4개월의 교정을 강력히 권고했다(Flora Sauvage, 'Violences conjugales : "Beaucoup de femmes victimes vivent dans des camisoles de force qui entravent leurs libertés"', Public Sénat, 28 mai 2020, www.publicsenat.fr).

27 John Stoltenberg, *Refuser d'être un homme. Pour en finir avec la virilité* [1989], traduit de l'anglais (États-Unis) par Martin Dufresne, Yeun L.-Y. et Mickaël Merlet, Syllepse/M Éditeur, Paris/Québec, 2013.

28 Alexandra Lange (avec la collaboration de Laurent Briot), Acquittée, Michel Lafon, Paris, 2012.

29 Annette Lucas et Jane Evelyn Atwood, *À contre-coups*, op. cit.

30 Annik Houel, Patricia Mercader et Helga Sobota, *Crime passionnel, crime ordinaire*, Presses universitaires de France, 'Sociologie d'aujourd'hui', Paris, 2003.

31 '"Le crime passionnel n'existe pas en droit français"', *Elle*, 3 novembre 2017.

32 John Stoltenberg, *Refuser d'être un homme*, op. cit.

33 Alissa Wenz, *À trop aimer*, Denoël, Paris, 2020.

34 Lucile Cipriani, 'Mort de Marie Trintignant : nul n'a su contourner l'agresseur', *Le Devoir*, 3 septembre 2003.

35 Edward Podolsky, *Sex Today in Wedded Life. A Doctor's Confidential Advice*, Simon Publications, New York, 1947. Cité par Jane Ward, *The Tragedy of Heterosexuality*, op. cit.

36 Mathieu Palain et Cécile Laffon, *Des hommes violents*, épisode 1, op. cit.

37 Peggy Orenstein, *Girls & Sex. Une étude américaine* [2017], traduit de l'anglais (ÉtatsUnis) par Claire Richard, HarperCollins, Paris, 2018 (ici, la traduction est la

mienne) 〔페기 오펜스타인, 구계원 옮김, 《아무도 대답해주지 않은 질문들》, 문학동네, 2017〕.

38 Claire Fleury, "La première fois qu'il m'a frappée…", *Le Nouvel Observateur*, 7-13 juin 2007.

39 Marie-France Hirigoyen, *Femmes sous emprise, op. cit.*

40 Annette Lucas et Jane Evelyn Atwood, *À contre-coups, op. cit.*

41 Annik Houel, Patricia Mercader et Helga Sobota, *Crime passionnel, crime ordinaire, op. cit.*

42 Annette Lucas et Jane Evelyn Atwood, *À contre-coups, op. cit.*

43 Claire Fleury, "La première fois qu'il m'a frappée…", art. cit.

44 Anne-Sophie Jahn, 'Bertrand Cantat, enquête sur une omerta', *Le Point*, 29 novembre 2017. 2020년 1월, 캉타는 이 기사를 문제 삼아 일간지를 상대로 제기한 소송에서 패했다.

45 Cf. Alice Coffin, 'Libération est-il un allié contre le sexisme ?', 28 mai 2016, https:// alicecoffin.wordpress.com

46 Luc Le Vaillant, 'Non violente', *Libération*, 30 mars 2004.

47 'Affaire Bertrand Cantat : le document inédit', *op. cit.*

48 Alexandra Lange (avec Laurent Briot), *Acquittée, op. cit.*

49 Annette Lucas et Jane Evelyn Atwood, *À contre-coups, op. cit.*

50 *Idem.*

51 Sophie Lambda, *Tant pis pour l'amour, op. cit.*

52 Annette Lucas et Jane Evelyn Atwood, *À contre-coups, op. cit.*

53 Alexandra Lange (avec Laurent Briot), *Acquittée, op. cit.*

54 #NousToutes, formation en ligne sur les violences faites aux femmes, 30 mai 2020, www.noustoutes.org

55 Alexandra Lange (avec Laurent Briot), *Acquittée, op. cit.*

56 Mathieu Palain et Cécile Laffon, *Des hommes violents*, épisode 1, *op. cit.*

57 Isabelle Horlans, *L'Amour (fou) pour un criminel*, Le Cherche-Midi, Paris, 2015.

58 Sheila Isenberg, *Women Who Love Men Who Kill*, Simon & Schuster, New York, 1991.

59 Isabelle Horlans, *L'Amour (fou) pour un criminel, op. cit.*

60 *Idem.*

61 Sheila Isenberg, *Women Who Love Men Who Kill, op. cit.*

62 Isabelle Horlans, *L'Amour (fou) pour un criminel, op. cit.*

63 *Idem*.

64 Ann Rule, *Un tueur si proche* (1980), Michel Lafon, Paris, 2020 (ici, la traduction est la mienne).

65 (옮긴이주) 미셸 보주르는 '탈주의 왕'이라 불리는 범죄자다. 그가 탈주했을 때 만나 결혼한 나딘은 그가 다시 수감되자 헬리콥터 운전을 배워 1986년에 그를 라상테 감옥에서 탈주시킨다. 그는 다시 강도죄로 수감되고, 나딘은 책을 출간한다. 법학도로 법관이 되려고 꿈꾸던 자밀라는 나딘의 책을 읽고 보주르에게 편지를 쓰고 면회까지 한다. 미셸 보주르와 사랑에 빠진 자밀라는 1993년 그를 탈주시키려고 두 번이나 시도하지만 실패하고 수감된다.

66 Isabelle Horlans, *L'Amour (fou) pour un criminel*, op. cit.

67 Isabelle Horlans, *L'Amour (fou) pour un criminel*, op. cit.

68 Isabelle Horlans, *L'Amour (fou) pour un criminel*, op. cit.

69 Sheila Isenberg, *Women Who Love Men Who Kill*, op. cit.

70 "Oh c'mon please now / Talk to me /Tell me things I could find helpful…."

71 Anne-Cécile Sarfati, 'Guy Georges, l'aveu fait aux femmes', *Elle*, 2 avril 2001.

72 *Idem*.

73 Patricia Tourancheau, "'Avez-vous tué… ?' 'Oui'", *Libération*, 28 mars 2001.

74 Cité par Nathalie Malet, "'Il manque encore des réponses'", *Libération*, 28 mars 2001.

75 Cité par Patricia Tourancheau, "'Avez-vous tué… ?' 'Oui'", art. cit.

76 임시보호 가정에 맡겨진 아이들을 오랫동안 돌보아온 '지역사회위생국la Direction départementale des affaires sanitaires et sociales'을 의미한다.

77 Cité par Anne-Cécile Sarfati, 'Guy Georges, l'aveu fait aux femmes', art. cit.

78 Isabelle Horlans, *L'Amour (fou) pour un criminel*, op. cit.

79 RJ Parker, *Serial Killer Groupies*, CreateSpace, 2013.

80 Isabelle Horlans, *L'Amour (fou) pour un criminel*, op. cit.

81 *Idem*.

82 RJ Parker, *Serial Killer Groupies*, op. cit. 물론 이는 수감자의 반려자가 수행하는 역할에 관한 대단히 부분적이고 역설적인 관점이다. 이 조건을 감내하는 여성들이 겪는 어려움과 낙인과는 아주 먼 관점이다.

83 Isabelle Horlans, *L'Amour (fou) pour un criminel*, op. cit.

84 Gwen Gowen et Alexa Valiente, 'How a Florida woman and convicted serial killer on death row met and fell in love', ABC News, 21 août 2015.

85 Sheila Isenberg, *Women Who Love Men Who Kill*, op. cit.

86 Isabelle Horlans, *L'Amour (fou) pour un criminel*, op. cit.

87 Sophie Lambda, *Tant pis pour l'amour*, op. cit.

88 Isabelle Horlans, *L'Amour (fou) pour un criminel*, op. cit.

89 Annette Lucas et Jane Evelyn Atwood, *À contre-coups*, op. cit.

90 Alissa Wenz, *À trop aimer*, op. cit.

91 Robin Norwood, *Ces femmes qui aiment trop* (1985), traduit de l'anglais (États-Unis) par François Pontbriand et Renée d'Anjou, J'ai lu, Paris, 2013 (ici, la traduction est la mienne) 〔로빈 노우드, 문수경 옮김, 《너무 사랑하는 여자들》, 북로드, 2011〕.

92 @toilets_queens_berlin, Instagram, 3 décembre 2017.

93 Annik Houel, Patricia Mercader et Helga Sobota, *Crime passionnel, crime ordinaire*, op. cit.

94 (옮긴이주) 1979년에 결성된 프랑스의 2인조 록 밴드.

95 Hélène Châtelain, Claude Faber et Armand Gatti, 'Bertrand Cantat reste des nôtres', *Le Monde*, 16 août 2003.

96 Nelly Kaprièlian, 'Cantat, un héros romantique?!', *Les Inrockuptibles*, 3 septembre 2003.

97 Valérie Toranian, 'La mort de Marie', *Elle*, 11 août 2003.

98 *Cf.* Sébastien Fontenelle, Mona Chollet, Olivier Cyran et Laurence De Cock, *Les Éditocrates 2. Le cauchemar continue…*, La Découverte, Paris, 2018.

99 Bernard Comment, 'Je n'oublie pas qui est Bertrand Cantat', *Les Inrockuptibles*, 27 août 2003.

100 *Cf.* aussi Francis Dupui-Déri, 'La banalité du mâle. Louis Althusser a tué sa conjointe, Hélène Rytmann-Legotien, qui voulait le quitter', *Nouvelles Questions féministes*, vol. 34, n° 1, 2015.

101 Annik Houel, Patricia Mercader et Helga Sobota, *Crime passionnel, crime ordinaire*, op. cit.

102 *Cf.* 'Houellebecq et Les Inrocks : l'intégralité des épisodes de la série', *Les Inrockuptibles*, 4 janvier 2019, www.lesinrocks.com

103 Liv Strömquist, *Les Sentiments du prince Charles et I'm Every Woman*, op. cit.

104 Nelly Kaprièlian, 'Cantat, un héros romantique?!', art. cit.

105 Elizabeth Gilbert, *Comme par magie. Vivre sa créativité sans la craindre* [2015], traduit de l'anglais (États-Unis) par Pascal Loubet, Le Livre de poche, Paris,

2017 [엘리자베스 길버트, 박소현 옮김, 《빅매직》, 민음사. 2017]. 이 참고문헌을 비웃을 사람들에게는(엘리자베스 길버트는 베스트셀러 《먹고 기도하고 사랑하라》로 알려진 작가다) 그녀의 특별한 소설 《모든 것의 이름으로》와 탁월한 작품 《시티 오브 걸스》를 읽어보라고 조언하겠다.

106 Alissa Wenz, *À trop aimer*, *op. cit.*

107 엘리자베스 길버트, 《빅매직》, 앞의 책.

108 Mona Chollet, 'Machisme sans frontière (de classe)', *Le Monde diplomatique*, mai 2005.

109 Yann Perreau, 'Ali MacGraw & Steve McQueen lost story', *Elle*, 3 avril 2020.

110 Manou Farine, 'Miles Davis & Frances Taylor, kings of cool', *Elle*, 7 mai 2020.

111 (옮긴이주) 파랑돌farandole은 프로방스 지방의 가장 오래된 전통 춤곡이다.

112 Cité par Marie-France Hirigoyen, *Femmes sous emprise*, *op. cit.*

113 드니 드 루즈몽, 《사랑과 서구 문명》, 앞의 책.

114 벨 훅스, 《올 어바웃 러브》, 앞의 책.

3장 사원을 지키는 여자들

1 아니 에르노, 《단순한 열정》, 앞의 책.

2 Sonia Dayan-Herzbrun, 'Production du sentiment amoureux et travail des femmes', *Cahiers internationaux de sociologie*, vol. 72, janvier-juin 1982.

3 Cf. Mona Chollet, *La Tyrannie de la réalité* [2004], Gallimard, 'Folio Essais' Paris, 2005.

4 알베르 코엔, 《주군의 여인》, 앞의 책.

5 Sonia Dayan-Herzbrun, 'Production du sentiment amoureux et travail des femmes', art. cit. 〈기다리겠어요J'attendrai〉는 리나 케티(1938)의 노래인데, 달리다Dalida가 1975년에 다시 불렀다.

6 'L'amour c'est pas pour les garçons', *Les couilles sur la table*, Binge Audio, 1er décembre 2017.

7 앙드레 고르스, 《D에게 보낸 편지》, 앞의 책.

8 Shere Hite, *Women and Love*, *op. cit.*

9 Mona Chollet, *Beauté fatale*, *op. cit.*

10 Notamment Edgar Cabanas et Eva Illouz, *Happycratie. Comment l'industrie du bonheur a pris le contrôle de nos vies*, Premier Parallèle, Paris, 2018 [에바

일루즈·에드가르 카바나스, 이세진 옮김, 《해피크라시》, 청미, 2021〕; Julia de Funès, *Développement (im)personnel. Le succès d'une imposture*, Éditions de l'Observatoire, Paris, 2019.

11 벨 훅스, 《올 어바웃 러브》, 앞의 책.

12 'Reading is sexy', Konbini, 26 mai 2020.

13 Melody Beattie, *Vaincre la codépendance* [1991], traduit de l'anglais (États-Unis) par Hélène Collon, Pocket, Paris, 2011 〔멜로디 비에티, 김혜선 옮김, 《공동의존자 더 이상은 없다》, 학지사, 2013〕.

14 벨 훅스, 《올 어바웃 러브》, 앞의 책.

15 Samia Miskina, 'La culture du sexe sans engagement', Sexe Club, Spotify, 25 mars 2020.

16 http://lesrivieres.maihua.fr

17 Marie-Carmen Garcia, *Amours clandestines*, op. cit.

18 Jane Ward, *The Tragedy of Heterosexuality*, op. cit.

19 경제학에서 덤핑이란 가격을 깎거나, 투자자를 끌기 위해 환경친화, 사회보호, 급여 등의 분야에서 제약을 최소화하는 것이다.

20 *Cf.* Céline Bessière et Sibylle Gollac, *Le Genre du capital. Comment la famille reproduit les inégalités*, La Découverte, 'L'envers des faits', Paris, 2020. 부부 사이의 돈에 관해 다룬 티티우 르콕Titiou Lecoq의 팟캐스트, 〈돈을 돌려줘Rends l'argent〉, www.slate.fr.도 참조할 것.

21 Eva Illouz, *Pourquoi l'amour fait mal. L'expérience amoureuse dans la modernité*, Seuil, Paris, 2012 〔에바 일루즈, 김희상 옮김, 《사랑은 왜 아픈가 - 사랑의 사회학》, 돌베개, 2013〕.

22 Sonia Dayan-Herzbrun, 'Production du sentiment amoureux et travail des femmes', art. cit.

23 Wendy Langford, *Revolutions of the Heart*, op. cit.

24 에바 일루즈, 《사랑은 왜 끝나나》, 앞의 책.

25 'Quarante ans d'évolution de la société française', Insee, 19 novembre 2019.

26 Zohor Djider, 'Huit femmes au foyer sur dix ont eu un emploi par le passé', Insee Première, n° 1463, août 2013.

27 Dorothy C. Holland et Margaret A. Eisenhart, *Educated in Romance. Women, Achievement, and College Culture*, University of Chicago Press, Chicago, 1992. Les citations qui suivent en sont tirées.

28 Colette Dowling, *Le Complexe de Cendrillon. Les femmes ont secrètement peur de leur indépendance* [1981], traduit de l'anglais (États-Unis) par Marie-France de Paloméra, Grasset, Paris, 1982 [콜레트 다울링, 최영숙 옮김, 《신데렐라 콤플렉스》, 문학과현실사, 1982]. 이어지는 인용문들도 같은 책에서 발췌한 것이다.

29 E. L. James, *Cinquante Nuances de Grey* (2012), JC Lattès, Paris, 2012 [E. L. 제임스, 박은서 옮김, 《그레이의 50가지 그림자》 1·2, 시공사, 2012].

30 Marie-Carmen Garcia, *Amours clandestines*, *op. cit.*

31 Penelope Russianoff, *Why Do I Think I Am Nothing without a Man?*, Bantam Books, New York, 1982 [페넬로프 러시아노프, 한주연 옮김, 《남자 없이 잘 사는 여자, 못 사는 여자》, 책비, 2014]. 이어지는 인용문들도 이 책에서 발췌한 것이다.

32 Elisa Rojas, *Mister T. et moi*, Marabout, 'La Belle Étoile', Paris, 2020.

33 *Cf.* Claire Marin, *Rupture(s)*, Éditions de l'Observatoire, Paris, 2019.

34 Rupi Kaur, *Lait et Miel* [2015], traduit de l'anglais (Canada) par Sabine Rolland, Pocket, Paris, 2019 [루피 카우르, 황소연 옮김, 《밀크 앤 허니》 천문장, 2017].

35 Robert A. Johnson, *We. Understanding the Psychology of Romantic Love* [1983], Harper, San Francisco, 2009 [로버트 A. 존슨, 고혜경 옮김, 《We - 로맨틱 러브에 대한 융 심리학적 이해》동연출판사, 2008].

36 글로리아 스타이넘, 《셀프 혁명》, 앞의 책.

37 Évelyne Le Garrec, *Un lit à soi*, *op. cit.*

38 Sophie Fontanel, *L'Envie* [2011], J'ai lu, Paris, 2013.

39 Évelyne Le Garrec, *Un lit à soi*, *op. cit.*

40 Sophie Fontanel, *L'Envie*, *op. cit.*

41 페넬로프 러시아노프, 《남자 없이 잘 사는 여자, 못 사는 여자》, 앞의 책.

42 Samia Miskina, 'La culture du sexe sans engagement', Sexe Club, Spotify, 25 mars 2020.

43 Sophie Fontanel, *L'Envie*, *op. cit.*

44 Dorothy C. Holland et Margaret A. Eisenhart, *Educated in Romance*, *op. cit.*

45 페넬로프 러시아노프, 《남자 없이 잘 사는 여자, 못 사는 여자》, 앞의 책.

46 John Berger, *Ways of Seeing*, épisode 2, BBC, 1972 (le documentaire est disponible sur YouTube). En version livre : John Berger, *Voir le voir* [1972], traduit de l'anglais par Monique Triomphe, Éditions B42, Paris, 2014 [존 버거, 최민 옮김, 《다른 방식으로 보기》, 열화당, 2012].

47 Jenny Tinghui Zhang, 'That feeling when another woman hypes you up', The

Cut, 4 février 2020.

48 Jane Birkin, *Munkey Diaries, op. cit.*

49 "조쉬와 해변으로 놀러가다!I'm going to the beach with Josh and his friends!", 〈크레이지 엑스 걸프렌드〉 시즌1, 9화, The CW, 2016년 1월 25일. 이 시퀀스는 유튜브에서 볼 수 있다.

50 'Steinem and Smeal : why "Mrs. America" is bad for American women', *Los Angeles Times*, 30 juillet 2020.

51 Rupi Kaur, *Home Body*, Andrews McMeel Publishing, Kansas City, 2020.

52 @rupikaur_, Instagram, 26 février 2021.

53 페넬로프 러시아노프, 《남자 없이 잘 사는 여자, 못 사는 여자》, 앞의 책.

54 앙드레 고르스, 《D에게 보낸 편지》, 앞의 책.

55 Liv Strömquist, *Les Sentiments du prince Charles, op. cit.*

56 Emma, *La Charge émotionnelle et autres trucs invisibles*, J'ai lu, Paris, 2018.

57 Erin Rodgers, 'I want the term "gold digger" to include dudes who look for a woman who will do tons of emotional labour for them("나는 '골드 디거'라는 말에 그들을 위한 엄청난 감정노동을 해줄 여자를 찾는 남자들도 포함하길 원한다")', Twitter, 2 juin 2016.

58 Melanie Hamlett, 'Men have no friends and women bear the burden', *Harper's Bazaar*, 2 mai 2019. Cité par Jane Ward, *The Tragedy of Heterosexuality, op. cit.*

59 Cité par Wendy Langford, *Revolutions of the Heart, op. cit.*

60 Selon l'observation de Stéphane Rose, *En finir avec le couple*, La Musardine, ' L'Attrape-Corps', Paris, 2020.

61 Samia Miskina, 'La culture du sexe sans engagement', Sexe Club, Spotify, 25 mars 2020.

62 Samhita Mukhopadhyay, *Outdated. Why Dating Is Ruining Your Love Life*, Seal Press, Berkeley, 2011.

63 Travis L. Stork (avec Leah Furman), *Don't Be That Girl. A Guide to Finding the Confident, Rational Girl within*, Gallery Books, New York, 2008 [트래비스 스톡, 정경옥 옮김, 《연애 잘하는 여자는 1%가 다르다》, 웅진리빙하우스, 2008].

64 에바 일루즈, 《사랑은 왜 끝나나》, 앞의 책.

65 Samhita Mukhopadhyay, *Outdated, op. cit.*

66 에바 일루즈, 《사랑은 왜 끝나나》, 앞의 책.

67 Sara-Vittoria El Saadawi, 'Plus pute que toutes les putes : comment je suis entrée dans la prostitution gratuite', *Diacritik*, 28 novembre 2017, https://diacritik.com

68 Wendy Langford, *Revolutions of the Heart, op. cit.*

69 *Idem.*

70 *Idem.*

71 *Idem.*

72 Carol Gilligan et Naomi Snider, *Pourquoi le patriarcat?*, traduit de l'anglais (ÉtatsUnis) par Cécile Roche et Vanessa Nurock, Climats, Paris, 2019 〔캐럴 길리건·나오미 스나이더, 이경미 옮김, 《가부장 무너뜨리기》, 심플라이프, 2019〕(이어지는 인용문들도 마찬가지로 이 책에서 인용한 것이다). 또한 캐럴 길리건이 빅투아르 튀아이용과 나눈 대담도 들어볼 것. 'Ce que le patriarcat fait à l'amour', Les couilles sur la table, Binge Audio, 28 novembre 2019.

73 그중 한 명이 영화감독 셀린 시아마Céline Sciamma다.

74 (옮긴이주) 1858년에 창립된 프랑스 문구 회사.

75 캐럴 길리건·나오미 스나이더, 《가부장 무너뜨리기》, 앞의 책.

76 특히 시즌 4, 7화 "여행 가방The Suitcase"에서.

77 Shere Hite, *Women and Love, op. cit.*

78 Heather Havrilesky, "I only want to date men who've been through therapy !", The Cut, 3 février 2021, www.thecut.com

79 벨 훅스, 《사랑은 사치일까》, 앞의 책.

80 Shere Hite, *Women and Love, op. cit.*

81 Samantha Bailly et Antoine Fesson, *Parenthèse. Carnet de voyage de Montréal à Okinawa*, Les Impressions nouvelles, Bruxelles, 2021.

82 Wendy Langford, *Revolutions of the Heart, op. cit.*

83 Rupi Kaur, *Le Soleil et ses fleurs* (2017), traduit de l'anglais (Canada) par Sabine Rolland, NiL Éditions, Paris, 2019 〔루피 카우르, 신현림 옮김, 《해와 그녀의 꽃들》, 박하, 2018〕.

84 Liv Strömquist, *La rose la plus rouge s'épanouit, op. cit.*

4장 위대한 탈소유

1 그리스 신화에서 조각가 피그말리온은 자신의 조각상 갈라테이아와 사랑에 빠지고, 아프로디테 여신이 그 조각상에 생명을 불어넣는다.

2 Agnès Giard, 'Tu m'aimes, poupée?', *Glamour*, décembre 2004.

3 Agnès Giard, 'Une marionnette sexuelle anatomique?', *Les 400 Culs*, 23 novembre 2020, http://sexes.blogs.liberation.fr

4 Laura Mulvey, 'Visual pleasure and narrative cinema', *Screen*, vol. 16, n° 3, automne 1975. En français : Laura Mulvey, *Au-delà du plaisir visuel. Féminisme, énigmes, cinéphilie*, Éditions Mimésis, Sesto San Giovanni, 2017. 〔남성의 시선male gaze'은 여성을 성적으로 대상화하는 남성의 시선.〕

5 존 버거, 《다른 방식으로 보기》, 앞의 책.

6 Anne-Marie Lugan Dardigna, *Femmes-femmes sur papier glacé. La presse 'féminine', fonction idéologique* [1974], La Découverte, 'Cahiers libres', Paris, 2019. 그녀는 내가 서문을 쓴 여성 어론에 대한 연구의 저자기도 하다.

7 Anne-Marie Dardigna, *Les Châteaux d'Éros*, *op. cit.*

8 마농 가르시아, 《여성은 순종적으로 태어나지 않는다》, 앞의 책.

9 Barbara L. Fredrickson et Tomi-Ann Roberts, 'Objectification theory. Toward understanding women's lived experiences and mental health risks', *Psychology of Women Quarterly*, vol. 21, n° 2, juin 1997.

10 *Idem.*

11 Mona Chollet, section 'Les femmes sont-elles des objets ?', in chapitre 'Le soliloque du dominant : la féminité comme subordination', *Beauté fatale*, *op. cit.*

12 Cité par Sophie Elmhirst, 'Brazilian butt lift : behind the world's most dangerous cosmetic surgery', *The Guardian*, 9 février 2021.

13 Emmanuelle Ducournau, 'Quand la lingerie se rhabille', *Marie Claire*, 4 janvier 2018.

14 배우 티나 페이도 2011년에 그가 촬영하면서 그녀에게 이렇게 말했다고 증언했다. "턱을 들어, 내 사랑, 넌 이제 열여덟 살이 아니야." 그녀는 덧붙여 말했다. "나는 그가 열아홉 살 남자 모델들에게도 똑같이 말한다고 확신해요."('Miss Bossypants in Vogue', *Vogue*, 22 avril 2011).

15 Dorothée Duchemin, 'Poids, cheveux blancs, visage au naturel : le confinement a aidé des femmes à mieux s'accepter', Slate.fr, 30 septembre 2020.

16 Aniya Das, 'Now that beauty routines are over, I'm letting my 'tache grow out', Gal-Dem, 10 avril 2020, https://gal-dem.com

17 Myriam Levain, 'Journal du confinement : la revanche du jogging', Cheek Magazine, 29 mars 2020, https://cheekmagazine.fr

18 Cité par Audrey Renault, 'Le confinement est-il l'occasion de dire fuck aux injonctions à la féminité?', Cheek Magazine, 9 avril 2020, https://cheekmagazine.fr

19 Alain Geneste, Denis Perais, Elsa Tremel, Kahina Seghir, Olivier Moreau et Pauline Perrenot, '"Sois belle! Garde la ligne! Travaille! Éduque!" - Les injonctions assourdissantes des magazines féminins (1/2)', Action Critique Médias, 4 mai 2020, www.acrimed.org

20 미하이 칙센트미하이가 이론화하고 묘사한 상태다. Mihaly Csikszentmihalyi, *Flow. The Psychology of Optimal Experience*, Harper & Row, New York, 1990 [미하이 칙센트미하이, 최인수 옮김, 《몰입 Flow》, 한울림, 2004].

21 Barbara L. Fredrickson et Tomi-Ann Roberts, 'Objectification theory', art. cit.

22 Myriam Levain, 'Journal du confinement : la revanche du jogging', art. cit.

23 Camille Froidevaux-Metterie, 'Féminisme et confinement, du pire vers le meilleur?', Libération, 24 mars 2020.

24 "Male authors trying to show a woman at rock bottom", @thatconnieshin, Twitter, 28 novembre 2020.

25 그리고 나는 벨 훅스의 이 말을 만난다. "우리의 발은 우리를 땅에 심고, 발의 평온은 우리가 우리 자신을 사랑하길 바란다면 기대야 할 토대다. 아주 일찍, 페미니스트 운동은 여성의 발에, 그리고 스타일리스트들이 그린 신발 모델들에 관심을 기울였는데, 그런 신발을 신고는 스타일리스트들도 1킬로미터는커녕, 1미터도 못 걸을 것이다. 여성은 자기 발의 안녕을 염려하는 것이 얼마나 중요한지 유념해야 한다(벨 훅스, 《사랑은 사치일까》, 앞의 책).

26 Vanessa Springora, *Le Consentement*, Grasset, Paris, 2020 [바네사 스프링고라, 정혜용 옮김, 《동의》, 은행나무, 2021].

27 Emily Ratajkowski, 'Buying myself back : when does a model own her own image?', The Cut, 15 septembre 2020, www.thecut.com

28 Pauline Réage, *Histoire d'O, suivi de Retour à Roissy* [1954 et 1970], Le Livre de poche, Paris, 1999 [폴린 레아주, 성귀수 옮김, 《O 이야기》, 문학세계사, 2012].

29 Anne-Marie Dardigna, *Les Châteaux d'Éros, op. cit.*

30 *Idem.*

31 다니엘 아르비드가 감독을 맡아 2020년에 개봉한 영화에서 나이 차이는 유지되지만 10년의 격차가 있다. 여자 주인공은 마흔 살, 남자 주인공은 서른한 살로 각색되었다.

32 'Céline Sciamma et Annie Ernaux, sœurs de combat', entretien croisé, La Déferlante, n° 1, mars 2021.

33 Aurélia Aurita, *Fraise et Chocolat 1 et 2*, Les Impressions nouvelles, Bruxelles, 2006 et 2007.

34 성차별주의에 반대하는 여성 만화가 단체의 사이트에 모인 증언들: https://bdegalite.org

35 'Fraise et Chocolat - L'Intégrale - Aurélia Aurita - Les Impressions nouvelles', ActuaBD, 20 août 2014, www.actuabd.com

36 Quentin Girard, 'L'amour dure "286 jours"', *Libération*, 21 février 2014.

37 Nancy Friday, *My Secret Garden* [1973], Pocket Books, New York, 2008. 이어지는 인용문들도 마찬가지다. 이 책은 여러 측면에서 문제적이다('혹인'의 환상에 관한 장…). 하지만 잘 다루어지지 않은 주제에 관해서는 중요한 원천이다.

38 이 책의 원고를 다시 읽은 여자의 반응은 이렇다. "내가 이용하는 은행이 이 사람과 같은 은행이 아니어야 한다."

39 Kate Millett, *La Politique du mâle*, Stock, Paris, 1971.

40 나는 몇 년 전에 성매매 구매자들을 처벌하는 데 찬성하는 입장에 섰던 것을 씁쓸히 후회한다. 성매매당하는 사람들의 육체적 및 물리적 안전을 보장하기 위해 만들어진 약속을 믿었던 것이다. 그러나 성매매에 대해, 성매매가 의미하는 경제적 힘과 (구매자의 압도적인 대다수를 차지하는) 남성을 위한 '성 권리'의 의미의 관계에, 전적으로 남성들의 욕망을 채우는 데 바쳐진 성에 대한 비판적 분석을 거부하는 것도 놀랍다고 생각한다. 연대 의식과 비판을 조합해볼 수도 있을 것이다. 우리가 남성과 여성 임금 노동자들을 옹호하면서 동시에 임금제를 비판할 수 있듯이.

41 Jonathan McIntosh, 'Predatory romance in Harrison Ford movies', Pop Culture Detective, YouTube, 31 mars 2017.

42 Wendy Delorme, 'Merveilleuse Angélique', in Isabelle Boisclair et Catherine Dussault Frenette (dir.), *Femmes désirantes. Art, littérature, représentations*, Les Éditions du remue-ménage, Montréal, 2013.

43 폴린 레아주의 이 에로틱한 소설에서 한 젊은 여성 O는 연인 르네를 따라 어느 성에 가게 되고, 거기서 다른 여자 포로들과 마찬가지로 그곳에 자리한 모든 남자들의 처분에 놓이고 정기적으로 채찍질을 당한다. 두 사람이 파리로 돌아왔을 때 르네는 그녀를 자기 친구 중 한 명으로 나이가 조금 더 많은 영국인 스티븐 경에게 '준다'. 폴린 레아주라는 가명 뒤에 숨은 건 NRF(갈리마르)의 비서실장인 도미니크 오리로, 그녀는 이 이야기를 그녀의 연인으로 역시나 NRF의 주필인 장 폴랑을 위해 썼다.

44 Régine Deforges, *O m'a dit. Entretiens avec Pauline Réage* [1975], Le Livre de poche, Paris, 1985.

45 *Idem.*

46 폴린 레아주, 《O 이야기》, 앞의 책.

47 Régine Deforges, *O m'a dit, op. cit.*

48 Claire Richard, *Les Chemins du désir*, Seuil, 'Fiction et Cie', Paris, 2019.

49 Nancy Friday, *My Secret Garden, op. cit.*

50 Erika Lust, *Safe Word*, 2020, https://lustcinema.com

51 Jean Paulhan, 'Le bonheur dans l'esclavage', in Pauline Réage, *Histoire d'O, op. cit.*

52 'Le choc *d'Histoire d'O', L'Express*, 1er septembre 1975.

53 'La polémique sur *Histoire d'O* s'amplifie', *Le Monde*, 19 septembre 1975. MLF의 활동가들은 이 영화의 개봉이 마르세유의 두 벨기에 레즈비언 여성들을 강간한 가해자들을 그저 '상해죄'와 '강제추행죄'로 기소하라는 법원의 결정과 겹치는 점을 강조했다. 두 여성의 변호사들은, 그중 한 사람은 지젤 알리미인데, 가해자들이 중죄재판소에서 심판받게 하는 결정을 얻어내며, 이 재판은 강간이 15년 징역으로 처벌되는 범죄로 인정되는 결정적인 계기가 되었다(1980년에).

54 Dominique Aury, *Vocation : clandestine*, Gallimard, 'L'Infini - NRF', 1999.

55 Régine Deforges, *O m'a dit, op. cit.*

56 폴린 레아주, 〈사랑에 빠진 여자〉, 《O 이야기》, 앞의 책.

57 같은 책.

58 Jean Paulhan, 'Le bonheur dans l'esclavage', in Pauline Réage, *Histoire d'O, op. cit.*

59 Régine Deforges, *O m'a dit, op. cit.*

60 *Idem.*

61 Dominique Aury, *Vocation : clandestine, op. cit.*

62 *Idem.*

63 Claire Richard, *Les Chemins du désir, op. cit.*

64 Wendy Delorme, 'Merveilleuse Angélique', in Isabelle Boisclair et Catherine Dussault Frenette (dir.), *Femmes désirantes, op. cit.*

65 Lynne Segal, 'Sensual uncertainty, or why the clitoris is not enough', in Sue Cartledge et Joanna Ryan (dir.), *Sex and Love. New Thoughts on Old Contradictions*, The Women's Press, Londres, 1983.

66 Cheryl Strayed, *Wild*, 10/18, Paris, 2014 [셰릴 스트레이드, 우진하 옮김, 《와일드》, 나무의철학, 2012]. 이 책은 리스 위더스푼의 제안으로 2014년에 장 마르크 발레의

감독하에 영화로 제작되었다. 리스 위더스푼이 제작하고 주인공 역할을 맡았다.

67 Cheryl Strayed, *Tiny Beautiful Things. Advice on Love and Life from Dear Sugar*, Vintage Books, New York, 2012 〔셰릴 스트레이드, 홍선영 옮김, 《안녕, 누구나의 인생》, 부키, 2013〕.

68 같은 책.

69 Nancy Friday, *My Secret Garden, op. cit.*

70 Claire Richard, *Les Chemins du désir, op. cit.*

71 Régine Deforges, *O m'a dit, op. cit.*

72 *Idem.*

사랑을 재발명하라

초판 1쇄 발행 2023년 12월 22일

지은이 모나 숄레
옮긴이 백선희

펴낸이 김준성
펴낸곳 책세상
등록 1975년 5월 21일 제2017-000226호
주소 서울시 마포구 동교로 23길 27, 3층(03992)
전화 02-704-1251   **팩스** 02-719-1258
이메일 editor@chaeksesang.com
광고·제휴 문의 creator@chaeksesang.com
홈페이지 chaeksesang.com
페이스북 /chaeksesang   **트위터** @chaeksesang
인스타그램 @chaeksesang   **네이버포스트** bkworldpub

ISBN 979-11-7131-062-3 03330